개발 7년차,
매니저 1일차

카미유 푸르니에 지음
권원상, 한민주 옮김

O'REILLY® 한빛미디어
Hanbit Media, Inc.

개발 7년차, 매니저 1일차

개발만 해왔던 내가, 어느 날 갑자기 '팀'을 맡았다!

초판 1쇄 발행 2020년 2월 1일
초판 4쇄 발행 2023년 1월 31일

지은이 카미유 푸르니에 / **옮긴이** 권원상, 한민주 / **펴낸이** 김태헌
펴낸곳 한빛미디어(주) / **주소** 서울시 서대문구 연희로2길 62 한빛미디어(주) IT출판1부
전화 02-325-5544 / **팩스** 02-336-7124
등록 1999년 6월 24일 제25100-2017-000058호 / **ISBN** 979-11-6224-255-1 13000

총괄 배윤미 / **책임편집** 이미향 / **기획** 하민희 / **교정** 문형숙 / **진행** 오은교
디자인 표지 this-cover.com 내지 최연희 / **전산편집** 이경숙
영업 김형진, 장경환, 조유미 / **마케팅** 박상용, 한종진, 이행은, 고광일, 성화정 / **제작** 박성우, 김정우

이 책에 대한 의견이나 오탈자 및 잘못된 내용에 대한 수정 정보는 한빛미디어(주)의 홈페이지나 아래 이메일로
알려주십시오. 잘못된 책은 구입하신 서점에서 교환해드립니다. 책값은 뒤표지에 표시되어 있습니다.
한빛미디어 홈페이지 www.hanbit.co.kr / 이메일 ask@hanbit.co.kr

지금 하지 않으면 할 수 없는 일이 있습니다.
책으로 펴내고 싶은 아이디어나 원고를 메일(**writer@hanbit.co.kr**)로 보내주세요.
한빛미디어(주)는 여러분의 소중한 경험과 지식을 기다리고 있습니다.

처음 책을 집필하는 제가 눈물 없이 끝까지 쓸 수 있도록 도와준 두 편집자 로 럴 루마(Laurel Ruma)와 애슐리 브라운(Ashley Brown)에게 특별한 감사를 전합 니다. 책을 쓰는 내내 귀중한 피드백을 해준 티모시 댄포드(Timothy Danford), 로드 베그비(Rod Begbie), 리즈 크로포드(Liz Crawford), 케이트 휴스턴(Cate Huston), 제임스 턴불(James Turnbull), 줄리 스틸(Julie Steele), 마릴린 콜(Marilyn Cole), 캐서린 스티어(Katherine Styer), 에이드리언 하워드(Adrian Howard)에게 감사드립니다.

리더십에 관한 일화를 독자와 공유해준 마이클 마르사우(Michael Marçal), 케 이티 맥카프리(Caitie McCaffrey), 제임스 턴불, 케이트 휴스턴, 마크 헤드룬드 (Marc Hedlund), 피트 미론(Pete Miron), 베서네이 블런트(Bethanye Blount), 라 라 호건(Lara Hogan)에게 감사드립니다.

경영에 필요한 여러 지혜를 알려준 협업자 켈란 엘리엇맥크리(Kellan Elliott-McCrea)에게 특별한 감사를 전합니다. 지난 몇 년간 귀한 조언을 해준 모든 CTO 디너 동료분들에게 특별한 감사를 전합니다.

제가 머릿속을 가득 채운 고민에서 벗어날 수 있게 도와주고 항상 호기심을 격려해준 오랜 코치 다니 루킨(Dani Rukin)에게 감사드립니다.

마지막으로 남편 크리스(Chris)에게 고마움을 전합니다. 집필이 어려웠던 부 분은 식사하며 나누었던 많은 대화를 통해 완성해 나갈 수 있었습니다. 크리스 의 통찰과 조언은 제가 저자가 되는 데에 큰 도움이 되었습니다.

카미유 푸르니에

몇 년 전인지도 까마득한데 오래된 노트에 다음과 같이 썼다.

> "매니저로서 나는 매일 아침 팀원들을 찾아가서 5분간 미팅을 한다. 그날의 컨디션은 어떤지 오늘 해야 할 일은 어떤 것들인지 서로 확인하고 격려한다. 가급적 많은 정보를 공유한다. 프로젝트의 상황, 회사의 상황 등 팀원들과 공유할 수 있는 정보에 대해서는 언제나 공개하고 토론한다. 효율적으로 일을 처리할 방법에 대해서 끊임없이 고민한다. 효과적으로 일을 처리하기 위해 필요한 원칙, 방법, 평가 등을 고민하고 실행한다. 가급적 많은 커뮤니케이션을 통해서 항상 의견을 정리하고 공유한다."

팀원 3명에서 시작해서, 회사를 옮겨 팀원 28명과 일하는 팀장을 끝으로 팀장 역할이 끝났다. 돌이켜보면 좋은 팀장은 아니었다. 말로만 '좋은 팀장이 되어라'라고 할 게 아니라 '구체적인 문제와 해결책을 어떻게 이야기하면 좋을까?' 고민하고 있을 때 눈에 띈 것이 바로 이 책이다. 이 책은 개발자에서 매니저로 성장하는 단계별로 필요한 것과 실행해볼 수 있는 것들을 잘 정리해둔 가이드북이다. 오늘도 고군분투하고 있을 많은 팀장에게 도움이 되길 바란다.

올해 고등학생이 되는 둘째는 IT 업계에서 일하고 싶어 하는데, 언젠가 그 녀석이 회사에 다닐 때는 지금과는 다른 조직 문화를 이끄는 개발 팀장님들의 활약을 기대해본다. 덜컥 번역을 시작해서 차일피일 미루던 일을 결국 마무리하게 된 것은 공역하신 한민주 님 덕분이다. 진심으로 감사드린다.

권원상

프로젝트 매니저를 처음 맡게 되었을 때, 문제가 있는 프로젝트에 투입되어 관리를 시작해야 하는 상황이었다. 당시 같은 직책을 가진 사람이 혼자였기 때문에 함께 이야기 나눌 사람이 없었고, 더 나은 매니저로 성장할 수 있는지 객관적인 피드백을 받아볼 방법이 없어 아쉬웠다. 감사하게도 이 책을 소개받고 이 책을 멘토 삼아 지나온 시간과 경험을 되돌아볼 수 있었다. 저자의 힘들었던 경험이 복기될 때는, 크게 공감하며 고개를 끄덕이기도, 눈물을 쏟기도 했다. 저자처럼 원온원 미팅이 중요하다고 생각했고, 프로젝트에 연관된 팀과 협력사를 찾아다니며 주기적으로 원온원을 진행했다. 이를 통해 프로젝트 문제의 원인을 파악하고, 서로 상충하는 이해관계를 조율할 수 있었다. 또, 프로젝트의 진행 상황과 이슈들을 참가자에게 가능한 한 투명하게 공유하려고 노력했고, 결과적으로 팀원들이 같은 방향으로 나아갈 수 있었다. 독자분들에게도 이 책이 매니저로서 앞으로 겪게 될 상황을 예상할 수 있도록 돕고 필요한 준비를 할 수 있는 지침서가 되기를 바란다. 이미 매니저로서 힘겨운 하루를 보내고 있다면, 이 책이 작은 위로가 되고, 앞으로 프로젝트를 현명하게 이끌어갈 수 있는 길잡이로 사용되길 바란다.

이 책을 만날 수 있도록 해주신 권원상 역자님, 한빛미디어에 감사드린다. 그리고 일할 수 있도록 지원해준 배우자 양찬석 님과 아들 양시준 군에게 정말 고마움을 전한다.

한민주

저는 미국 회사에서만 근무해본 개발자이기 때문에 미국인의 관점에서 이 책을 썼습니다. 제 책이 러시아어, 독일어, 일본어에 이어 이제 한국어로 번역된다는 사실에 놀랐습니다. 세계 여러 나라에서 저를 통해 배우고자 한다는 사실은 큰 영광입니다.

이 책은 미국 개발 회사가 개선되었으면 하는 바람으로 쓰여졌습니다. 미국 스타트업에서는 보통 '매니저'란 비용만 축내고 아무 일도 하지 않는 사람, 업무 진척을 느리게 만드는 사람, 기술 동향에 관심 없는 사람이라는 생각이 일반적이었습니다. 이러한 매니저가 직원들에게 일을 시킬 것이라고 생각했습니다.

미국 개발자는 시키는 일을 하고 싶어 하지 않습니다. 최악의 상황을 막기 위해서 회사는 관리 위계에서 모든 직원이 동등하게 평가되는 '수평적인 구조'를 선호하고, '좋은 매니저란 대부분의 업무 시간을 코딩하며 보내는 사람'이라고 강조합니다. 하지만 이러한 믿음은 위계질서를 보기 어렵게 만들어 신규 직원이 이 회사에서 어떤 커리어 패스로 어떻게 성공해야 하는지 알 수 없게 하고, 프로젝트 진행을 비효율적으로 만들기도 합니다.

이 책은 여러 종류의 사내 위계질서와 조직 구조에 대한 내용을 담고 있습니다. 분명한 위계질서는 투명하다는 장점이 있습니다. 누가 결정권자인지 알 수 있고, 밟아가야 할 경력 경로를 볼 수 있으며, 동료들 사이에 갈등이 있을 때 누가 최종 결정을 내리는지 알 수 있습니다. 개개인을 관리하는 매니저에서 회사의 임원으로 성장하는 위계질서를 개발 매니저의 역할로 책에 설명해두었습니다.

이 책은 부분적으로 관리와 조직 구조가 가지는 가치에 대해서 독자를 설득하고 있습니다. 매니저가 성장하며 더 큰 팀에서 권력을 키워가는 부분에 초점을 맞추어 쓴 것이 아니라, 고위 임원의 역할을 맡게 될수록 책임감을 키워야 한다는 것에 초점을 맞추었습니다. 매니저가 되면 부하직원들 위에서 큰 권력을 가질 수 있겠지만, 진정한 힘은 직원들이 효율적으로 협력하여 좀 더 나은 결정으로 앞으로 나아갈 수 있도록 매니저가 팀을 섬길 때 생깁니다.

상사의 말이 곧 법인 사내 위계질서를 경험한 사람도 있을 것입니다. 그렇다면 이 책을 통해 당신이 상사가 되었을 때 매니저의 역할을 다시 재정립할 기회를 누릴 수 있었으면 합니다. 당신은 힘을 어떻게 행사할지 선택할 수 있습니다. 팀이 당신을 위해 일한다고 생각하기보다 당신이 팀을 위해 일하고 있다고 생각한다면 더 좋은 결과를 얻을 수 있습니다. 현대의 소프트웨어 개발은 팀 스포츠입니다. 매니저는 '코치'이자 '지지자'가 되는 것이 가장 좋습니다.

세계 어디에서든, 회사의 문화가 어떻든, 개발 관리는 힘들고 외로운 업무입니다. 이 책을 혼자 읽기보다 친구와 동료들과 함께 읽기를 추천합니다. 제 경험상 개발 조직 관리를 잘할 수 있는 가장 좋은 방법은 일할 때 겪는 어려움에 대해서 다른 매니저들과 서로 의견을 나누는 것이었습니다.

읽어주셔서 감사드리며, 당신의 커리어에 행운이 있기를 바랍니다!

카미유 푸르니에

2011년, 나는 '렌트더런웨이(Rent the Runway)'라는 작은 스타트업에 합류했다. 대규모 분산 시스템을 운영하는 큰 회사에서 훌륭한 '고객 경험'을 만들어내야 하는 작은 개발 팀으로 이직한 것은 큰 모험이었다. 하지만 그 사업이 뛰어나다고 생각했고, 리더가 되고 싶었다. 열심히 노력하고 약간만 행운이 따라준다면 간절히 원했던 리더십 능력을 키울 수 있을 거라고 생각했다.

다만 무엇을 하게 될지는 전혀 알지 못했다. 팀도 없이 '엔지니어링 디렉터(Engineering director)'라는 직함의 매니저로 합류했지만 실제로는 테크리드(Tech Lead)에 가까웠다. 입사 후 4년 동안 개발 업무 전체를 총괄하는 CTO로 성장했다. 소중한 조언을 해주는 멘토와 코치, 친구가 있었지만, 무엇을 해야한다고 분명하게 말해주는 사람은 없었다. 안전망이 없었고, 학습 곡선은 너무 가팔랐다.

회사를 떠날 때는 갖가지 충고를 들었다. 그러나 창의적인 작업을 하고 싶어서 전국 소설 쓰기의 달(National Novel Writing Month)[1]에 참여해 4년 동안 배우고 경험한 모든 것을 기록하고, 다른 이들의 성공과 투쟁 몇 가지를 글로 정리했다. 그 프로젝트는 이 책으로 이어졌다.

이 책은 매니저로 성장하는 개발자가 거쳐가는 전형적인 경력 경로에 따라

---

1 역자주_ 11월 한 달 동안 열리는 인터넷 기반의 연례 창작 프로젝트로, 30일 동안 5만 단어의 글을 쓰는 행사다.

구성되어 있다. 멘토로 시작하여 시니어 리더십에 이르기까지, 각 직급에서 알아두어야 할 주요 주제와 교훈을 강조했다. 하지만 책을 쓰면서 내 목표는 현재 상황과 관련 없는 자세한 내용으로 독자를 지치게 만들려는 게 아니라, 독자가 개별 직급에 초점을 맞추어 읽을 수 있게 돕는 것이었다.

내 경험에 비추어보면 개발 관리에서 겪는 어려움은 대부분 '개발'과 '관리'가 교차하는 지점에서 발생한다. 사람과 관련된 부분은 쉽지 않으므로 대인 관계를 과소평가하고 싶지 않다. 사람을 관리하는 부분을 향상시키고 싶다면 『유능한 관리자(First, Break All the Rules)』[2] 책을 참고하면 좋을 것이다.

물론 개발 매니저가 오로지 인력 관리만 하는 것은 아니다. 개발 매니저는 대부분 실무에 대한 전문 지식이 있기에 기술 인력도 관리한다. 즉 실무 지식만으로도 직원의 신뢰를 얻을 수 있고, 스스로 의사 결정을 할 수 있으며, 팀을 효율적으로 이끌 수 있다. 그렇기 때문에 이 책에서는 다른 방법을 추천하는 대신, 기술 분야에서 관리할 때 발생하는 특정한 어려움을 집중해서 소개한다.

개발 관리는 어렵지만, 언제나 더 쉽게 해줄 수 있는 전략이 있다. 여러분이 개발 관리를 이제 막 시작했든, 수년간 해왔든 상관없이 어떻게 개발 관리 역할을 할지 고민할 때 이 책에서 새로운 아이디어를 얻을 수 있기를 바란다.

---

2 역자주_ 경영 바이블로 극찬받고 있는 책으로, 마커스 버킹엄(Marcus Buckingham)과 커트 코프만 (Curt Coffman)이 공동으로 저술했다. 한국에서는 21세기북스에서 2006년에 번역 출간했다.

목차

1장 IT 관리 101

2장 멘토링

3장 테크리드

4장 사람 관리

5장 팀 관리

6장 여러 팀 관리

7장 매니저 관리

목차

8장 | 빅 리그

9장 | 문화 개선

10장 | 결론

이 책은 새로운 기술이 끊임없이 등장하는 시대에 더욱 필요해진 개발 관리 및 전략을 여러 장으로 나누어 다룬다.

장별로 읽는 방법

1장은 매니저를 따르는 방법과 매니저에게 기대할 수 있는 것이 무엇인지 설명한다. 2장과 3장은 매니저가 되는 단계에서 중요한 단계인 멘토링과 테크리드를 설명한다. 숙련된 매니저의 경우, 이 장에서 인력을 관리하는 몇 가지 방법을 참고할 수 있다. 4장부터 7장까지는 직원을 관리하는 방법, 팀을 관리하는 방법, 여러 팀을 관리하는 방법, 매니저를 관리하는 방법을 설명한다. 8장은 시니어 리더십의 모든 것을 다룬다.

9장은 팀 문화를 수립하고, 수정하고, 향상시키기를 원하는 사람들을 위한 만능 카드 같은 장이다. 스타트업의 리더 관점에서 본 이야기지만, 문화와 프로세스를 향상시켜야 하는 회사나 팀에 새로 합류한 사람들에게도 도움이 될 것이다.

매니저별로 읽는 방법

신입 매니저라면 우선 처음부터 3장 또는 4장까지를 읽고 나머지 장은 한번 훑어보는 것만으로도 충분하다. 숙련된 매니저라면 현재 겪고 있는 어려움에 맞춰 해당 장을 찾아 읽으면 된다.

이 책의 구성요소

책을 읽는 동안 곳곳에서 세 가지 코너를 만날 수 있다.

CTO에게 묻는다 : 다양한 직급에서 발생할 수 있는 구체적인 문제를 간단하게 논의하는 쉬어 가기 코너.

좋은 매니저, 나쁜 매니저 : 개발 매니저들이 팀이 성장하고 목표를 달성하기 위해 본래의 목적에서 벗어나 바람직하지 못한 방향으로 가는 나쁜 습관들을 파악하고, 이를 극복할 수 있는 전략을 알려준다. 이 내용은 각 장에서 설명하고 있는 직급을 기준으로 이야기하지만, 나쁜 습관은 모든 직급에서 일어날 수 있으므로 직급에 관계없이 참고할 수 있다.

도전 상황 : 이 코너는 4장부터 나온다. 앞으로 마주할 상황, 즉 조직에서 자주 발생하는데 예측 불가능하며 어렵고, 도전이 필요한 상황에 대해 설명한다. 이 코너 역시 해당 장에서 설명하는 직급에 맞게 이야기하고 있지만, 직급에 관계없이 유용하게 활용할 수 있다.

　일반 독자들에게 영감을 주는 단순한 리더십 책을 넘어 시간이 흘러도 계속 찾아볼 수 있는 책, 그래서 오라일리 출판사의 대표 도서가 될 책을 쓰고 싶었다. 이 책을 매니저 커리어를 쌓아가는 동안 사용할 수 있는 유용한 실전 팁이 담긴 개발 매니저용 참고서로 생각해주면 좋겠다.

1장

IT 관리 101

"매니지먼트의 비밀은 당신을 미워하는 사람들을 아직 그렇지 않은 사람들에게서 떼어놓는 것이다."

케이시 스텡겔[1]

---

1 역자주_ 케이시 스텡겔(Casey Stengel, 1890~1975)은 노교수라는 별명이 붙은 미국 메이저리그의 전설적인 감독으로, 1966년 명예의 전당에 올랐다. 양키스 감독 시절에 월드 시리즈를 5년 연속 제패 (1943~1953)하면서 메이저리그 역사상 유일한 기록을 세웠다. 기억력이 뛰어나고 명석하며 직관적인 매니지먼트 스타일로 알려졌다. (출처 : 위키백과)

아마 여러분은 좋은 매니저가 되고 싶어서 이 책을 펼쳤을 것이다. 좋은 매니저란 어떤 매니저일까? 좋은 매니저와 일해본 적이 있는가? 어떤 조건을 갖추어야 좋은 매니저가 될 수 있을까? 누군가 이런 질문을 물어오면 여러분은 어떻게 대답하겠는가?

매니저에게 기대하는 것

많은 사람은 매니저에게 '관리'받으며 매니지먼트를 처음 경험한다. 그리고 이 경험은 자신만의 매니지먼트 철학을 세우는 바탕이 된다. 안타깝게도 많은 사람은 좋은 매니저와 함께 일한 적이 없다. 가까운 지인은 자신이 겪은 최고의 매니저는 팀을 '선의의 무시(benign neglect)' 방식으로 관리한 매니저였다고 한다. 간단히 말하면 개발자는 해야 할 일을 하고, 매니저는 팀을 그저 내버려둔 것이다. 6개월 동안 매니저와 딱 두 번 미팅을 했으며 그중 한 번은 승진 미팅이었다는 경우마저 있다.

이런 '선의의 무시'가 꼭 나쁜 것만은 아니다. 도움을 요청하거나 고민을 논의하려 하면 외면하는 태만한 매니저나 미팅을 회피하는 매니저, 절대로 피드백을 하지 않는 매니저도 있다. 심지어 기대를 충족하지 못해 승진 자격이 미달이라고 느닷없이 통보하는 매니저, 모든 것을 꼬치꼬치 캐묻고 직접 결정하려는 마이크로매니지먼트 유형[2] 매니저까지 있다. 최악은 직원을 무시하고 큰소리를 지르는 폭력적인 매니저다. 이런 매니저들이 회사 내 우리 주변에 있으면 팀의 정신 건강을 해친다. 그에 비해 특별히 도움을 요청하지 않으면 내버려두는 매니저는 어쩌면 나쁜 매니저가 아닐지도 모른다.

다른 유형의 매니저도 있다. 한 인간으로서 직원을 보살피는 매니저나 직원의 경력 성장을 돕기 위해 애쓰는 매니저가 있다. 중요한 기술을 가르쳐주고 가치 있는 피드백을 주는 매니저, 어려운 상황에서 길을 찾도록 도와주고 무엇을 배워야 하는지 알려 주는 매니저, 언젠가는 직원이 성장해 자신의 업무를 맡기를 바라는 매니저도 있다. 또한 팀원이 업무에 집중하는 데 중요한 것을 잘 파악하고 돕는 매니저도 있다.

팀과 팀원이 성공하려면 어떤 매니저에게든 요구되는 최소한의 조건이 있다. 팀원 입장에서 매니저에게 우선 무엇을 기대하는지부터 알아보자. 그래야 매니저로서 팀원이 필요로 하는 것을 알 수 있다.

원온원 미팅

팀원에게 매니저와 하는 원온원(1 : 1) 미팅은 좋은 업무 관계를 맺는 데 꼭 필요하다. 그러나 많은 매니저가 원온원 미팅을 소홀히 하거나 시간 낭비라고 생각한다. 좋은 원온원 미팅을 하면 팀원은 어떤 변화를 느낄까?

원온원 미팅에는 두 가지 목적이 있다. 첫 번째는 팀원과 매니저 사이의 인간

---

2 역자주_ 마이크로매니지먼트 유형은 세세한 일까지 관리하는 유형을 말한다.

적인 연결이다. 미팅 시간에 취미나 가족, 주말에 있던 일 같은 신변잡기를 이야기하라는 것이 아니다. 물론 매니저라면 팀원의 사생활에도 최소한의 관심을 가져야 한다. 가족 중 누가 돌아가셨거나 집안에 불화가 있는 등 집안 문제로 어려울 때 매니저가 이를 안다면 팀원 입장에서는 휴가를 쓰거나 도움이 필요하다고 말하기가 더 쉬울 것이다. 훌륭한 매니저라면 팀원의 컨디션을 눈치채고 왜 그런지 물어볼 정도로 팀원을 챙길 줄 알아야 한다.

나 역시 회사에서 그리 붙임성이 좋은 사람은 아니다. 하지만 성격이 내성적이거나 동료는 친구가 아니라는 이유로 팀원을 신경 쓰지 않는 사람에게 하고 싶은 말이 있다. 내가 직장 동료와 친구처럼 지내는 것을 좋아하기 때문에 동료에게 무관심한 것을 이해하지 못한다고 생각할지도 모르겠다. 직장에서 인간적인 부분이 중요하지 않다는 생각은 이해한다. 그러나 과연 내성적인 성격이 동료를 인간적으로 대하려 노력하지 않는 것의 변명이 될 수 있을까? 신뢰가 바탕이 된 인간적인 연결은 좋은 팀의 뼈대다. 신뢰, 특히 진실한 신뢰를 쌓으려면 상대 앞에서 기꺼이 약해질 수 있는 능력과 의지가 필요하다. 그러니 매니저라면 팀원을 직장 밖에서 삶이 있는 사람으로 대하고 팀원의 삶을 주제로 몇 분쯤은 이야기할 수 있어야 한다.

원온원 미팅의 두 번째 목적은 매니저와 어떤 주제라도 개인적으로 이야기하는 것이다. 원온원 미팅 주제를 정하는 것은 팀원의 몫이다. 주제를 정하고 준비하려면 미팅 시간을 사전에 알아야 한다. 만약 매니저가 먼저 요청하는 경우 팀원이 주제를 준비할 시간이 부족할 수 있다. 정기적인 미팅이 없다면, 취소되거나 변경될 수 있어 원온원 미팅이 유지되기 어렵다. 매니저 입장에서는 자주 하기 어려울 수 있고 몇 주에 한 번 정도면 충분하다고 여길 수도 있다. 정기적인 미팅을 하기 어렵더라도, 팀원 입장에서는 원온원 미팅이 아예 없는 것보다 불규칙하더라도 있는 것이 좋다. 만약 미팅을 더 자주 할 필요가 있다면 매니저에게 요구해야 한다.

좋은 원온원 미팅은 상황을 보고하는 미팅과 다르다. 내가 상사에게 보고해야 하는 중간 매니저이고 프로젝트 초기여서 서면으로 보고할 것이 별로 없다면 원온원 미팅에서 프로젝트를 논의할 수도 있다. 하지만 원온원 미팅이 프로젝트 상황을 확인하는 시간이 된다면 미팅은 금세 지루해진다.

팀원은 매니저와 좋은 원온원 미팅을 만드는 책임을 함께 지는 것이 좋다. 그리고 논의할 주제를 고르고 시간과 장소를 정해야 한다. 매니저가 미팅을 취소하거나 일정을 자주 바꾸면 시간을 내 달라고 분명히 말해야 한다. 시간을 내기 어려우면 미팅 전날에 날짜를 확인하거나 그날 아침에 오후 시간을 확인한다. 논의할 안건이 있고 미팅이 필요하다고 매니저에게 말하면 된다.

피드백과 직장 가이드

팀원이 매니저에게 기대하는 두 번째는 피드백이다. 성과 평가도 피드백의 일종이긴 한데 이것만 말하는 것이 아니다. 어떤 식이든 실수는 할 수밖에 없을 텐데, 괜찮은 매니저라면 팀원의 업무를 살펴보고 빠르게 피드백을 할 것이다. 어쩌면 팀원에게는 불편한 상황이 될 수 있다. 특히 직장 생활을 막 시작한 경우 부모가 아닌 다른 사람에게서 피드백을 받아본 경험이 거의 없어 더 혼란스러울 것이다.

그러나 다소 불편하더라도 피드백이 전혀 없거나 성과 평가 때만 피드백을 하는 최악의 경우보다는 업무 피드백을 받는 게 좋다. 잘못된 습관은 빨리 알수록 쉽게 고칠 수 있기 때문이다. 게다가 칭찬으로 이어질 수도 있다. 좋은 매니저는 팀원의 일상적이고 사소한 업무 중 잘하는 점을 알아차리고 인정해준다. 그래야 팀원은 '잘했다' 혹은 '못했다'와 같은 피드백을 기억했다가 본인의 성과 평가

에 적을 수 있기 때문이다.[3]

피드백에서 칭찬은 공개로, 비판은 비공개로 하는 게 이상적이다. 매니저가 회의 직후 팀원을 붙잡아놓고 비판적인 피드백을 해도 팀원의 행동이 반드시 나빠서 그런 것만은 아니다. 빠른 피드백이 편한 피드백보다 나은 경우도 있기 때문이다. 반면, 팀원을 공개 칭찬하는 것은 모범 사례(Best Practice)가 주는 긍정적인 효과가 크기 때문이다. 만약 공개적인 칭찬이 부담스럽다면 매니저에게 정확히 말해야 한다. 매니저가 먼저 묻는 것이 가장 좋지만, 묻지 않았다고 해서 혼자 끙끙 앓을 필요는 없다.

전혀 다른 유형의 피드백도 있다. 팀원이 매니저에게 발표 자료에 대한 리뷰나 의견을 요청하는 경우다. 디자인 혹은 설계 문서라면 개선 아이디어를 물어볼 수 있다. 개발자라면 동료에게 코드 피드백을 받겠지만, 코드 말고 다른 부분의 피드백도 필요하다. 매니저의 피드백이 팀원에게 이럴 때 유용하다. 매니저에게 조언을 구하는 것은 존경을 표현하기에 좋은 방법이다. 누구나 꼭 필요한 사람이라고 인정받는 것을 좋아하며 매니저라고 해서 결코 다르지 않다!

당신의 매니저는 회사에서 가장 중요한 협력자다. 경력 사다리(career ladder) 제도[4]가 있는 회사이고 승진에 관심이 있다면 승진하기 위해서 무엇이 필요한지 매니저와 의논하는 것도 좋은 방법이다. 매니저에게 승진에 대해 묻지 않는데 매니저가 알아서 승진을 시켜준다는 마법을 기대하지 말자. 또한 동료나 팀과 갈등이 있다면 이 상황을 헤쳐 나가고 해결책을 찾도록 매니저가 도울 수 있다. 그러려면 도움을 부탁해야 한다. 팀원들과 잘 지내지 못한다는 것을 모른다

---

3 역자주_ 미국 기업에서는 본인의 성과 평가를 바탕으로 연봉을 협상할 수 있다.

4 역자주_ 경력 사다리(career ladder) 제도는 IT 기업에서 많이 도입한 경력 관리 제도다. 연구·개발·기술 직종 근무자가 직무 경험을 일정한 수준까지 쌓은 후 관리 직종으로 전환할지, 계속 같은 분야에서 일하면서 전문성을 강화할지 선택할 수 있다.

면 매니저는 도와줄 수 있는 게 없다.

매니저는 팀원이 성장하고 새로운 것을 배우는 데 도움이 되는 도전 과제를 찾아서 알려줘야 한다. 좋은 매니저라면 도전 과제를 주는 것뿐만 아니라 프로젝트가 재미없고 매력적이지 않아도 그 일의 가치를 이해시켜야 한다. 매니저는 팀 목표라는 큰 그림에 팀원의 일이 어떻게 연결되는지 보여주고, 팀원이 일상 업무에서 목적의식을 갖도록 북돋아주는 역할을 한다. 자신이 하는 일이 회사의 성공에 어떻게 기여하는지 이해할 때 평범한 일이 자부심의 원천이 될 수 있기 때문이다.

시니어가 될수록 좋든 나쁘든 피드백의 수는 줄어든다. 팀원이 전보다 높은 수준의 업무를 하면 매니저는 그보다 더 높은 수준의 관리를 하게 된다. 시니어가 될수록 개인적인 피드백보다는 팀 또는 전략과 관련된 피드백이 늘어난다. 게다가 원온원 미팅을 주도하고 논의할 주제를 준비하고 매니저에게서 피드백을 받는 일이 더욱 중요해진다. 이를 소홀히 하면 매니저는 당신에게 성과 평가 말고 무엇에도 많은 시간을 쓰지 않으려 할 것이다.

교육과 경력 성장

매니저는 구성원과 회사라는 관료제 사이의 주요 연결 고리이므로 팀원의 경력 개발을 돕는 교육을 찾아 제공할 책임이 있다. 예를 들면 컨퍼런스나 교육 과정을 찾고, 필요한 도서를 구입하며, 성장에 도움이 되는 사내 전문가를 연결해주는 등의 일이다.

매니저의 일반적인 역할에 멘토링과 교육이 반드시 포함되지는 않는다. 어떤 회사에서는 이 부분을 직원들이 직접 연락할 수 있는 교육 팀에서 전담 관리하기도 한다. 충분한 교육 기회를 제공할 수 없을 정도로 규모가 작은 회사에서는 직원에게 이런 성장 기회가 불필요하다 생각하는 경우도 있다.

회사 상황이 어떻든 간에 어떤 교육이 필요한지를 파악하는 것은 대개 팀원 자신의 책임이다. 기술 분야에서 교육을 받고 싶다면 더욱 그렇다. 매니저는 팀원이 관심 있는 컨퍼런스나 교육 프로그램 목록을 손에 늘 쥐고 있지 않으니까 말이다.

매니저가 팀원의 경력 성장을 직접 도울 수 있는 방법으로는 승진이나 보상이 있다. 매니저는 회사의 승진 프로세스에 어떤 식으로든 참여한다. 인사 위원회를 통해 승진이 결정된다면, 위원회에서 검토할 자료를 작성할 때 매니저가 돕기도 한다. 매니저나 경영진이 직접 승진을 결정한다면, 매니저는 팀원의 승진을 이끌어내는 데 핵심 역할을 한다.

승진 방식이 어떤 식이든 우선 매니저는 팀원에게 승진할 자격이 있다고 여겨야 한다. 그러므로 승진에 관심이 있는 팀원이라면 무엇을 준비해야 할지 매니저에게 확인하는 게 매우 중요하다. 매니저가 승진을 보장할 수는 없다. 하지만 좋은 매니저는 조직에서 해당 팀원에게 원하는 바를 파악하고, 그 팀원이 이를 달성하고 필요한 기술력을 쌓는 데 도움을 줄 수 있다. 시니어 업무일수록 승진 기회는 줄어든다. 따라서 매니저는 팀원이 다음 단계로 승진하는 데 필요한 자격을 증명해줄 성과가 무엇인지 찾고 알려줘야 한다.

CTO가 되려면 무엇을 해야 하나요?

이제 막 일을 시작했습니다. 제 목표는 CTO가 되는 것입니다. 이 꿈을 이루려면 무엇을 해야 하나요?

가장 먼저 배워야 할 것은 일하는 방법입니다. 저는 대학을 막 졸업했을 당시에는 어떻게 일을 해야 하는지 정말 몰랐습니다. 매일 해야 하는 업무에 필요한 기술은 학교에서 배운 것과 완전히 달랐습니다. 능력 있는 개발자가 되려면 배워야 할 게 정말 많습니다. 좀 더 구체적으로 조언하자면, 새로운 기술뿐 아니라 테스팅, 프로젝트 및 제품 관리, 협업 등 일하는 과정을 멘토링이나 교육으로 배울 수 있는 직장을 찾아보길 바랍니다. 성공하려면 능력이 필요하기 때문에 기초를 탄탄히 배워야 합니다.

좋은 매니저나 멘토를 찾아 그들이 일하는 모습을 관찰하는 것도 큰 도움이 됩니다. 성공하도록 강하게 몰아붙이지만 정당한 보상을 주며 역량을 키우도록 자극하는 사람을 찾는 것도 좋습니다. 역량을 키우는 것은 새로운 기술을 익히는 것 이상의 가치가 있음을 깨달아야 합니다. 훌륭한 CTO라면 기술적 감각이 뛰어나야 할 뿐 아니라 소통에도 능숙하고 프로젝트 관리와 기술, 제품 감각도 겸비해야 합니다. 또한, 많은 코드를 작성하고 좋은 품질의 코드를 만드는 능력을 키우는 데에도 많은 시간을 써야 합니다. 그러므로 바로 CTO에 도전하기는 어렵고, 몇 년은 코드 작성하는 데 집중해야 할 겁니다.

동료와 친분을 쌓는 것도 중요합니다. 경력이 짧은 개발자는 바로 옆 동료가 자신의 미래와 어떻게 연결되는지를 모르죠. 이때 동료는 학교 친구부터 현재 같이 일하는 팀 동료, 컨퍼런스나 미트업에서 만난 사람까지를 모두 말하는 겁니다. 약간 수줍은 성격이어도 괜찮습니다. 그러나 CTO라면 다양한 범주의 사람과 어울릴 줄 알아야 하고 회사를 넘어서는 인적 네트워크를 만들어야 합니다.

마지막 조언입니다. 대부분의 CTO는 작은 회사의 CTO에 불과하다는 점을 깨달아야 합니다. 가만히 생각해보세요. 주변에서 본 CTO는 어떤 사람인가요? 대개 스타트업의 기술 부분 공동 창업자일 것입니다. CTO가 되는 가장 좋은 길은 창업을 위해 회사를 떠난 사람이 있었던 회사에서 일하는 것입니다. 그래야 미래의 동업자를 만나 새로운 회사의 초기 멤버로 일찍 일하는 기회를 발견할 수 있을 테니까요.

'관리되는' 방법

좋은 매니저가 되는 방법의 하나는 '관리되는' 방법을 이해하는 것이다. 관리하는 방법과 관리되는 방법은 서로 관련이 있지만, 정확히 같지는 않다. 회사에서 자신만의 노하우를 쌓기 위해서는 주인 의식과 권위를 높이고, 사내 인맥을 전적으로 매니저에게 의존하지 않아야 한다. 자신만의 경력을 쌓고 직장에서 행복을 찾는 것은 매우 중요하다. 잘 '관리되는' 방법에 대해서 알아보자.

원하는 것을 생각하는 데 시간을 써라

매니저는 팀원에게 성장 기회를 줄 수 있다. 자신의 프로젝트를 보여주고 팀원의 학습과 개발에 조언할 수 있다. 그러나 매니저는 팀원의 마음마저 읽지는 못한다. 무엇이 팀원을 더 행복하게 하는지도 모른다. 막 직장 생활을 시작했든, 직장 생활 20년 차든, 무엇을 하고 싶은지, 무엇을 배우고 싶은지, 무엇이 나를 행복하게 하는지는 결국 팀원인 나 자신에게 달려 있다.

어쩌면 경력을 쌓는 과정에서 불확실한 시기를 지날 수 있다. 많은 사람이 대학 졸업 후 2~5년 동안 불안감을 느낀다. 나도 그랬고 그래서 몇 년을 대학원에서 보냈다. 말하자면 불안감을 느끼게 하는 회사 생활에서 도피해 안정감을 찾아 친숙한 학교로 도망친 셈이다. 불안감을 다시 느낀 건 대기업에서 기술 경력을 쌓으며 무기력함에 빠졌을 때였다. 매니저의 길을 가기로 하고 임원이 되어 리더십 문제와 맞닥뜨렸을 때 다시 한 번 불안감을 느꼈다. 아마도 은퇴할 때까지 5년에서 10년에 한 번씩은 불확실한 상황을 겪을 것이다.

경력의 여러 단계를 거치다 보면, 세상이 얼마나 불확실한지 깨닫게 된다. 원하는 직업을 가지는 순간, 기쁨은 사라지고 다른 무언가를 찾는 자신을 발견하게 될 것이다. 어쩌면 지극히 당연하고 보편적인 일이다. 멋진 스타트업에서 일하고 싶어도 막상 그곳에 가면 회사가 얼마나 엉망인지 알게 된다. 마찬가지로 매니저가 되고 싶다 해도 막상 매니저가 되면 그 일이 얼마나 어렵고 기대만큼 보상도 없다는 사실만 발견하게 된다.

이 모든 불확실함을 극복하기 위해 의지할 수 있는 유일한 사람은 자기 자신이다. 매니저가 이걸 대신해줄 수는 없다. 매니저를 이용하면 내 위치에서 무슨 일까지 가능한지 알 수 있지만, 내가 그다음에 가고 싶은 위치를 알고 싶다면 나 자신을 이해하는 수밖에 없다.

자신을 스스로 책임져라

자신을 아는 것이 첫 단계다. 원하는 것을 얻으려 노력하는 것은 그다음이다. 매니저와 의논할 게 있으면 원온원 미팅의 안건으로 얘기하고, 프로젝트를 계속하고 싶을 때는 매니저에게 요청하자. 매니저가 도움이 되지 않으면 도움이 될 다른 이를 알아보거나 개선 사항 등의 건설적인 피드백을 해줄 사람을 찾자. 그리고 피드백을 받았을 때, 수긍하기 어려워도 기꺼이 받아들이자.

만약 일하는 데 힘들면, 무엇이든 매니저에게 말하라. 옴짝달싹 못하는 상황이라면 도움을 부탁하고, 급여가 오르기를 바라면 요구해보자. 승진하고 싶으면 승진에 필요한 것을 알아보자.

매니저가 팀원의 일과 생활의 균형, 일명 워라밸(Work-Life Balance)을 강제할 수 없다. 일과 생활의 균형을 맞추려면 때론 조직 문화에 거슬러야 할 경우도 있는데, 이것이 불편하게 느껴질 수 있다. 그 반면, 더 높은 자리를 바란다면 더 많은 시간을 일해야 할 수도 있다.

바라는 모든 걸 얻을 수는 없다. 요구하는 게 즐겁거나 편한 경험도 아니다. 하지만 이런 경험이 자신을 성장시키는 가장 빠른 방법이다. 매니저가 양심적이라면 팀원의 솔직함을 인정할 것이다. 그렇지 않더라도 적어도 자신의 현재 상황은 알리는 기회가 된다. 잘될 거라 장담할 수는 없지만, 스스로 목표를 정했다면 달성하느냐 아니냐는 그 누구도 아닌 자신의 책임이다.

매니저에게 휴식을 주자

매니저를 쉬게 만드는 것도 팀원의 업무다. 매니저 역시 스트레스를 받는다. 사람이고 불완전하니 말이다. 때론 바보 같은 소리를 하고, 팀에 해가 되는 불공정한 일을 한다. 원치 않는 일을 주고, 불평을 쏟아내고 짜증을 낸다. 그런데 분명히 알아둬야 할 것이 있다. 매니저의 업무는 회사와 팀을 위해 최선을 다하는 것이다. 팀원이 좋아하는 일만 하는 게 아니다.

매니저와 팀원의 관계는 가까운 사람과의 관계와 같다. 내가 바꿀 수 있는 사람은 오직 나 자신뿐이다. 매니저에게 피드백을 주어도 매니저가 기대만큼 경청하거나 변하지 않을 수 있다. 온갖 이유를 들어 매니저를 원망하기 시작하면 결국 다른 팀으로 자리를 옮기거나 다른 직업을 찾아야 할 것이다. 여태껏 같이 일한 모든 매니저를 원망해왔다면 한번 생각해보자. 그 원인이 매니저에게 있는지 아니면 내게 있는지를. 어쩌면 매니저가 필요 없는 직업을 갖는 게 더 행복할 수도 있다.

경력을 쌓아 시니어가 될수록 매니저는 풀어야 할 문제보다는 해결책을 기대한다. 원온원 미팅 때마다 필요한 것, 잘못된 것, 더 원하는 것을 말하지는 말자. 매니저가 문제를 해결해주길 바라는 대신 매니저에게 문제 접근 방식에 대한 조언을 구하자. 조언을 구하는 것은 존중과 신뢰를 표현하는 좋은 방법이기도 하다.

매니저를 현명하게 선택하자

매니저는 팀원 경력에 엄청난 영향을 끼친다. 따라서 취업 기회를 따져볼 때는 직업, 회사, 급여뿐 아니라 매니저까지 고려해야 한다.

실력 있는 매니저는 '사내 정치'를 하는 방법을 알고 있다. 팀원을 승진시키기 위해 승진 결정권자에게 주목받고 조언을 얻게 할 수 있다. 또한 인적 네트워크를 통해 매니저가 함께 일하지 않아도 새로운 일을 줄 수도 있다.

뛰어난 매니저와 친구 같은 매니저, 개발자로서 존경받는 매니저 사이에는 차이가 있다. 많은 개발자는 조직에서 리더십과 관련된 정치적 맥락을 알지 못하고 알려고도 하지 않기 때문에 무능한 매니저로 전락하고 만다. 뛰어난 개발자가 주니어 팀원에게는 훌륭한 멘토형 매니저(Mentor-Manager)일 수 있지만, 시니어 개발자에게는 그저 자기 주장만 강한 변호사형(Advocate-Manager)일지도 모른다.

자신의 경험 **평가하기**

이 장에서 다룬 내용과 관련해서 경력을 개발할 때 고려해야 할 질문이다. 구체적인 답변을 적어보자.

☐ 좋은 매니저와 일한 적이 있는가? 그 매니저가 한 일 가운데 가치 있는 것이 무엇이었나?

☐ 좋은 매니저와 원온원 미팅은 얼마나 자주 했는가? 원온원 미팅을 할 때는 논의 주제를 정하고 참여했는가? 원온원 미팅이 현황 보고 미팅이었다면 현황 보고를 다른 방식으로 바꿔보려고 노력한 적이 있는가?

☐ 삶에서 큰 사건이 일어났을 때 매니저에게 고민을 털어놓을 수 있는가? 매니저가 나의 개인사를 안다고 생각하는가?

☐ 매니저가 내게 좋은 피드백을 주는가? 나쁜 피드백을 주는가? 아니면 피드백이 아예 없는가?

☐ 매니저가 올해 업무 목표를 잡는 데 도움을 줬는가?

2장

멘토링

개발자는 대개 비공식적으로 관리 관련 업무를 맡는다. 이를테면 팀에 합류한 신입 개발자의 멘토가 되면서 관리 관련 업무를 시작한다.

주니어 팀원 멘토링의 중요성

많은 조직에서 신입 교육 프로그램으로 멘토링 제도를 운영한다. 막 졸업한 신입 개발자나 인턴이 입사하면 흔히 주니어 팀원이 멘토가 된다. 때로는 입사한지 한두 해가 지난 팀원이 멘토가 된다. 이들이 신입 교육 및 인턴 프로그램을 제일 잘 기억하고 있어서이지만, 대개는 신입 사원과 가장 친한 사이가 되기 때문이다. 어떤 경우에는 신입 사원이 사내 프로세스에 빠르게 적응하고, 기술적인 부분에서 도움을 받을 수 있도록 시니어 개발자를 멘토로 지정하기도 한다. 건강한 조직에서는 신입 사원 멘토링 프로그램이 멘토와 멘티 모두에게 한 단계 더 성장할 기회가 된다. 또한, 멘토는 다른 사람에 대한 책임감이 어떤 것인지 알 수 있는 기회가 되고, 멘티는 먼저 요청하지 않아도 자신에게 신경 써주는 사람이 생긴다.

내 첫 번째 멘토가 기억난다. 그는 소프트웨어 개발자로서 많은 가르침을 주었다. 썬마이크로시스템즈(Sun Microsystems)의 자바 가상머신(Java Virtual Machine, JVM) 도구 개발 팀에 인턴으로 입사했을 때였다. 내가 맡은 일은 빌드가 되는 진짜 소프트웨어 프로젝트였고, 운 좋게도 시니어 개발자 케빈(Kevin)을 만났다. 오래도록 기억에 떠오르는 멘토다. 그는 시니어 테크니컬 리드(Senior Technical Lead)임에도 내게 많은 시간을 내주었다. 케빈은 내가 앉을 자리를 알려주고는 할 일을 혼자 생각하게 내버려 두지 않았다. 내가 참여할 프로젝트에 대해 논의하고 화이트보드 앞에 같이 앉아서 코드를 한 줄씩 살펴봤다. 그 덕분에 나는 할 일이 무엇인지 명확히 알 수 있었고 작업하다가 막히면 언제든 물었다. 그렇게 그해 여름은 내가 소프트웨어 개발자로 성장하는 매우 중요한 시간이 되었다. 멘토의 지도에 따라 실무를 경험했고, 생산성이 높은 개발자로 성장하는 법을 배웠다. 케빈과 함께한 일은 내 경력의 첫 번째 이정표가 됐고, 멘토링이 얼마나 가치 있는지를 배우는 귀중한 시간이었다.

멘토 되기

현재 당신은 멘토인가? 그렇다면 우선 축하한다. 멘토가 되는 건 아무나 할 수 없는 특별한 경험이다. 멘토링은 관리와 관련된 업무를 안정적으로 배울 기회이자, 조직에서 누군가를 책임지는 경험을 쌓는 기회다. 멘토 역할을 못한다고 해서 회사에서 잘리지는 않는다(물론 부적절한 행동을 하지 않는 경우에 한한다). 멘토에게 최악의 상황은 멘티에 신경 쓰느라 정작 자신의 업무에 소홀한 경우와 멘토링이 엉망이라 인턴이나 신입 개발자에게 나쁜 경험을 줘 인재를 놓치는 경우다. 안타깝게도 전자보다 후자인 경우가 많다. 그런 멘토는 하는 일은 없고 책임은 나 몰라라 한다. 시답잖은 프로젝트로 시간을 낭비하고 조직에 새로 합류하려는 사람에게 겁을 주거나 얕잡아 본다.

누구라도 이처럼 엉망진창인 멘토가 되고 싶은 사람은 없다. 만약 매니저라면 멘토링을 통해 팀을 더 효과적으로 만들려 할 것이다. 개발 업무와 멘토링 모두 잘할 수 있는 방법은 무엇일까?

인턴을 위한 멘토링

첫 번째로 다룰 멘토링 관계는 '임시 직원'인 인턴과의 멘토링 관계다. IT 회사에서는 대부분 인턴 제도를 운영한다. 이들은 학위 과정에 있으며 회사에서 실무를 통해 가치 있는 경험을 하고 싶어한다. 그렇다면 회사는 어떤 생각일까? 회사는 인턴 제도를 인재 채용 기회로 활용한다. 하지만 졸업이 1년 이상 남은 학생은 그 회사에서 업무 이해도가 낮고 인턴 과정에서 좋은 경험을 하지 못할 경우 다른 곳으로 갈 수 있다.

결국 이는 실무 경험이 거의 없는 대학생을 멘토링한다는 의미다. 인턴이 의미 있는 경험을 하려면 어떻게 해야 할까? 먼저 인턴이 회사가 찾는 인재가 아니어도 멘토를 좋아하게 만들어야 한다. 그래야 인턴 기간이 끝나고 학교로 돌아가 친구에게 인턴 경험을 좋게 전달할 테니 말이다. 멘토에 대한 좋은 인상은 인재 채용에 막대한 영향을 미친다. 인턴을 뽑는다는 것은 그 회사가 그 학교의 졸업생을 채용하는 데 관심이 있다는 의미이기도 하다. 그렇다고 크게 걱정할 건 없다. 인턴을 행복하게 만드는 것은 로켓 공학처럼 어려운 일이 아니다.

인턴이 생기면 가장 먼저 필요한 일은 인턴이 할 프로젝트 선정하기다. 멘토는 인턴에게 줄 프로젝트와 관련해 아이디어를 내지 않는 게 좋다. 왜냐하면 그 아이디어가 인턴에게 너무 어렵고 벅찬 프로젝트일지도 모르기 때문이다. 그와 반대로 프로젝트를 주지 않으면 인턴은 인턴 기간 내내 방황하며 지루하게 시간을 보낼 것이다. 회사 업무를 이해하는 것은 경력자에게도 어려운 일이다. 인턴에게는 특히 그렇다. 따라서 초기 몇 주 동안 인턴이 시작할 만한 프로젝트를 염두에 두어야 한다. 프로젝트를 준비하지 못했다면 진행 중인 프로젝트 가운데 며칠이면 끝날 쉽고 작은 부분을 시작하게 해보자.

인턴의 첫 며칠은 신입 사원과 다르지 않다. 신입 교육 프로그램에 참여하고, 사무실에 적응하며, 사람을 만나고, 시스템을 배운다. 이 기간에는 가능하면 인턴과 함께 많은 시간을 보내야 한다. 통합 개발 환경을 설치하고 코드를 확인하는 것도 도와준다. 자주 시간을 내서 쏟아지는 새로운 정보에 인턴이 난감하거나 주눅 들지 않도록 살핀다. 그 사이에 인턴에게 줄 프로젝트를 준비한다.

일단 프로젝트가 시작되면 배웠던 프로젝트 관리 방법을 업무에 적용한다. 프로젝트에 세부 일정이 있는가? 없다면 인턴과 시간을 할애해 세부 사항을 정리한다. 인턴이 감을 잡을 수 있게, 인턴의 질문에 귀 기울이고 대답한다. 인턴과 함께하는 과정이 장차 매니저가 되는 데 필요한 기술을 연습하는 과정이 된다. 이때 필요한 기술은 경청하기, 의사소통하기, 적절한 피드백 주기 등이다.

경청하기

경청은 사람 관리의 시작이자 기본이다. 경청은 좋은 매니저의 핵심 기술 중 하나인 공감의 전 단계다. 경청은 회사 경력을 쌓는 모든 과정에서도 필요하다. 심지어 누군가에게 보고할 필요가 없는 수석 개발자조차 다른 사람의 말을 들을 줄 알아야 한다. 멘티가 말할 때 자신의 행동에 주의를 기울이자. 멘티가 말할 때 뭐라고 말을 할지 미리 생각하지 않는가? 눈앞에 닥친 업무를 고민하지 않는가? 상대방이 하는 말에 귀기울이지 않고 다른 일을 하지는 않는가? 만약 그렇다면 이것은 경청이 아니다.

리더십을 배울 때 초반에 느끼는 깨우침 중 하나는 직접적이든 간접적이든 모든 사람은 자신의 의도를 상대방이 정확히 이해하게 말하지 못한다는 점이다. 우리는 아직 보그(Borg)[1]의 하이브 마인드나 벌칸(Vulcan)[2]의 마인드 멜드까지는 안 되며, 여전히 언어라는 바늘귀를 통해 복잡한 개념을 전달한다. 언어는 뉘앙스나 해석까지 전달해주지 않는다. 그래서 멘티가 하는 말 이상을 파악해야 한다. 다른 사람과 대면할 때는 그 사람의 신체 언어와 말하는 방식까지 해석하지 않는가? 상대방이 내 눈을 보고 있는가? 웃고 있는가? 눈살을 찌푸리는가? 한숨을 쉬는가? 이런 작은 신호가 상대방이 이해했는지 아닌지를 감지할 수 있는 단서들이다.

멘토는 복잡한 설명을 몇 번이나 다른 방법으로 말할 수 있어야 한다. 멘티의 질문이 이해되지 않으면 다른 방식으로 거듭 질문을 한다. 필요하면 사무실 한 구석에 있는 화이트보드에 다이어그램을 그린다. 다시 말해서 멘티가 이해할 때까지 시간을 쓰는 것이다. 기억하자. 멘티의 눈에는 멘토가 큰 힘이 있는 위치의 사람이다. 멘티는 힘들게 잡은 기회를 망칠까 봐 또는 멘토를 기쁘게 해야 한다는 생각에서 멍청하게 보이지 않으려 노력하기 때문에 긴장한다. 그래서 이해하지 못해도 질문하지 않을 수 있다. 따라서 편안한 마음으로 멘티의 질문을 들어라. 멘토가 질문에 답을 하기 위해 많은 시간을 쓰는 확률보다 멘티가 충분히 질문하지 않아 일이 전혀 다른 방향으로 잘못 진행될 가능성이 더 높다.

---

1 역자주_ 보그(Borg)는 영화 〈스타트렉〉에서 나오는 반기계 반유기체 종족으로, 모든 개체는 단 하나의 하이브 마인드(Hive Mind)에 의해 통제된다.

2 역자주_ 벌칸(Vulcan)은 〈스타트렉〉에 등장하는 인류와 최초로 접촉한 외계 종족이다. 마인드 멜드(mine-meld)는 벌칸이 강력한 정신력으로 상대방의 기억이나 의식에 직접 접근해 상대의 감정이나 기억을 가져오거나 반대로 자신의 감정과 기억을 주입하는 기술이다.

명확하게 의사소통하기

인턴이 스스로 해결 방법을 찾지 않고 멘토의 도움에만 기댈 수도 있다. 이럴 경우 다른 관리 방법이 필요하다. 인턴에게 질문하기 전에 문제를 더 고민해보라고 조언하거나 인턴이 작업한 코드나 제품, 프로세스 관련 설명을 듣고 도움이 될 만한 관련 설명서를 주자. 그럼에도 업무를 잘 수행하지 못하면 그때는 인턴의 잠재력을 다시 검토해야 한다. 인턴에게 이정표가 될 프로젝트의 첫 마일스톤을 알려주고 하루나 이틀 동안 혼자 작업할 시간을 준다. 인턴이 작업을 하고 있는 중간에 프로젝트를 중단시키거나 교체하는 것은 부득이한 경우를 제외하고는 피해야 한다. 인턴이 기대보다 빠르게 모든 작업을 끝내 놀라게 할 수도 있다. 하지만 대부분은 행복한 상상에 불과하다. 대개 인턴이 올바른 방향을 유지하도록 약간의 방향성과 명확한 작업 방법을 알려줘야 한다.

적절한 피드백 주기

인턴의 '적절한 피드백 주기'를 찾는 일은 멘토링하면서 연습할 수 있는 관리의 마지막 기술이다. 멘토링 과정에서는 여러 가지 일이 일어난다. 인턴이 예상을 뛰어넘을 수도, 간단한 일에 고군분투할 수도 있다. 작업을 빨리 끝냈으나 품질이 떨어질 수도 있고, 너무 완벽히 하느라 작업 속도가 느릴 수도 있다. 인턴 과정의 첫 몇 주 동안에는 인턴에게 적절한 업무 피드백 주기를 찾아야 한다. 일주일에 한 번 또는 매일 할 수도 있다. 적어도 일주일에 한 번은 인턴의 작업을 확인하고 따로 시간을 내서 이야기를 나누자.

인턴은 의미 있는 프로젝트를 경험하고 멘토는 관리의 기초인 경청, 의사소통, 적절한 피드백을 통해 서로 함께하는 시간을 잘 마무리하길 바란다. 또한, 인턴은 회사의 좋은 기억을 가지고 학교로 돌아가고, 멘토는 앞으로 언제 할지 모를 관리 관련 업무에 대해 통찰을 얻었기 바란다.

인턴 멘토링은 어떻게 하나요?

인턴 멘토링을 맡았는데 무엇부터 시작해야 할지 모르겠습니다. 인턴은 무엇을 해야 하나요? 또 인턴이 회사에서 근무 시간을 잘 보내려면 어떤 준비가 필요한가요?

인턴을 맞을 준비에 많은 시간을 쓸 건 없지만, 멘토링 준비 과정은 매우 중요합니다. 기본적으로 준비해야 할 것은 다음과 같습니다.

① 자리 준비

인턴이 언제부터 사무실에 출근하는지 아나요? 모른다면 미리 확인합니다. 인턴이 출근하면 바로 사용 가능한 사무실과 디지털 환경 등을 준비합니다. 인턴 자리는 멘토 근처인가요? 컴퓨터는요? 시스템과 소프트웨어에 접근할 수 있나요? 대기업에서도 인턴 준비 과정의 많은 부분이 간과되어 인턴이 앉을 자리나 시스템 접근 권한조차 설정하지 않는 경우가 더러 있습니다.

② 인턴을 위한 프로젝트 준비

가장 좋은 인턴 프로그램은 수행해야 할 프로젝트가 명확한 것입니다. 인턴의 프로젝트를 선정할 때는 구체적이면서도 급하지 않은 것, 팀과 관련된 것, 초급 개발자가 할 수 있으며 시간이 절반 정도 소요되는 작업으로 골라야 합니다. 인턴십 프로젝트 기간이 10주라면 신입 개발자가 5주면 할 프로젝트를 제시하는 것입니다. 이렇게 하면 두 가지 목표를 달성할 수 있습니다. 인턴 프로그램에 포함된 교육이나 소셜 이벤트 같은 활동을 할 수 있고, 프로젝트를 끝마칠 충분한 시간을 줄 수 있습니다. 인턴 기간이 끝나기 전에 프로젝트를 완료하면 잘된 일입니다. 이 경우 인턴이 코드 기초를 알게 되었으므로 남은 시간에 다른 작업을 할 수 있습니다. 인턴과 함께하는 동안 인턴은 인턴이라는 사실을 기억하기 바랍니다. 인턴은 아직 학생이어서 작업 속도가 느립니다. 그래서 많은 작업을 해낸다면 기쁜 일이죠.

③ 결과 발표 자리 준비

인턴 프로그램이 끝나면 프로젝트 결과를 발표하는 자리를 마련합니다. 이를 통해 다른 멘토나 직원에게 인턴을 소개하고 멘토가 인턴에게 기대하는 바를 명확히 알려줄 수 있습니다. 이 자리는 인턴의 정식 채용을 결정하는 중요한 자리가 될 수도, 졸업이 많이 남았다면 다음 기회에 한 번 더 인턴을 제안하는 자리가 될 수도 있습니다. 이를 위해서는 발표 준비 방법을 알려줘야 합니다. 팀에 정기적인 데모 시연이나 팀 미팅 시간이 있으면 그 회의의 형식을 맞춰 발표를 준비합니다. 발표할 때 굉장히 자세한 사항까지는 다룰 필요 없지만, 프로젝트 결과를 팀원에게 발표해 인턴이 자신의 작업이 중요하고 가치 있는 일이라고 여기도록 합니다. 프로젝트 결과를 인정받는다고 느낀다면 졸업 후 신입 사원으로 입사할 가능성이 높아질 것입니다.

신입 사원 멘토링하기

내 첫 직장은 규모가 제법 있는 IT 기술 기업이었다. 처음 배치된 부서에서는 몇 년짜리 프로젝트 진행이 한창이었다. 매니저는 내 자리를 알려주고 다음 작업을 끝내려면 무엇이 필요한지 생각하라 하더니 혼자 내버려 두었다. 도움을 청하는 방법도 몰랐고 도움을 청하면 바보 같아 보일까봐 두려웠다. 이런 상황에 낙담하는 것이 당연했고 좌절감에 사로잡혀 차라리 대학원에 진학하는 게 좋다는 생각을 했다. 그리고 실제로 그렇게 했다.

대학원을 졸업한 후 다닌 곳은 완전히 달랐다. 책상에 혼자 우두커니 앉게 하지 않았고 멘토도 있었다. 멘토는 내게 질문을 많이 하라고 격려했다. 페어(Pair) 프로그래밍을 하면서 코딩의 기초와 그 프로젝트에서 동작하는 테스팅 방법(처음 경험한 유닛 테스트)을 배웠다. 며칠 지나지 않아 팀에서 내 몫을 하게 됐다. 첫 직장에서 일한 기간보다 짧은 기간이었지만 이곳에서 더 많은 것을 배웠다.

신입 사원 멘토링은 정말 중요하다. 멘토가 할 일은 신입 사원 교육, 회사 적응 돕기, 회사 내 인맥 쌓기 등이다. 인턴 멘토링보다 쉬운 일이지만 멘토링 관계가 더 오래 지속된다는 점이 다르다.

멘토에게 신입 사원 멘토링은 새로운 눈으로 회사를 관찰할 수 있는 기회다. '그 일을 어떻게 했더라?' '명문화된 규정과 암묵적인 규정은 뭐가 있었지?' 멘토 역시 명문화된 규정과 암묵적인 규정 사이에서 누구에게 물어볼지 몰라 실수했던 적이 있었을 것이다. 예를 들면 사규에 있는 연차 제도는 명문화된 규정이다. 그러나 예컨대 전자상거래 업체라면 사규에는 없지만 명절 전후 일주일 동안은 사업에 중요한 기간이므로 "관련 부서는 이 기간에 휴가를 내지 않는다"와 같은 암묵적 규정이 있을 수 있다. 신입 사원 입장에서 더 미묘한 암묵적 규정도 있다. 사소한 프로세스, 사내 문화, 은어인데, 이것은 정말 알기 어렵다. 이런 암묵적 규정 때문에 새로운 사람들이 팀에 적응하고 맡은 업무를 해내기 어려운 경우도 종종 있다. 신입 사원 멘토링은 이런 암묵적 규정을 알고 이해하는 기회가 되어야 한다. 따라서 신입 사원의 낯설고 참신한 시각 및 질문을 불편해하지 말고 충분히 이용하자.

효율적으로 일하는 팀에는 신입 사원 교육 문서가 잘 갖춰져 있다. 이를테면 개발 환경을 구축하고, 트래킹 시스템 동작을 이해하고, 필수 업무 도구를 단계별로 설명한 문서 등을 말한다. 이런 문서는 업무 환경의 변화에 따라 내용이 갱신되어야 한다. 멘토는 이 문서를 통해 신입 사원이 잘 적응하도록 돕고, 신입 사원은 교육 과정에서 겪은 문제를 기록해 팀에 헌신할 수 있음을 보여주는 것이 좋다. 신입 사원에게는 학습할 권리와 의무가 있으며, 학습 결과는 팀의 이익을 위해 공유되어야 한다.

또한, 멘토링은 신입 사원을 주위 동료들에게 소개할 좋은 기회도 된다. 회사는 지식과 정보를 빠르게 전달하는 인간관계로 가득 차 있다. 신입 사원이 멘토의 인맥을 활용하면 팀에 더 빠르게 적응할 수 있으며, 멘토 역시 인맥을 더 넓힐 수 있다. 이런 비공식적인 인맥은 종종 기회가 되곤 한다. 혹시 아는가? 지금 멘티가 내가 가고 싶은 팀의 팀원이 될 수도 있고, 언젠가 내가 다른 팀에 있을 때 멘티를 팀원으로 데려오고 싶을지도 모른다.

신입 사원을 관리하는 것에 관심이 전혀 없을지라도 정보와 아이디어를 공유하는, 신뢰할 수 있는 튼튼한 인맥이 없으면 좋은 경력을 쌓기 어렵다. 직장은 사람들 사이의 상호작용으로 구성되기 때문이다. 이런 팀원 관리 또는 기술이 경력의 기초를 쌓는다. 내성적이면 다른 사람과 어울리는 게 어렵다. 하지만 새로운 사람을 알아가고 그들이 성공하도록 돕는 게 결국 자신에게 도움이 되며, 결국 이런 태도가 성패를 좌우한다. 인맥을 만드는 일이 시간과 에너지를 투자할 만한 일임을 기억하자.

기술과 경력 멘토링

기술과 경력 멘토링은 내 매니저 경험과 직접적인 관련이 없어 간략하게만 이야기하고자 한다. 어느 시점이 되면 기술 멘토나 경력 멘토 또는 둘 다를 하게 된다. 아니면 우리 대부분은 멘토를 찾거나 만나보라고 권유를 받기도 한다. 그렇다면 효과적인 기술 멘토링, 경력 멘토링이란 무엇일까?

최고의 멘토링은 큰 업무를 함께하다 보면 자연스럽게 이뤄진다. 시니어 개발자가 생산성을 높이기 위해 팀 내에서 주니어 개발자의 멘토가 되면, 둘은 팀 문제를 함께 해결할 수 있다. 멘티가 작성한 코드를 시니어 개발자가 개선하면, 수정할 것이 줄어들고, 개발 속도가 빨라지는 등 긍정적인 큰 결과를 얻을 수 있다. 주니어 개발자는 자신의 업무와 상황을 잘 이해하는 사람에게 관리받고 실습할 때 많은 것을 배운다. 이런 식의 멘토링은 공식적인 관계가 아닐 때도 있지만, 팀에 매우 큰 성과를 가져오기 때문에 시니어 개발자 업무의 한 부분이 되기도 한다.

많은 회사에서 서로 다른 팀의 사람을 연결하는 멘토링 프로그램을 공식적으로 운영한다. 이는 인맥 확장에는 도움이 되지만, 멘토와 멘티의 역할이 명확하지 않아 혼란을 줄 수 있다. 따라서 멘토와 멘티가 서로에게 기대하는 것과 목표를 명확하게 정하는 게 중요하다.

멘토일 때

멘토는 멘티에게 기대하는 바를 이야기해야 한다. 멘티가 미팅 때 질문을 준비하도록 하려면, 미팅 주제와 질문을 미리 보내 달라고 요청해야 한다. 시간 약속을 분명히 하고, 멘티의 질문에 솔직하게 답해주자.

한편, 매니저나 동료로서 반드시 해야 하는 솔직한 충고나 조언을 자신 있게 할 정도의 전문성을 갖추고 있지 않다면 멘토로 나서는 것은 의미가 없다.

그런 경우라면 멘토링을 거절해도 괜찮다. 자신의 시간은 소중하며, 멘토와 멘티에게 가치 있는 일이 아니라면 의무감에 "알겠다"라고 대답하는 것은 의미가 없다. 그러므로 멘토가 되어 달라는 요청을 받아들일 수 없다면 거절하는 게 최선이다. 부탁받은 것에 대해 반드시 적절한 이유를 들어서 거절해야 하는 건 아니다. 현재 업무량, 휴가 계획 등도 거절의 이유가 될 수 있다. 어떤 결정을 내리든 "네"라고 승낙하고 멘토링을 제대로 수행하지 못하는 일만은 절대 금물이다.

멘티일 때

멘토링을 통해 얻고 싶은 것을 생각하며 멘토링 시간을 준비해야 한다. 특히 대가 없이 자원봉사를 자처한 팀 내부의 시니어에게 멘토링을 받는 경우 멘토의 시간을 낭비하지 않도록 주의해야 한다. 준비 시간이 부족하거나 준비할 필요가 없다고 생각되면 멘토링이 정말 필요한지 스스로에게 물어보자. 멘토가 있으면 좋을 것 같지만 정작 만나서 커피를 마시며 시간을 보낸다면 멘토가 꼭 필요한 건 아니다. 이런 경우라면 오히려 친구나 심리 치료사가 필요하다. 눈에 보이지 않는다고 해서 멘토의 시간을 과소평가하기 쉽다. 누구에게도 시간은 돈이라는 생각을 잊지 말고 준비를 철저히 하자.

좋은 매니저, 나쁜 매니저 : 알파 긱

팀이나 외부 사람과 멘토링을 하다 보면 '알파 긱(Alpha geek)[3]'을 만날 때가 있다. 알파 긱은 팀에서 인정받는 최고의 개발자로, 늘 정답을 말하며 어떤 어려운

---

3 역자주_ 알파 긱(Alpha geek)은 사무실에서 기술이나 컴퓨터에 관련 전문 지식이 많은 사람을 의미하는 속어다.

문제도 풀어내는 사람이다. 지적이고 기술력에 최고의 가치를 두며, 실력이 의사결정에 영향을 미쳐야 한다고 믿는다. 그런데 이들은 대개 다른 의견에 대처하지 못하며 자기가 받아야 할 관심을 빼앗는 사람이나 자기를 능가하는 사람을 만나면 쉽게 위축된다. 알파 긱은 자신이 최고라고 믿으며 이에 동조하는 말에만 반응한다. 한마디로 이들은 뭐든 뛰어나야 하는 '탁월함의 문화'를 만들려고 하지만 결국에는 '두려움의 문화'를 만드는 경향이 있다.

알파 긱은 보통 탁월하고 효율적으로 일하는 개발자다. 이들은 등 떠밀려 매니저가 되거나, 팀에서 가장 똑똑한 사람이 매니저가 돼야 한다는 통념에 따라 매니저가 된다. 타인의 실수를 얕잡아 보고, 아무런 경고도 없이 팀원이 한 작업이나 다른 팀원의 작업을 직접 다시 하는 최악의 행동을 하기도 한다. 때로는 팀원의 노력을 인정하지 않고 성과를 독식한다.

알파 긱이 좋은 매니저일 경우에는 두려운 존재이기도 하지만 젊은 개발자에게 많은 영감을 주기도 한다. 거의 모든 답을 알고 있고, 십여 년 전 시스템의 원본 버전을 개발했으며, 아직도 코드 작성자와 알고 지낸다. 남들이 어렵게 하는 일도 별다른 어려움 없이 해낸다. 다른 사람들의 시도가 왜 작동하지 않는지를 정확히 알며, 혹여나 모르더라도 "나만 믿어"라고 말할 것이다(알파 긱의 말에 귀기울이고, 그가 알려준 방식대로 일을 처리했다면 말이다). 알파 긱은 본인이 원하면 가르쳐줄 것이 많고, 빌드에 도움이 되는 흥미롭고 훌륭한 시스템을 설계할 수 있다. 똑똑하지 않았다면 그런 실력을 갖추지 못했을 것이다. 또한, 팀에게 가르칠 지식이 많아 팀원은 그의 하대를 견디며 실력을 존경한다.

나쁜 매니저의 경우라면 이야기가 전혀 다르다. 알파 긱은 자기 의견이 반영되지 않은 결과는 아무도 가져갈 수 없게 한다. 좋은 아이디어를 내는 일은 열심히 하지만, "너희들은 실패할 거야"라는 말을 빼고는 아이디어의 부정적인 측면을 검토하는 데 관심이 없다. 알파 긱은 자기가 아는 것을 모든 개발자가 정확히 알아야 하며, 만약에 모르면 즐거워하며 무지를 지적한다. 업무 진행 방식에 매우 엄격하며, 자신이 생각 못한 새로운 아이디어는 내지 못하게 막는다. 자신이 개발한 시스템에 대해 사람들이 불평하거나 기술적 결정을 비판하면 매우 공격적으로 반응한다. 또한, 자신이 존경하지 않은 사람에게 지시받는 것을 극도로 싫어하며, 기술 관련 업무를 하지 않는 사람에게 모욕을 주기도 한다.

알파 긱 성향은 대개 개발자가 처음 멘토 역할을 맡을 때쯤에 드러나기 시작한다. 만약 기술적인 부분이 뛰어난 데도 사람이 다가와서 도움을 부탁하지 않는다면, 자신에게 알파 긱 성향이 없는지 스스로 물어보자. 자기 생각을 정확하게 말하고 어떤 것도 요청하지 않는가? 다른 사람의 좋은 아이디어나 좋은 코드를 인정하는 일이 못마땅하고 다른 사람의 실수를 열심히 찾지는 않는가? 정확함이 가장 중요하고 옳은 것이라 믿으며, 그 믿음을 위해 언제든 싸울 수 있는가? 그렇다면 자신에게 알파 긱 성향이 있다고 여기자.

자신이 알파 긱일 수도 있다는 생각이 들면, 멘토링은 이런 성향을 바꿀 좋은 기회가 된다. 스스로를 멘티를 가르치고 이끌어야 할 사람으로 생각하고, 멘티에게 가장 잘 맞는 방법으로 일하도록 돕는 게 목표라면, 알파 긱 성향이 멘티의 성장을 더 어렵게 한다는 것을 직접 경험하게 될 것이다. 멘티에게 소리를 지르는 대신, 멘티를 육성하고 코칭하는 방법과 다른 사람이 경청하도록 말하는 방법 등 가르치는 기술을 멘토링을 통해 배울 수 있다. 만약 멘티를 위해 자신의 스타일을 바꿀 생각이 없다면 멘토에 자원하지 말자.

알파 긱이 팀에서 가장 똑똑하고 기술적으로 뛰어난 사람이라는 정체성을 유지하는 한, 형편 없는 매니저가 될 가능성이 높다. 대체로 기술적 수완이 뛰어난 매니저는 시니어 개발자로 구성된 작은 팀에서 좋은 매니저가 되지만, 알파 긱의 경우 인적 관리보다는 기술 전략이나 시스템 설계에 집중하는 게 낫다. 기술 중심의 스타트업에서 알파 긱이 CTO 역할을 맡는 경우가 많은데, 그들은 대개 운영을 담당하는 개발자 출신 부사장의 아래에서 디자인과 개발에 집중한다.

만약 당신이 매니저를 승진시킬 위치에 있다면, 알파 긱에게 팀 관리를 맡길 때는 그 영향을 면밀히 살피고 조심, 또 조심해야 한다. 알파 긱 문화는 저항할 수 없다고 여기는 사람을 위축시키기 때문에 팀의 협업에 매우 해가 된다. 게다가 알파 긱은 다른 사람보다 더 많이 알고 자신의 가치가 더 높다고 믿기에 자신의 우월함을 유지하려고 중요한 정보를 숨기기도 한다. 그 결과, 팀원 모두의 효율성을 떨어뜨린다.

멘토의 매니저를 위한 팁

수치로 측정해 정리할수록 우리는 더 나아진다. 우리는 매니저로서 팀원이 명확하고 집중할 수 있으며 측정이 가능한 목표를 만들게 해 팀의 성공을 도울 것이다. 그런데 이런 기본 사항을 멘토 지정 과정에는 잘 적용하지 못한다. 신입 사원이나 인턴을 맡을 멘토를 정할 때는 달성하려는 목표가 무엇인지 생각해야 한다. 그다음, 그 목표를 달성할 사람을 찾아야 한다.

첫째, 멘토링 관계를 설정하는 이유부터 생각해보자. 앞서 논의한 두 가지 경우에서 멘토링은 특별한 목적으로 운영됐다. 신입 사원이든, 몇 달만 근무할 인턴이든 간에 팀에 새로 합류한 팀원이 속도를 내서 일하고 생산성을 높이는 것이 목적이다. 물론 사내 멘토링 프로그램만 있는 건 아니다. 몇몇 회사는 경력 개발이나 기술 성장을 위해 주니어 개발자를 팀 외부의 시니어 개발자와 짝 지어준다. 이런 멘토링 프로그램은 매우 멋져 보이지만, 대개 멘토와 멘티가 짝이 됐다는 것 외에는 별다른 지침을 주지 않아 두 사람 모두에게 별다른 도움이 되지 않는다. 멘토가 멘토링에 적극적이지 않거나 프로젝트에 낼 시간이 없을 만큼 바쁘면 멘티는 매우 실망할 것이다. 반면, 멘티가 멘토링에서 무엇을 해야하는지 모르거나 도움을 부탁하는 방법을 모른다면 멘토링은 '강요된 사회화'가 되어 양쪽 모두 시간 낭비로 느끼게 된다. 그러므로 신입 개발자와 인턴 이외의 멘토링 프로그램을 운영한다면 프로그램에 적용할 지침과 체계를 면밀히 살펴야 한다.

둘째, 멘토링은 멘토에게 책임이 추가된다는 뜻임을 기억하자. 그러니 멘토링 기간에는 멘토의 생산성이 떨어질 수 있다. 시간이 촉박한 프로젝트를 맡은 개발자를 멘토링에 참여시키고 싶진 않을 것이다. 멘토링은 개발자에게 중요한 또다른 책임을 준 것으로 봐야 한다. 멘토링을 성공적으로 수행할 것 같은, 코딩 능력 이상의 것을 증명하고 싶어하는 사람을 찾아야 한다.

멘토와 멘티의 관계가 어떻게 이루어졌든지 멘토링 프로그램에 대한 일반적인 오해는 멘토링을 낮은 수준의 '감정 노동'으로 보고, 멘토와 멘티가 같은 부류의 사람이어야 한다고 가정하며, 멘토링을 팀의 잠재력을 관찰하는 기회로 이용하지 못한다고 생각하는 점이다.

첫째, 감정 노동은 오랜 기간 '소프트 스킬(Soft Skills)'이라고 여겨져왔다. 사람과 팀의 정서적 욕구를 다루는 기술인 감정 노동의 성과는 양적으로 측정하기가 어려워 소프트웨어 개발보다 소홀하게 다뤄졌다. 별다른 투자 없이 당연히 해야 하는 것으로 여겼다. 멘토에게 급여를 더 줘야 한다는 말이 아니다. 단지 멘토의 역할을 인정할 필요가 있다는 것이다. 멘토란 역할은 또다른 책임이란 관점에서 대우할 필요가 있다. 앞서 살펴봤듯이 멘토에게는 계획을 세우고 멘토 활동을 충실히 할 수 있는 충분한 시간을 주는 게 중요하다.

도움이 되는 멘토링 관계를 만들려면 투자해야 한다. 인재 채용에 많은 비용과 시간이 드는 것처럼 멘토링 프로그램을 운영하는 데도 비용과 지원이 필요하다. 우선 멘토링이 시간이 드는 일이란 점을 이해하는 것이 시작이다. 멘토링이 더 나은 직원 네트워크, 더 빠른 신입 적용 프로그램, 더 높은 인턴십 전환율 같은 결실로 이어지도록 지속적으로 투자해야 한다.

두 번째로, 같은 부류의 멘토-멘티를 짝짓지 말라. 이것은 여자끼리, 남자끼리, 외국인끼리 짝을 지어야 한다고 생각해서는 안 된다는 의미다. 이런 방식은 멘토링 프로그램에서 곧잘 볼 수 있다. 반대로 다양성을 바탕에 둔 경우의 문제도 있다. 기술 분야에 종사하는 여성이라면 다양성에 초점을 맞춘 멘토링이 마음에 들지 않을 수 있다. 멘토링의 목적이 다양성에 초점을 맞춘 게 아니라면 최고의 멘토와 연결해주는 게 바람직하다. 멘토링 관계로 추천하는 다른 경우는 비슷한 직무를 맡은 사람을 멘토로 지정해주는 것이다. 멘토링으로 업무 기술을 높이기를 바란다면, 멘티가 맡은 업무를 이미 숙달한 사람이 최고의 멘토라 할 수 있다.

마지막으로 멘토링을 팀의 차기 리더를 훈련하고 보상하는 기회로 사용하자. 이미 알겠지만 리더십에는 인간의 상호작용이 필요하다. 인내와 공감 능력 향상은 팀 기반으로 일하는 모든 사람에게 매우 중요하다. 실력이 뛰어나고 내성적인 개발자는 공식적인 매니지먼트 업무를 원하지 않지만, 원온원으로 멘토를 장려하는 이유는 인맥 형성은 말할 것도 없고 더 강한 외재적 관점을 개발하는 데 도움이 되기 때문이다. 반대로 참을성이 없는 젊은 개발자의 경우에는 멘토링을 통해 인턴의 성장을 돕는 과정에서 겸손함을 알게 될 것이다.

인턴 채용할 때 무엇을 고려해야 하나요?

회사에서 인턴을 채용할지 말지를 여러 번 물었습니다. 여태껏 채용한 적은 없지만, 요즘 채용 대상을 늘리기 위해서 인턴 제도를 시행하려고 합니다. 어떤 점을 고려해야 하나요?

인턴십 프로그램은 회사 입장에서 채용 대상을 확대하고 졸업을 앞둔 인재를 찾을 수 있는 아주 좋은 기회입니다. 많은 회사는 인턴 프로그램의 목적을 인턴 채용으로만 생각합니다. 그래서 정작 인턴 프로그램의 가장 중요한 가치를 놓치고 있습니다. 이와 관련해 주의해야 할 점 몇 가지를 짚어볼까요.

① 인턴십 후 1년 내에 졸업할 계획이 없는 인턴은 채용하지 말라.

IT를 전공한 대학 졸업생은 옵션이 많아서 졸업이 임박하지 않은 인턴이 회사에 입사해 풀타임으로 근무할 가능성은 적습니다. 인턴십 프로그램은 방학 기간에 프로젝트를 하나 더 할 사람을 구하는 게 아니라, 재능 있는 인재를 찾아 모시기 위한 방법입니다. 졸업까지 2년 이상 남은 학생은 첫 직장을 정하기 전에 여러 기회를 찾으려 노력할 것입니다. 따라서 소수의 인턴을 채용할 때는 모두 정직원이 될 잠재력이 높은 사람을 뽑아야 합니다.

② 인턴 채용이 졸업자를 정직원으로 채용할 때보다 상대적으로 쉽다.

대개 인턴에게서 바라는 요구사항이 적기 때문에 채용하는 입장에서는 선택지가 많습니다. 이런 기회를 다양하게 이용할 수 있지만, 직원이 적은 곳에서 지원자를 채용하는 데 이용할 수도 있습니다. 인턴십 프로그램의 다양성은 정직원 채용의 다양성과 조직의 다양성으로 이어집니다.

멘토를 위한 핵심 요약

멘토가 되면 다음 세 가지 활동에 집중해야 한다.

호기심과 열린 마음 갖기

경력을 쌓을수록 가르치는 순간을 많이 경험하고 그 순간 어떻게 해야 하는지 교훈도 얻었을 것이다. 실수로 남은 오점들은 '모범 사례'가 된다. 의식하지 못하는 성장은 우리의 사고를 흐리게 하고 창의력을 떨어뜨린다. 마음의 문을 닫고 아무것도 배우지 않으면 기술 경력을 성장시키는 가장 가치 있는 것을 잃게 된다. 우리 주위를 둘러싼 기술은 항상 변화하며, 우리는 이런 변화를 계속 경험해야 한다.

멘토링은 호기심을 키우고 새로운 눈으로 세상을 바라볼 좋은 기회다. 멘티의 질문은 새로운 사람의 눈을 통해 조직의 명확치 않은 것들을 관찰하는 시작점이 된다. 이해했다 여겼던 것에서 명확하지 않은 부분을 찾고, 일하는 동안 가치 있는 것이 무엇인지 다시 의문을 던질 기회를 준다. 많은 사람은 창의성을 새로운 것을 보는 시각으로 생각하지만, 다른 것에 숨겨진 패턴을 보는 것도 창의성이다. 경험에만 의존하면 이러한 패턴을 찾기는 어렵다. 신입 사원과 함께 일하는 것은 숨겨진 패턴을 밝혀내고 함께하지 않았다면 맺지 못했을 관계를 형성하는 데 도움이 된다.

상대방의 언어를 듣고 말하기

좋은 멘토링을 경험하고 나면 팀 리더에게 필요한 기술이 만들어지기 시작한다. 매니저가 될 생각이 없어도 멘토링 경험은 소통 기술을 익히는 데 도움이 된다. 멘토링은 경청을 연습할 좋은 기회다. 질문을 잘 듣지 않으면 좋은 대답을 할 수 없다.

이따금 시니어 개발자에게 나쁜 습관이 스며있기도 하다. 최악의 습관은 잘 이해되지 않거나, 자신의 의견에 동의하지 않는 사람과 논쟁하려는 경향이다. 신입 사원, 주니어 팀원과 업무를 잘 수행하려면, 몇 번이나 시간을 들여 노력을 쏟더라도 그들이 이해하는 방식으로 경청하고 소통해야 한다. 대부분의 회사에서 소프트웨어 개발은 팀으로 하는 스포츠 경기 같으며, 팀이 어떤 일을 하는 데에는 효과적인 의사소통이 필요하다.

인맥 관리하기

경력은 결국 인맥의 힘에 따라 성공하거나 실패한다. 멘토링은 이러한 인맥을 쌓는 좋은 방법이다. 멘토 중 누군가가 직장을 소개해줄 수도, 미래에 함께 일을 할 수도 있다. 한 가지 당부할 것이 있다. 멘토링 관계를 오용하지 말자. 멘토의 자리에 있든, 멘티로서 행동하든 경력은 길고 IT 바닥은 좁다. 그러니 다른 사람에게 잘 대하려고 노력하라.

자신의 경험 평가하기

이 장에서 설명한 내용을 바탕으로 경력 개발에 유용한 질문을 정리했다. 살펴보고 구체적인 답변을 꼭 적어보자.

☐ 회사에 인턴십 프로그램이 있는가? 있다면 인턴의 멘토로 자원하겠는가?

☐ 회사의 신입 교육 프로그램을 어떻게 생각하는가? 신입 사원에게 멘토가 있는가? 없다면 매니저에게 멘토를 제안하거나 다른 사람의 멘토로 자원할 수 있는가?

☐ 훌륭한 멘토를 만나봤는가? 어떤 행동이 훌륭했는가? 그는 당신이 배우는 것을 어떻게 도와주었고 당신은 무엇을 배웠는가?

☐ 멘토링이 잘 되지 않은 적이 있는가? 왜 잘 안 되었나? 비슷한 실수를 반복하지 않기 위해 어떤 교훈을 얻어야 하는가?

3장

테크리드

나는 몇 년 전, 시니어 개발자로 승진했고, 테크리드[1]로서 다른 시니어 개발자로 구성된 작은 팀을 맡게 됐다. 내가 테크리드가 된 것은 의외였다. 직책이나 경력이 다른 시니어 개발자보다 앞서지 않았기 때문이다. 돌이켜 보면 내게는 다른 개발자보다 잘하는 몇 가지 장점이 있었다. 의사소통에 능숙하고 문서 작성도 깔끔하며 발표도 차분하게 잘했다. 다른 팀이나 다른 역할의 사람과 소통하기를 즐겼고, 업무 진행 상황을 정확히 파악하고 설명할 수 있었다. 우선순위를 정하는 데도 능숙했다. 업무를 추진하며 다음에 할 일을 결정하는 것을 좋아했다. 마지막으로 일을 진척시키기 위해, 어떤 일도 마다하지 않았다. 이런 점이 내가 테크리드가 된 결정적 요인이었을 것이다. 테크리드는 매니저는 아니지만, 리더십이 필요한 자리다.

기억에 남는 테크리드가 있다. 실력이 매우 뛰어난 개발자였다. 작성한 코드는 훌륭했지만 팀원들과 대화를 꺼렸고 기술적인 세부 사항 때문에 업무에 집중하지 못하는 경우도 잦았다. 나는 그가 자꾸만 구석에 숨는 걸 지켜봤다. 그가

---

1 역자주_ 테크리드(Tech Lead)는 두 명에서 열 명 규모의 개발 팀을 책임지는 팀장으로, 관리와 개발 업무를 병행한다. 회사에 따라서 개발 리더, 테크니컬 리더, 리드 프로그래머, 리드 소프트웨어 엔지니어, 소프트웨어 개발 매니저, 소프트웨어 매니저 등 다양하게 부른다.

자리를 비운 사이를 틈타 프로덕트 매니저는 팀원에게 설계도 제대로 안 된 기능을 개발하라고 몰아붙였다. 이렇게 프로젝트가 엉망이 되는 동안 테크리드는 무엇을 했을까? 그는 다음 리팩토링에 몰두했다. 문제가 전적으로 코드를 구조화하는 과정에 있다고 확신했기 때문이다. 이런 일은 어디서나 일어난다.

대개 테크리드는 가장 복잡한 기술을 다루고 최고의 코드를 작성하는 개발자에게 맡겨야 한다고 생각한다. 이는 경험 많은 매니저조차 흔히 빠지는 일반적인 오해다. 테크리드는 자기 코드의 세부 사항에만 집중하고 싶은 사람에게 적합한 역할이 아니다. 이런 성향의 테크리드는 자기 업무를 제대로 했다고 할 수 없다. 그렇다면 테크리드의 업무는 무엇일까? 우리는 테크리드에게 무엇을 기대하는 걸까?

소프트웨어 공학에서 등장하는 여러 직함과 마찬가지로 테크리드를 한마디로 정의하는 말은 없다. 테크리드를 정의하는 최선의 방법은 나와 다른 사람의 경험을 통해 직접 정의하는 것이다. 테크리드로서 내 일은 코드 작성이었다. 그러나 경영진을 대신해 기능 배포 계획을 점검하고 프로젝트 관리 프로세스의 세부 사항을 처리할 책임도 테크리드에게 있었다. 팀에서 최고참은 아니었지만 그 책임을 기꺼이 감수했고 다른 팀원은 소프트웨어에 온전히 집중하기를 바랐다.

나는 렌트더런웨이에서 팀과 함께 개발자의 경력 사다리를 재정의했다. 우리는 테크리드의 역할을 개발자가 특정 레벨에 도달했을 때 맡는 역할이 아니라 경력 사다리의 다양한 지점에서 맡을 수 있는 하나의 특성으로 정의했다. 팀이 변화하고 성장함에 따라 테크리드 역할을 다양한 경력 단계의 개발자가 맡을 수 있고, 누군가의 기능적 직무 수준의 업무 변화 없이 다른 개발자로 이직할 수 있기를 원했기 때문이다. 테크리드의 역할은 회사마다, 심지어 같은 회사에서도 팀마다 다를 수 있다. 그러나 테크와 리더의 합성어란 직함에서 알 수 있듯이 테크리드는 기술과 리더십이 모두 필요하며, 지속되는 직책이 아니라 일시적으로 부여되는 책임이다. 그렇다면 테크리드란 무엇인가? 렌트더런웨이에서 내린 정의는 다음과 같다.

테크리드의 역할은 경력 사다리에서 특정한 지점이 아니라 모든 개발자가 시니어 수준이 되면 맡을 수 있는 몇 가지 책무라고 정의할 수 있다. 이 역할은 '개발자 관리' 역할을 포함할 수도, 하지 않을 수도 있다. 개발자 관리를 포함하는 경우 테크리드가 높은 수준의 관리 표준인 RTR(Record to Report) 기술에 따라 팀 멤버를 관리해야 한다. 이 표준에는 다음과 같은 역할이 들어 있다.

- 정기적인 원온원 미팅(주 1회)
- 경력 성장, 목표 진행, 개선된 영역 및 명시적인 칭찬 등에 대한 정기적 피드백
- 프로젝트 업무, 외부 교육 또는 멘토링 등을 통해서 팀원의 성장을 돕는 교육과 지원 보고서 작업

테크리드는 직접 관리 업무를 하지 않더라도, 팀의 다른 사람들에게 멘토링을 하거나 도움을 주어야 한다. 마이크로매니저가 아니라 업무를 효과적으로 위임해 팀의 규모를 키울 수 있는 능력 있는 기술 프로젝트 매니저가 되기 위해 노력해야 한다. 팀 전체의 생산성을 신경 쓰며 팀의 업무 성과를 높인다. 또한, 팀 내에서 독립적으로 결정할 수 있는 권한이 있다. 이를 통해 어려운 관리 및 리더십이 필요한 상황을 다루는 방법을 배운다. 그리고 제품, 분석 및 다른 비즈니스 담당자들과 효과적으로 협력하는 방법을 배운다.

테크리드에게 개발 업무가 필수는 아니지만 대개 개발자에서 시니어 개발자로, 시니어 개발자에서 테크리드로 성장한다. 현실적으로는 시니어 수준이 보여야 할 리더십과 책임의 중요성이 있기 때문에 개인적인 컨트리뷰터(IC) 트랙

에서라도 테크리드로 활동하지 않고서는 시니어 개발자를 능가하기는 매우 어렵다.

패트릭 쿠어(Patrick Kua)가 저서 『Talking with Tech Leads』(Leanpub, 2014)에 쓴 문장을 보면 테크리드에 대해 더 간단히 알 수 있다.

> "소프트웨어 개발 팀을 책임지는 리더로, 적어도 30퍼센트 정도의 시간을 팀과 코드 작성을 위해 사용한다."

테크리드는 팀 전체의 성장을 위해 기술 프로젝트 리더로 활동하면서, 대규모 프로젝트에서 자신의 전문성을 살려 팀에 기여한다. 독립적인 결정을 할 수 있으며, 기술 팀과 비기술 팀 사이의 협력에서 중요한 역할을 한다. 여기서 특별히 기술적 업무에 관련된 것이 없다는 것을 알았을 것이다. 기술은 시니어 개발자의 역할이다. 따라서 테크리드의 역할을 팀에서 가장 경험이 많거나 실력 있는 개발자로 연결지어 생각하는 것은 잘못된 생각이다. 다른 사람과 소통하지 않고는 팀을 이끌 수 없다. 테크리드에게는 기술 전문성 이상으로 사람을 다루는 기술이 필요하다. 그리고 또 다른 중요한 기술인 프로젝트 관리 기술이 필요하다. 프로젝트를 세분화하는 작업은 시스템을 설계하는 것과 유사점이 많다. 사람을 관리하고 싶지 않은 개발자도 프로젝트 관리 방법을 공부해두는 것이 중요하다.

만약 지금 테크리드 역할을 맡았다면 축하한다! 당신이 팀의 핵심 인물로 인정된다는 뜻이다. 이제 새로운 매니지먼트 기술을 배울 시간이다.

테크리드 되기

테크리드가 된다는 건 권위(Authority) 없이 영향력을 행사하는 것을 연습하는 것이다. 나는 테크리드로서 팀을 이끌지만 모든 팀원은 개발 매니저에게 보고한다. 그래서 나는 적절한 작업의 우선순위를 정하기 위해 팀원뿐 아니라 상사에게도 영향력을 행사해야 한다. 최근 내가 한 일은 정말 어려웠다. 왜냐하면 테크리드가 되자마자 처음 한 프로젝트가 모든 기능 개발을 중단하고 기술 부채(Technical Debt)에 집중하는 것이었기 때문이다.

'기술 부채'라는 깡통을 너무 멀리 차버린 것이 분명했다. 새로운 코드 배포는 어려웠고, 기존 서비스 운영에도 많은 비용이 들었다. 밤샘 작업은 지옥과도 같았다. 나는 우리가 더 빨리, 더 멀리 가려면 지금은 천천히 가야 한다고 믿었다. 그러나 이런 생각은 재밌는 기능 개발을 원하는 다른 개발자나, 고객에게서 지속적으로 개선 요구를 받는 매니저에게 받아들여지지 않았다. 난 이 프로젝트가 각 팀의 팀원에게 미칠 영향에 초점을 두고 설득했다. 어떤 팀에게는 신뢰성 높은 서비스 개발에 반드시 필요하다고, 다른 팀에게는 반복적인 작업을 빠르게 처리할 수 있다고, 또 다른 팀에게는 야근을 줄여 밤에 잠을 잘 수 있다고 설득했다. 매니저에게는 관리에 드는 오버헤드(overhead)를 줄여 팀이 더 많은 것을 구현할 수 있다고 강조했다.

테크리드가 된 뒤 나는 집중해야 할 것을 바꿨다. 기술적으로 도전하고 싶은 아이디어나 재밌는 프로젝트에 몰두하는 대신, 팀에 모든 초점을 맞췄다. '어떻게 권한을 부여할까' '속도를 내지 못하게 가로막는 장애물을 어떻게 치울까'가 관심사였다. 내가 가진 기술 역량을 펼칠 수 있는 코드 재작성이나 새로운 기능 개발이 재밌겠지만, 그 당시 내가 집중해야 할 일은 팀에 필요한 기술 부채를 해결하고 운영에 집중하는 것이었다. 내 계획은 큰 성공을 거뒀다. 크리티컬 페이

징 경고(Critical Paging Alerts)는 50 퍼센트나 줄었고 다음 분기에 우리가 할 수 있는 배포의 수는 거의 두 배로 늘었다.

— 케이티 맥카프리

모든 훌륭한 테크리드가 아는 한 가지 비결

테크리드가 된다는 것은 소프트웨어에 대해 많이 알고 있으며, 프로젝트에서 더 큰 책임을 질 수 있을 만큼 성장했다고 인정받았다는 의미다. 그러나 기술적으로 뛰어난 것과 좋은 테크리드가 되는 것은 직접적인 관련이 없다. 흔쾌히 코드에서 한 발 물러나 업무의 기술적인 면과 팀 전체 요구사항 사이에서 균형을 잡을 방법을 찾아야 한다. 이미 잘 알고 있는 예전 기술에 의존하지 말고 새로운 기술을 배워야 한다. 바로 균형의 기술 말이다.

지금부터는 진로를 무엇으로 선택하든 간에 '균형 잡기'가 핵심적인 도전 과제 중 하나가 될 것이다. 자율성을 가지고 언제 일할지 선택하고 싶다면 시간을 잘 다룰 줄 알아야 한다. 이게 어려운 이유는 어떻게 하는지 잘 알고 즐기는 것(코드 작성)과 어떻게 해야 하는지 모르는 것 사이에 균형을 맞춰 일해야 하기 때문이다. 익숙한 걸 선호하는 일은 지극히 자연스럽다. 새 것을 배우기 위해 시간을 투자하고 즐거운 일에 시간을 줄여야 하는 것은 누구에게나 불편하다.

프로젝트 관리 업무와 기술적 결과물을 만드는 일 사이에서 균형을 맞추는 것역시 쉽지 않다. 어느 날에는 개발자 일정을, 또 어느 날에는 매니저 일정을 수행한다. 시행착오를 거치면서 적절한 양의 작업에 드는 시간을 관리하는 방법을 배우게 될 것이다. 최악의 일정은 수시로 각종 회의에 불려 다니는 것이다. 번번이 회의에 불려 다닌다면 코드 작성에 몰입할 수 없다.

일정을 꼼꼼하게 관리하더라도 코딩 문제에 며칠씩 집중할 시간을 내기는 어렵다. 이제는 기술 관련 업무를 며칠씩 붙잡지 않아도 되도록 일을 잘 분배하는 요령을 알고 있길 바란다.

이제 팀이 가능한 오랜 시간을 개발에 몰입할 수 있도록 일정을 관리하는 게 왜 중요한지 이해될 것이다. 테크리드가 발휘해야 할 리더십 중 하나는 상사나 프로덕트 매니저 같은 다른 이해 관계자가 팀의 업무 몰입을 방해하지 않도록 회의 일정을 잡는 것이다.

테크리드의 기본 역할

새 기능을 추가하기 위해 몇 주 동안 네 명의 개발자들과 프로젝트 매니저와 협업해야 하는 경우를 생각해보자. 프로젝트가 어떤 지점에 있느냐에 따라 테크리드는 여러 책임을 맡는다. 물론 코드도 일부 작성해야 하고 기술적인 결정도 내려야 한다. 그러나 이것은 테크리드가 수행해야 할 한 가지 역할일 뿐, 가장 중요한 역할은 아니다. 그렇다면 무엇이 테크리드의 주요 임무일까?

테크리드의 주요 역할

테크리드가 가장 우선시해야 하는 것은 프로젝트를 계속 진행할 수 있도록 넓은 관점에서 업무를 조망하는 것이다. 직접 필요한 코드를 작성하는 것이 아니라 프로젝트 전반을 조직하고 이끄는 것으로 관점을 어떻게 옮길 것인가?

시스템 아키텍트 및 비즈니스 분석가
시스템 아키텍트 및 비즈니스 분석가의 역할은 변경이 필요한 핵심 시스템과 프로젝트 결과로 제공하고자 하는 핵심 기능을 파악하는 것이다. 이때는 업무에 대한 예측과 우선순위를 근거로 대략적인 구조를 만드는 것이 목표다. 프로젝트의 모든 요소를 완벽하게 파악할 필요는 없지만, 프로젝트와 관련된 외적인 효과와 이슈를 고려하는 건 제법 쓸모가 있다. 이런 역할을 하려면 시스템 전반의 아키텍처를 이해하는 감각과 복잡한 소프트웨어를 설계하는 방법을 이해해야 한다. 비즈니스 요구사항을 이해하여 소프트웨어로 바꿔 내는 능력도 중요하다.

프로젝트 기획자

프로젝트 기획자는 프로젝트를 작은 단위로 나누어 대략적인 결과물로 정리한다. 이 과정에서 팀이 빠르게 작업할 수 있도록 업무를 작은 단위로 나누는 효율적인 방법을 찾고 배우게 된다. 기획할 때 중요한 것은 생산적인 업무를 할 수 있도록 하는 것이다. 이 작업은 쉽지 않다. 왜냐하면 대개 자신의 업무량만 생각해봤을 뿐, 그룹 단위의 업무를 고려해본 적이 거의 없기 때문이다.

병행 작업은 합의된 추상화를 어디에 적용할지가 관건이다. 예를 들면 API를 통해 JSON 객체를 받는 프론트엔드를 개발하는 경우 API 작업이 완료될때까지 기다릴 필요가 없다. 그 대신 JSON 형태의 더미(Dummy) 객체를 사용해 정해진 포맷으로 코드를 작성하면 된다. 운이 좋아서 이런 작업을 해본 적이 있으면, 그 코드를 이용하여 쉽게 처리할 수도 있다. 이 단계에서는 팀의 전문가에게 다양한 의견을 듣고, 소프트웨어에 영향을 주는 부분에 대해 깊이 알고 있는 사람과 대화하며 도움을 얻을 수 있다. 그 과정에서 업무의 우선순위를 식별할 수 있다. 어떤 부분이 중요하고 어떤 부분이 선택사항인가? 프로젝트 초기에 중요한 항목은 어떻게 작업할 것인가?

소프트웨어 개발자 및 팀 리더

소프트웨어 개발자와 팀 리더는 코드를 작성하고 문제를 공유하며, 권한을 위임한다. 프로젝트가 진행되면서 예기치 않은 난관에 직면하는 일은 흔하다. 테크리드는 이런 난관을 영웅처럼 돌파하고 싶은 유혹에 빠져 문제를 해결하기 위해 과도한 잔업을 하곤 한다. 테크리드라는 역할은 코딩을 해야 하지만 너무 많이 해서도 안 된다. 마술사가 모자 속에서 토끼를 꺼내듯이 해결책을 내놓고 싶더라도 우선 문제를 알릴 줄 알아야 한다. 건강한 조직에서는 문제를 제기하는 데 어떤 부끄러움이나 불이익도 없다. 또한 테크리드도 필요할 때에는 개발자의 도움을 받아들일 줄 알아야 한다. 프로덕트 매니저는 모든 문제점을 가능한 한 빨리 파악해야 할 책임이 있다.

테크리드는 새 기능을 개발하기 위해 과로하기 십상인데, 이는 때로 팀이 실패하는 원인이 되곤 한다. 출시 일자가 임박한 큰 프로젝트라면 제품 기능을 절충하기 마련이다. 직접 빌드하고 싶은데 시간이 없다면 그 일을 다른 사람에게 위임할 줄도 알아야 한다.

앞서 설명했듯이 테크리드가 되는 과정에서 소프트웨어 개발자, 시스템 아키텍처, 비즈니스 분석가, 팀 리더로서 직접 할 일과 다른 사람에게 위임할 일을 구분할 줄 알아야 한다. 다행히 이 모두를 한 번에 다 하지 않아도 된다. 처음에는 불편할 수도 있지만 시간이 지나고 연습을 하면서 균형을 찾는 법을 찾을 수 있을 것이다.

테크리드는 끔찍한 자리인가요?

테크리드가 되는 건 멋진 일이지만, 저는 그 일이 정말 싫습니다. 상사는 프로젝트 상태를 꼼꼼히 체크해서 진행 사항을 보고하길 원하기 때문입니다. 왜 아무도 테크리드가 끔찍한 자리라고 내게 말해주지 않은 걸까요?

그 심정 이해합니다. 어떤 일이든 새로운 책임을 맡는 것은 어렵죠. 저는 이 특별한 문제를 '승자의 돌(Stone of Triumph)'이라고 부릅니다(심슨의 팬들이라면 이 농담을 이해하실 겁니다). 승자의 돌은 '누군가에게 인정받으려면 무거운 대가가 따른다'는 것을 은유적으로 표현한 것입니다. 개발자 리더십 경력의 많은 과정에서 이 말은 사실이긴 하지만 테크리드는 확실히 가장 무거운 돌입니다. 테크리드가 된다고 연봉이 확 오르거나 직함이 크게 바뀌지 않습니다. 난생 처음 테크리드가 된다면 새로 맡은 책임이 얼마나 어려운지도 잘 모릅니다. 앞서 테크리드를 정의하며 언급했지만 많은 회사는 테크리드를 개발자 경력에서 한때 거쳐가는 직함, 여러 번 맡았다가 내려놓는 책임 정도로 생각합니다.

테크리드는 더 높이 승진하는 데 필요한 단계지만, 바로 손에 넣을 수 있는 보상이 따르는 자리는 아닙니다. 왜 그렇게 무거운 부담이 따를까요? 테크리드는 개인으로 회사에 기여할 수 있는 시니어 개발자보다 광범위한 책임을 맡습니다. 테크리드는 프로젝트의 아키텍처를 정하고 개발 업무의 실제 계획을 차근차근 밟아 프로젝트를 끝내야 하는 자리입니다. 팀원이 매니지먼트 책임을 걱정하지 않도록 하면서 프로젝트의 요구 사항을 충분히 이해시키고, 업무를 계획하고, 팀이 효율적으로 일하도록 해야 합니다. 테크리드를 위한 교육도 없지요. 게다가 거의 모든 매니저는 테크리드가 되기 전에 해왔던 많은 개발 업무도 계속 하기를 바랍니다. 이렇게 되면 대개 업무의 책임과 범위가 늘어납니다. 처음 테크리드를 맡으면 바쁠 수밖에 없습니다.

그래도 축하합니다. 매니저가 당신에게 '승자의 돌'을 준 것이기 때문입니다. 다행히도 이런 부담감을 잘 짊어지고 나가면 결국 더 강해지고 더 나은 경력에 필요한 기술을 익힐 수 있습니다. 지금처럼 부담스럽지 않을 때가 언젠가 올 것입니다.

복잡한 프로젝트 관리하기

나는 처음 경험했던 복잡한 프로젝트를 아직도 기억한다. 테크리드 역할이 처음이었고, 우리 팀도 꽤 복잡한 부분을 담당했다. 기존 시스템은 이미 한계에 이를 만큼 확장을 한 터였다. 온갖 시도를 해보고 나서야 여러 대의 컴퓨터로 기능을 분산하여 수행하는 방법을 고민하기로 했다. 분산 시스템이 막 화두가 되던 초기라서 성공적인 분산 시스템을 구축한 사례를 찾을 수도 없었다. 그러나 우리 팀은 똑똑한 사람들로 구성된 좋은 팀이었고, 그러므로 해결책을 찾아낼 거라고 확신했다.

우리 팀은 천천히 그러나 확실하게 해결해 나갔다. 계산 부분을 분할하는 설계와 여러 방법을 고민하는 데 꽤 오랜 시간이 걸렸고 여러 대의 컴퓨터에서 분산 처리할 수 있는 방법을 찾았다. 그런데 어느 날, 내 상사 마이크가 사무실로 나를 부르더니 프로젝트 계획을 세워야 한다고 말했다. 그 일은 내가 겪은 최악이었다.

엄청나게 복잡한 업무 목록들을 받아서 업무 간의 의존 관계를 파악하려고 노력해야 했다. 모든 종류의 의존 관계를 따져 확인해야 했다. 우리가 쓰고 있는 복잡한 테스팅 프레임워크에서 어떻게 동작시킬 수 있을까? 어떻게 배치할까? 기능 테스트를 위한 하드웨어는 언제 주문하지? 통합 테스트에는 시간이 얼마나 걸릴까? 이런 질문이 머릿속에 끊이지 않았다. 상사의 사무실에 있는 커다란 나무 책상에 상사와 마주 앉아 작업을 설명하고, 마감일, 일의 분배를 검토했다. 상사는 내가 그 일을 할 수 있게 도와주고, 추가 작업이 필요한 부분을 내게 보내줬다.

이런 방식은 내가 선호하는 일 처리 방식이 아니었다. 그 상사가 만족할 만한 계획을 세우려면 불확실함도 없어야 하고 실수해서도 안 된다는 생각이 들었다. 이런 재미없는 것들 때문에 그때 바짝 긴장했던 기억이 있다. 그다음 계획을 승인받기 위해 리더십 팀에 발표할 형식에 맞추는 작업을 또다시 해야 했다. 거의 죽을 지경이었다. 그러나 이 경험은 내 경력에서 가장 중요한 깨달음을 배우는 기회가 되었다.

애자일 개발 방법론(Agile Software Development)[2]으로 인해 프로젝트 관리 필요성이 사라지지 않을까? 그렇진 않다. 애자일 개발 방법론은 작업을 작은 단위로 나누어 계획을 세우고 한번에 전부를 릴리스하기보다는 지속적으로 가치를

---

2 역자주_ 애자일(agile)의 사전적 의미는 '날렵한' '민첩한'으로, 고객의 요구에 민첩하게 대응하고 그때그때 주어지는 문제를 풀어나가는 방법론을 말한다. 신속하고 변화에 유연한 소프트웨어 개발을 목표로 하는 다양한 경량 개발 방법론 전체를 말하기도 한다.

제공하는 데 집중할 수 있기 때문에 업무에 대해 생각할 수 있는 좋은 방법이다. 그렇지만 애자일 방법론을 따른다고 프로젝트 관리 방법을 몰라도 된다는 의미는 절대 아니다. 어떤 이유에서든 한 번 또는 두 번의 스프린트만으로 완료할 수 없는 프로젝트가 있기 때문이다. 팀을 관리하기 위해서는 프로젝트 기간을 추정해야 하며 왜 오랜 시간이 필요한지를 자세하게 정리해야 한다. 보통 인프라, 플랫폼 또는 시스템과 같은 단어로 설명되는 프로젝트는 적절한 아키텍처와 함께 상당한 사전 계획이 필요하다. 불확실한 부분이 많고 상대적으로 마감이 빠듯한 프로젝트를 맡게 되면 일반적인 애자일 개발 방법론이 프로젝트에 딱 들어맞지 않는다는 걸 깨닫게 된다.

경력이 쌓일수록 혼자 할 수 있는 일의 범위를 넘어서는 복잡한 업무를 분석하고 작게 나누는 일이 중요해진다. 팀 단위의 장기 프로젝트 관리는 누구나 꺼린다. 내게는 이런 일이 지루하고 어떤 때는 약간 겁이 나기도 했다. 나는 가치를 만들고 얻기를 원하지, 세부 구현 사항이 모호하기만 한 일을 작게 나누는 방법을 생각하고 싶지 않았다. 실패로 이어지는 프로젝트의 중요한 절차는 놓치고 결과에 책임져야 하는 상황이 올지 몰라 걱정이었다. 이 와중에 대안은 프로젝트가 빠르지 않게, 더디게 실패하는 것뿐이었다.

프로젝트 관리가 모든 세부 사항을 관리하는 것이 아닌데, 어떤 조직에서는 세부 사항을 지나치게 점검하는 경우가 있다. 나는 프로젝트 매니저 채용을 좋아하지 않는다. 개발자가 앞으로의 일을 생각하고 현재 무엇을 하고 왜 하는지 자신들이 왜 여기에 있는지 진정으로 질문하고 배우게 하기보다는 프로젝트 매니저에게 지나치게 의지하게 만들기 때문이다. 이는 신속하고 유연하게 대처하는 애자일 개발 방법론보다는 하나가 완료되어야 다음 단계로 나아갈 수 있는 폭포수 모델(Waterfall Model)[3]로 진행한다는 의미이기도 하다. 그럼에도 프로젝트 관리는 필요하다. 특히 기술적으로 깊이가 있는 프로젝트인 경우 테크리드로서 필요하다 판단되면 프로젝트 관리도 맡아야 한다.

궁극적으로 '계획의 가치'는 계획을 얼마나 완벽하게 수행하는지, 사전에 모든 세부사항을 미리 파악했는지, 장차 벌어질 일을 예측하는지에 있지 않다. '계획의 가치'는 실제 업무를 시작하기 전에 스스로 프로젝트를 어느 정도까지 깊이 있게 생각할 수 있는지에 있다. 계획을 세우는 데 있어서 어느 선까지 합리적으로 예측하고 계획을 수립하는지가 목표이지, 계획이 얼마나 정확한지에 대해서는 많은 시간을 쓸 만큼 중요치 않다.

내 첫 번째 프로젝트 관리 경험을 다시 예로 들어본다. 그 프로젝트가 계획에 따라 완벽하게 진행됐을까? 전혀 아니었다. 장애물에, 버그에, 예상치 못한 일정 지연에다 심지어 빼먹은 것도 있었다. 그런데 놀랍게도 거의 제 시간에 결과물을 배포했고, 며칠씩 밤샘 작업을 하지도 않았다. 40명의 개발자가 동시에 마스터 코드 브랜치에 각자 작업물을 반영하는 동안에도 이 복잡한 시스템을 배포 가능한 분산 아키텍트로 옮기는 일을 해냈다. 이 모두는 우리가 훌륭한 팀이었고 계획이 있어 가능했다. 성공의 모습을 머릿속에 상상해보면서 실패를 초래할 수 있는 위험 요소를 찾아 대응했다.

마이크와 몇 번의 회의를 하며 좌절한 다음에, 나는 마이크 입장에서 프로젝트 기획 회의를 했다. 내 앞에는 카를로, 얼리샤와 팀이 차례로 앉았다. 그들 역시 세부 사항이 부족한 계획에 대해 어려워했고, 코드가 아니라 완벽하게 예측

---

3 역자주_ 소프트웨어 개발 기법의 하나로 한 번 떨어지면 거슬러 올라갈 수 없는 폭포수와 같이 소프트웨어 개발도 각 단계를 확실히 매듭짓고 다음 단계로 넘어간다는 의미를 가진 개발 생명 주기 모델이다. 전 단계가 수행되어 완료되기 전에는 다음 단계로 진행할 수 없도록 제한한다.

할 수 없는 것을 고민해야 하는 불편한 작업을 해냈다. 그들은 이 작업 덕분에 복잡한 프로젝트를 성공적으로 이끌 수 있었고 프로젝트를 작게 나누는 의미를 이해할 수 있었다. 이제 그들은 더 큰 규모의 프로젝트를 구축하고 더 큰 팀을 이끌 준비가 됐다.

설명의 중요성

박사 과정의 마지막은 문답 시험이었다. 박사 학위 지원자가 수년간 연구한 결과를 해당 분야 전문가로 구성된 심사위원 앞에서 발표하는 자리다. 전문가 패널은 연구 결과가 박사 학위를 취득할 만한 가치가 있는지 평가했다. 몇 년 전 나는 운 좋게도 미국에서 가장 권위 있는 응용 수학 프로그램의 하나에서 수학 박사 학위를 받았다. 심사위원 중 한 분은 수치해석 분야의 저명한 수학자였다. 문답 시험이 끝난 후 그가 내게 한 말은 직장 생활 내내 나를 떠나지 않았다. "당신 논문은 지난 몇 년 간 내가 읽은 논문 중 가장 명쾌하고 분명하군요. 고맙습니다." 나는 정말 기뻤지만 한편으로 놀라웠다. 세계적인 수학자여서 아마도 '논문의 모든 것을 알고' 있고, 그저 내 논문이 어떻게 되는지 지켜볼 거라 생각했기 때문이다. 사실, 그는 실제로 그럴 수 있었지만(그때 나는 문제 공간의 기본 개념과 그 아이디어의 동기를 설명에 어려움을 겪었다) 그러지 않았다. 나는 이 교훈을 잊지 못한다. 그 후로 소프트웨어 분야와 큰 조직에서 몇 년을 일하면서 그 말에 더욱 감사하게 됐다.

우리는 기술자로서 우리가 한 일을 매니저가 당연히 '알고 있을 것'이라고 생각한다. "매니저님, 그냥 코드를 보시면 돼요!"라고 한다. 기술 분야에서 일하는 사람들에게는 매일 보는 소프트웨어가 명백해 보일 것이다. 그렇지 않은가? 하지만 그렇지 않다. 테크니컬 매니저는 정말 어려운 문제를 해결할 수 있는 최고의 사람을 채용하지만, 모든 것을 '알지는 못한다'. 나는 아주 기본적인 개념을 시니어 테크니컬 매니저들에게 건방져 보이거나 위협적이지 않게 설명할 때마다(이를테면, NoSQL이 무엇이고, 왜 중요한지), 그들이 얼마나 고마워하는지를 보고 늘 놀라게 된다.

최근 회사의 시니어 비즈니스 매니저 한 분이 내게 개인적인 질문을 했다. 기존에 배포한 무거운 클라이언트 아키텍처를 클라우드 플랫폼으로 이전하는 것이 얼마나 중요한지 물었다. 그는 여기에 자금을 지원해야 한다는 내부 압박을 받고 있었는데 그것이 왜 필요한지는 이해하지 못했다. 아마 부끄러움이 많아서 공개 석상에서는 질문하지 못했던 거 같다. 나는 (파워포인트도 없이) 두 시간 동안 설명을 했다.

나는 요즘 시니어와 주니어 팀원에게 기초적인 개념과 동기를 설명하는 자리를 만드는 것을 주저하지 않는다. 왜냐하면 이런 자리는 팀원의 생각을 넓혀주고 팀원들이 내 판단과 충고를 신뢰하게 만들기 때문이다. 무엇보다 이런 노력이 결국 우리에게 좋은 변화를 가져온다. 시간을 들여 설명하는 건 매우 중요하다.

— 마이클 마르사우

프로젝트 관리에 도움 되는 가이드라인

프로젝트 관리란 복잡한 최종 목표를 작은 일로 나누고, 이 일을 끝내기 위한 가장 효과적인 순서로 배치하고, 병행 처리할 일과 순차 처리할 일을 찾아내고, 프로젝트 진척 속도를 늦추거나 실패하도록 하는 것을 찾아서 제거하는 일이다.

이는 불확실성을 해결하고, 미지의 것을 찾으려고 노력하며, 진행 과정에서 실수는 없는지, 최선을 다했지만 놓친 건 없는지를 알아채기 위해 하는 것이다. 다음은 프로젝트 관리에 도움이 되는 몇 가지 가이드라인이다.

① 작업을 작게 나눈다.

스프레드시트나 간트 차트(Gantt Chart)[4] 또는 무엇을 쓰든지 우선 큰 성과를 낼 수 있는 업무(예 : 청구 시스템 재작성)를 작은 업무로 나눈다. 큰 단위의 작업에서 시작해 더 작은 단위로 나누고, 이를 더 작은 단위로 나누는 일을 반복한다. 이 작업을 혼자 다 할 필요는 없다. 잘 이해되지 않는 부분은 잘 아는 사람에게 도움을 요청한다. 작업 단위를 어느 정도 작게 나눈 다음에는 작업 순서에 주의한다. 어떤 걸 바로 시작할 수 있는가? 이때는 실제로 업무를 수행할 사람들이 더 작은 단위로 바꿀 수 있도록 한다.

② 일을 어렵게 만드는 세부 사항과 문제가 될 수 있는 부분은 끝까지 신경 쓴다.

프로젝트 관리 요령은 조금 막히거나 지쳐도 중단하지 않는 것이다. 앞서 말했듯이 프로젝트 관리는 기운 빠지고 지루하다. 이는 당신이 잘 해낼 수 있는 게 아닐 것이다. 그래서 프로젝트를 진행하면서 이런 짜증, 지루함, 고통을 겪는 것이다. 좋은 매니저는 당신과 함께 앉아서 어떤 부분이 충분치 않은지 이야기하고, 더 진행되도록 질문하며, 심지어 같이 앉아 몇 가지 일을 함께 한다. 즐기기 어려운 일이지만, 이는 누군가를 가르치는 연습의 일부분이다. 세부 사항을 더 파악하는 것이 의미가 없다는 생각이 들 때까지 세부 사항을 정리해보자.

4　역자주_ 프로젝트 일정 관리를 위한 바(Bar) 형태의 도구다. 업무별 일정의 시작과 끝을 그래프로 표현해 전체 일정을 한눈에 파악할 수 있다.(출처 : 위키백과)

③ 프로젝트를 시작하고 진행하며 계획을 수정한다.

좋은 계획은 어떤 가치가 있을까? 잘 짠 계획은 프로젝트가 얼마나 진행됐고 언제 완료될지를 아는 데 도움이 된다. 계획이 어긋날 때면(늘 그렇게 된다) 모든 사람에게 상태를 알려야 한다. 이런 상황에서는 완료까지 얼마나 남았는지 추측하지 말고 마일스톤을 명확하게 지적하고 예상되는 남은 작업의 윤곽을 설명해야 한다.

④ 계획 프로세스에서 얻은 통찰로 변경된 요구사항을 관리한다.

프로젝트를 주어진 요구사항에 맞게 분석하는 방식을 배웠다. 프로젝트 도중에 요구사항이 바뀌면 앞서 분석한 내용을 토대로 변경 사항을 적용한다. 변경 사항이 프로젝트에 심각한 위험 요소가 될 수 있거나, 새로운 계획을 세워야 하는 경우, 그도 아니면 추가 작업이 필요할 경우 변경 사항으로 인한 비용을 명확히 해야 한다. 마감 시간을 잘 지키려면 대략 어느 정도 작업이 필요한지를 알아야 하며 우선순위를 정하고, 요구사항을 제외하거나 기능, 품질, 완료 일자를 잘 조율해야 작업할 때 도움이 된다.

⑤ 프로젝트 완료 시점이 가까워지면 세부 사항을 다시 검토한다.

단조롭고 지루한 일의 시작이다. 이때야말로 마무리를 위한 세부사항을 꼼꼼히 챙길 때다. 무엇을 빠트렸는가? 테스트는 제대로 하고 있나? 검증은 잘 되고 있나? 사전 분석(Premortem)을 통해 프로젝트 출시 시 문제가 될 만한 요소를 모두 확인한다. '충분한' 기준을 정하고 문제를 공론화하고 기준에 맞춰 처리한다. '충분하다'란 기준에 못 미치는 작업은 제외하고, 팀에서 가장 중요한 마무리 세부사항에 집중한다. 출시 계획과 함께 롤백 계획도 세운다. 그리고 프로젝트 완료 시점에 축하하는 것을 잊지 않는다.

테크리드가 되고 싶지 않아요.

제 매니저는 제게 테크리드가 되라고 계속 얘기합니다. 규모가 큰 프로젝트를 하라고 하고요. 그 제안을 받아들이면 코딩할 시간이 훨씬 줄겠죠. 이런저런 회의에 참석해야 하고, 조정할 일도 많아질 테니까요. 저는 그걸 바라지 않아요. 어떻게 해야 할까요?

매니저 역할을 강요하는 것은 절대로 해서는 안 됩니다. 그 무거운 책임을 질 준비가 되지 않았다면 책임을 맡지 말아야 합니다. 아직 배울 것이 많다고 느껴 기술에 깊이 빠지는 것은 잘못이 아닙니다.

좋은 매니저는 언제나 더 큰 리더십 역할을 맡길 재능 있는 사람을 찾습니다. 매니저들의 이런 바람은 준비되지 않은 사람을 코딩에게서 멀어지게 만들기도 합니다. 이런 상황은 당신의 경력에 좋지 않은 영향을 끼칩니다. 왜냐하면 당신의 상사는 '기술적으로 충분'하지 않은 사람을 더 많은 책임감을 가져야 하는 매니저로 승진시켜 여러모로 곤란하게 만들기 때문입니다. 이럴 때는 승진보다 개인적으로 팀에 기여할 수 있는 역할에 머무르면서 배우는 게 더 낫습니다.

어느 시점이 되면 경력 계발을 위해 개인적인 기여자(매니저로서가 아니라)라는 진로를 유지하고 싶어도 테크리드 업무를 맡아야 합니다. 물론 지금 당장 할 필요는 없습니다. 팀에서 기술적으로 배울 게 많고 다른 사람의 프로젝트에 팀원으로 기여하고 싶다면 테크리드 역할을 맡지 마십시오. 반대로 팀원으로서 업무가 더 이상 기술적으로 도전이 되지 않는다면 그때가 바로 조금 다른 기술을 배울 시점일지도 모릅니다. 그럴 때 테크리드가 당신이 시도해볼 만한 좋은 도전일 것입니다.

시니어 개발자로 남을지, 매니저가 될지 선택하기

매니저가 될지 시니어 개발자로 남을지를 결정하는 것은 어려운 일이다. 상황마다 달라서 조언도 쉽게 해줄 수 없다. 그러나 한때 매니저를 꿈꾸며 양쪽 역할을 모두 해본 경험자로서 하고 싶은 말이 있다. 상상하던 역할과 실제 경험, 관찰한 것의 차이에 관한 얘기다. 내 이야기가 어떤 진리가 아니라는 전제 하에 내가 겪은 상상과 현실의 차이를 말해본다.

시니어 개발자의 이상적인 생활

깊게 생각하고 지적으로 자극이 되는 어려운 문제를 해결하는 데 시간을 보낸다. 그런 것들을 항상 새롭다고 느끼며 다른 실력자와 협력하면서 하루하루를 지낸다. 이것이 바로 소프트웨어다. 프로젝트를 수행하려면 때로는 야크 털 깎기(Yak Shaving)[5]처럼 지루한 일도 하지만, 재미있는 일을 하며 어떤 일을 할지를 선택할 수 있다. 코드를 작성하고 개선해 컴퓨터가 새로운 일을 하게 하는 것을 사랑하며 대부분의 작업 시간 동안 이런 일에 몰두한다.

　개발이 시작되기 전에 매니저는 고참인 당신에게 개발에 어떻게 접근할지에 대해 조언을 구하고, 당신은 모든 진행 상황을 알 수 있다. 그러나 개발자 개개인에 대한 문제에 관해서는 하나도 신경 쓸 필요가 없다. 중요한 안건이 결정되는 여러 회의에 초대되지만, 그 일이 업무 흐름을 깨지는 않는다. 당신을 우러러보고 말 한마디 한마디를 귀담아 들으려는 주니어 개발자는 당신에게 피드백을 받지만 당신이 깊이 사고할 시간을 많이 빼앗지 않는다.

5　역자주_ 어떤 목적을 달성하기 위해 전혀 상관없는 연속된 작업을 해야 하며 그중 마지막 작업에 이른 것을 말한다.

당신은 계속 승승장구한다. 당신의 가치를 조직에 증명하기 위해 해결해야 할 문제가 항상 도사리고 있다. 당신은 열심히 일하지만 야근이나 주말 근무를 하는 경우는 거의 없다. 깊은 생각이 필요한 업무를 오랜 시간 하는 것이 불가능하기 때문이다. 책을 쓰고 강연하고 오픈소스 프로젝트에도 참여한다. 운과 끈기가 약간 필요하지만 업계에서는 좋은 평을 받는다. 당신의 말이 중요하다면 당신이 약간 이상하거나, 수줍어하는 등 의사소통 능력이 부족해도 누구도 신경 쓰지 않는다. 조직에 있는 모든 사람은 당신이 누군지 알고 당신의 업무가 얼마나 중요한지 이해하며 당신의 의견에 경의를 표한다.

정리하면, 업무를 열심히 해 명성을 얻고 전문지식 축적하는 일 사이의 균형을 맞춘다면 중요한 존재가 되어 존경받고, 높은 임금을 받으며, 영향력을 발휘할 수 있다.

시니어 개발자의 실제 생활

적절한 프로젝트와 그 프로젝트의 적절한 라이프 사이클을 찾으면 당신의 삶은 멋질 것이다. 당신은 무언가에 도전하며 새로운 것을 배운다. 일상을 컨트롤하고, 매니저보다 회의가 더 적지만 하루가 항상 행복한 몰입 상태일 수는 없다. 모든 프로젝트에는 당신의 아이디어가 있고, 이것이 적절한 접근 방식임을 다른 사람이 확신하도록 설득하는 과정이 필요하다. 시스템을 구현한 뒤에는 이를 다른 팀에서 사용하도록 며칠이라도 다른 팀에게 설득하고, 그 팀의 매니저에게 시스템을 채택하라고 설득한다.

상승 궤도에 오르는 것은 당신의 기대만큼 빠르지도 쉽지도 않다. 사실 꽤 느리다. 당신이 중요한 아키텍트임을 증명할 수 있는 대규모 프로젝트는 드물다. 당신 팀에 새로운 프로그래밍 언어나 데이터베이스 또는 새로운 웹 프레임워크가 필요하지 않을 수 있다. 당신의 매니저는 조직 전체에 당신의 재능을 보여줄 과제를 잘 주지 못하고 오히려 이런 기회가 어디에 있는지 말해주기를 바란다. 좋은 프로젝트를 찾는 건 운이기도 하다. 잘못된 프로젝트를 골라서 몇 개월, 심지어 몇 년을 일한 노력이 무색하게 프로젝트가 취소될 수도 있다.

팀을 성장시키면서 빠르게 승진하는 관리 트랙의 동료를 보면 질투가 난다. 그러나 다른 개발자는 '뒤섞인 가방'이라 할 수 있다. 당신은 좋은 사람이라 그들 중 일부는 당신을 존경하고 당신 의견에 경청하지만, 다른 사람은 당신을 질투할 수 있다. 새로운 개발자는 당신에게 너무 많은 시간을 원하거나 어떤 이유로든 당신을 두려워할지도 모른다. 중요한 대규모 프로젝트의 주도권을 두고 동료와 경쟁도 해야 한다.

당신의 매니저도 힘들다. 매니저는 오픈소스로 시스템을 구현하겠다는 당신의 계획을 지지하지 않을 것이다. 이 시스템이 업계에 획기적인 해결책이 될 거라 생각하지만 매니저는 그렇지 않다. 강연에 다니고 책을 쓰고 싶겠지만 매니저는 그런 일은 개인 시간에 하기를 바랄 것이다. 때때로 당신은 의견을 제출하기에는 너무 늦을 때까지 새로운 이니셔티브를 말하는 걸 잊는다. 당신은 새로운 계획을 제출하는 것을 잊어버리고 있다가 프로젝트에 관한 의견을 제안하지 못하기도 한다. 그러나 매니저는 당신이 그 회의에 참석할 때마다 이 회의가 얼마나 지루하고 비효율적이며, 집중해서 일할 수 있는 시간을 잃는지를 기억한다.

매니저는 이메일 답장, 인터뷰, 코드 리뷰 결과에 즉각 대답하는 것과 같은 지루한 일에서 해방되고자 하는 당신의 바람에 그리 관대하지 않다.

여전히 당신은 대부분의 시간 동안 무언가를 만든다. 기술적인 문제, 시스템 설계 및 엔지니어링 이슈에 집중하며, 사람을 다루거나 지루한 회의에 가지 않는다. 프로젝트도 간간이 선택한다. 새로운 것을 원하면 팀을 옮길 수도 있다.

당신은 방금 당신의 매니저보다 많은 월급을 받는다는 사실을 알게 됐다. 회사 생활이 모두 나쁜 것만은 아니다.

매니저의 이상적인 생활

당신에게는 팀이 있고 팀을 통제하고 결정할 수 있다. 팀원 모두가 당신의 방식 대로 일하게 할 수도 있다. 당신의 팀은 어떤 경우든 당신을 존경하고 당신의 권위를 존중한다. 더 많은 테스트가 필요하면, 단지 팀원에게 "더 많은 테스트를 해야 한다"라고 말한다. 그러면 팀원은 실행한다. 한편, 팀원이 성별, 인종 등과 상관없이 모두 공평하게 대우받기를 원한다면 다른 팀원에게 나쁜 영향을 미치고 규칙을 어기는 사람은 누구라도 내보낼 수 있다.

당신은 사람을 아끼기 때문에 당신의 의견에 동의하지 않더라도 팀원이 최선을 다한다는 것을 안다. 그들은 당신에게 '의심'이라는 장점을 주고, 당신이 엉망일 때에도 원온원 미팅에서 솔직한 피드백을 주고받기를 원한다. 사람을 다루는 일은 스트레스가 많다. 실로 그렇다. 그러나 팀원은 매니저가 자신에게 신경 쓰고 있음을 알기 때문에 이런 일들은 보람이 있다. 당신은 권위를 인정받는 위치에서 코칭의 결과를 직접 빠르게 볼 수 있다.

당신은 시스템 설계 시 도움이 필요한 다른 개발자에게 말하듯이 다른 매니저의 잘못에 관해 편하게 조언한다. 다른 매니저는 항상 당신의 생각에 관심이 있다. 당신이 얼마나 효율적으로 팀을 운영하고, 조직의 건강한 환경 조성에 얼마나 신경 쓰는지, 조직 전체를 더 낫게 만드는 데 관심 있는지 잘 알고 있다.

당신의 매니저는 당신에게 코칭을 하지만, 이래라 저래라 개입하지는 않는다. 더 큰 팀이 필요하면 매니저는 더 많은 사람을 충원해준다. 매니저는 당신에게 명확하고 변경되지 않을 목표를 준다. 당신은 많은 책임이 있지만 여전히 블로그를 하고 강연을 한다. 이는 인재를 영입하거나 기술 업계에서 당신의 위상을 높이는 데 도움이 되며 조직에서도 장려하는 일이다.

요약하면, 당신은 매니저로서 결정을 내리고, 문화를 만들고 당신 주변의 모두에게 당신이 하는 일이 효율적이라는 것을 명백하게 증명한다. 이로 인해, 승진도 빠르며 당신의 경력은 흥미로우면서도 많은 보상을 받는다.

매니저의 실제 생활

당신은 팀을 컨트롤하고 있지만, "이렇게 하세요"라고 말하는 것보다 그들을 움직이게 하는 것이 얼마나 어려운지 곧 알게 될 것이다. 당신은 자신의 일상생활을 완전히 포기한 듯하다. 하루 중 대부분을 회의로 보낸다. 이렇게 될 줄 알고는 있었지만 직접 겪기까지는 실감하지 못했다. 작은 팀을 맡았을 때는 여러 회의에 참석해도 코드 작성 업무와 균형을 맞출 수 있지만, 규모가 큰 팀을 맡은 이후로는 코드에 거의 신경 쓰지 못한다. 해야 할 일이 쌓이기만 해 괴롭고, 시간도 없다. 코드 작성에 시간을 빼앗길 때마다 코드를 체크인하고 팀을 지원하는 게 무책임한 일임을 깨닫는다. 당신이 할 수 있는 최선이 여기서 코딩을 하고 저기서 이슈를 디버깅하는 일이라는 게 문제다. 무엇인가 큰 것을 만드는 데 집중한 게 언제인지 기억조차 희미하다.

당신은 더 나은 결정을 내릴 수 있다. 현실적인 결정을 하도록 선택의 범위를 좁힐 수 있다. 팀원이 더 좋은 테스트 코드를 작성하도록 하는 등의 일에 집중하도록 할 수 있다. 그러나 여전히 구현해야 할 제품 로드맵이 있고, 기술적 태스크의 우선순위를 정할 때 저마다 생각이 다르다. 따라서 매니저 스스로 결정하는 것 이상으로 팀원이 결정할 수 있도록 도와야 한다. 내 매니저는 내게 목표를 정해주지만, 그에 따라 목표가 바뀐 것을 팀원에게 설명하는 것은 나다.

좋은 팀 문화가 안착되도록 무엇이 좋고 나쁜지 기준을 정한다. 팀원이 당신의 좋은 면을 따르면 좋겠지만, 당신의 단점 그대로 반영되고 있음을 깨닫는다.

팀원이 당신의 의견에 동의하지 않고 당신을 존경하지 않으며, 심지어 좋아하지 않는 것은 자연스러운 일이다. 직함만으로 권위가 서지 않음을 깨달아야 한다. 프로젝트가 잘 되지 않아 힘든 시기일 때, 팀원에게 동기를 부여해야 하고, 특정 팀원에게 "아직 승진하기에는 이릅니다" "급여가 인상되지 않거나 보너스가 없습니다"라고 말해야 하는 상황에서도 동기를 부여해야 하는 자신을 발견한다. 애석하게도 그들 중 일부는 아무 얘기도 하지 않다가 당신이 뭔가 잘못하고 있음을 깨닫기도 전에 회사를 관둔다. 회사가 잘나서 투자도 받고 재미있는 프로젝트가 많을 때는 인생은 즐겁다. 그러나 스트레스가 쌓이는 시기에는 팀원을 행복하게 하려면 얼마나 작은 힘이 필요한지 알게 된다. 더 나쁜 것은 정신 나간 인사(HR) 프로세스를 거치지 않고서는 팀원 하나도 해고하지 못한다는 점이다. 그럼에도 당신이 하는 일이 팀원에게 중요하다는 것을 알고 있다. 팀원은 당신의 코칭 덕분에 행복하고 성공한다. 이런 소소한 성과가 힘든 시기를 이겨내게 한다.

다른 매니저는 당신의 피드백에 관심이 없다. 실제로 그들은 당신이 자신의 영역을 침범한 것 같으면 간섭하고 경쟁한다고 여긴다. 당신의 매니저는 당신이 더 큰 팀을 맡을 준비가 되어 있다고 생각하지 않으면서 그 이유조차 설명하지 않는다. 상사의 코칭 능력은 기대보다 미흡하다. 혹시 당신 상사가 자신보다 당신이 돋보일까 봐 걱정한다고 생각하는가? 단언컨대 그는 당신이 모든 시간을 대화를 나누는 데 쓰지 않기를 바랄 것이다. 사무실을 자주 비우면 팀이 어떤 가치를 만들어내든지 간에 짜증을 낼 것이다. 동료나 상사에게 피해를 주지 않으면서 팀을 이끄는 방법을 알아내기 위한 정치판은 당신의 예상보다 교활하다. 그러나 더 큰 팀을 관리할 수 있다면 승진할 수 있고, 적어도 나갈 길이 분명해진다. 당신을 위해서 일하는 팀의 개발자가 당신보다 더 많은 일을 한다면, 거의 모든 것을 잃기 전에 더 큰 팀을 빨리 만들 방법을 생각하는 게 낫다. 그렇지 않다면 이 모든 스트레스와 헛소리의 핵심은 무엇인가?

마지막 조언은 원할 때 경력 트랙을 전환할 수 있음을 기억하라는 것이다. 매니지먼트 업무를 하다가도 업무와 맞지 않아 다시 기술 트랙으로 돌아가는 일은 흔하게 일어난다. 어떤 선택도 영원한 것은 없으며 이렇게 하더라도 당신의 시야는 넓어진 것이다. 모든 역할은 장단점이 있고, 나와 가장 잘 맞는 것이 무엇인지는 당신의 선택에 달렸다.

좋은 매니저, 나쁜 매니저 : 프로세스 독재자

프로세스 독재자는 올바르게 구현된 설계를 따르면 팀의 모든 문제를 해결할 수 있는 '프로세스'가 있다고 믿는다. 프로세스 독재자는 애자일, 칸반(Kanban), 스크럼, 린, 심지어 폭포수 방법론 등에 집착한다. 그들은 고객 요청을 처리하는 방법, 코드 리뷰 방법이나 릴리스 프로세스가 어떻게 처리되는지를 매우 정확하게 알고 있다. 그들은 이런 것을 체계적으로 조직화하고 세세한 것에 익숙하며 규칙을 잘 알고 정확하게 지키려고 한다.

프로세스 독재자는 주로 QA, 고객 지원 센터나 제품 관리 그룹에서 발견된다. 컨설팅 회사나 특정한 업무를 얼마나 많이 했는지에 따라 큰 보상을 받는 곳에서도 자주 보인다. 업무 성격에 따라 프로세스 독재자가 모여 있을 수 있지만 경험상으론 전통적인 시스템 운영 팀에서는 상대적으로 소수이다. 이들이 프로젝트 관리 팀의 매우 중요한 멤버가 될 수 있다. 왜냐하면 누락되는 작업 없이 모든 것이 적절한 방식으로 정리되게 하는 경향이 있기 때문이다.

프로세스 독재자가 가장 힘들어하는 것은 사람들 대부분이 자신만큼 프로세스를 잘 따르지 못한다는 사실을 알지 못할 때다. 또한 프로세스 독재자는 프로세스의 유연성과 예기치 않은 변경의 불가피함을 이해하기보다 모든 문제가 최선의 프로세스를 제대로 준수하지 않은 데 있다고 믿는다. 종종 근무 시간 같이 측정하기 쉬운 것에 몰입하다가 정작 중요한 것을 놓치곤 한다.

'업무를 위한 적절한 도구'가 있다고 믿는 개발자가 테크리드가 되면 그들은 계획, 집중, 시간 관리, 우선순위 설정 등 모든 이슈를 해결할 도구를 찾는 과정에서 프로세스 독재자로 변해간다. 완벽한 프로세스를 찾는 동안 모든 업무를 중단시키고, 사람 사이의 상호작용 같은 복잡한 문제에 관한 해결책으로 새로운 도구와 프로세스를 계속 제시한다.

프로세스 독재자의 반대는 프로세스를 완전히 포기한 매니저가 아니라 프로세스가 팀과 업무의 요구 조건을 충족해야 한다는 것을 이해한 사람이다. 역설적이게도 애자일 방법론은 종종 엄격하게 적용되는데, 애자일 선언(http://ag-ilemanifesto.org)은 '건강한 프로세스 리더십'을 훌륭히 요약한 것이다.

- 프로세스와 도구에 우선하는 개개인과 상호작용
- 완벽한 문서화보다는 작동하는 소프트웨어
- 계약 협상보다는 고객 협력
- 계획을 고집하기보다는 변화에 유연한 대응

신임 테크리드라면 팀의 의사소통이나 리더십 차이로 인한 문제를 해결해야할 때 프로세스에만 의존하는 것은 주의해야 한다. 프로세스 변경이 도움이 될 때도 많지만, 결코 만능은 아니다. 프로세스나 도구, 작업 스타일이 완벽히 동일한 팀은 여태껏 본 적이 없다. 조언을 하나 더 하면 자기 조절(Self-regulation)

과정을 살피라는 것이다. 규칙을 어기거나 프로세스를 따르지 않는 사람을 비판하는 '태스크마스터(taskmaster, 일을 시키는 사람)' 역할을 하고 있다면, 사람들이 더 쉽게 따를 수 있도록 프로세스 자체를 바꿀 수 있는지 확인해야 한다. 규칙을 감시하는 역할은 시간을 낭비하는 짓이다. 자동화는 일반적인 규칙을 더 분명하게 만든다.

당신이 프로세스 독재자의 상사라면 그가 모호함을 더 편안하게 받아들이도록 돕자. 많은 매니저가 빠지는 함정인 프로세스에 대한 집착은 '실패의 두려움' '예기치 않은 일이 생기지 않도록 통제하고 싶은 욕망'과 관련이 있다. 실패하고 불완전해도 괜찮다고 솔직하고 명확하게 알려주는 것만으로 프로세스 독재자가 긴장을 풀고 불확실성을 받아들이는 데 도움을 줄 수 있다. 그가 완벽한 도구나 프로세스를 찾는 데 시간을 다 쓰지 않게 하는 것이 중요하다. 또한 프로세스 독재자가 프로세스를 따르지 않는 사람을 체벌하지 못하도록 하는 것도 매우 중요하다.

훌륭한 테크리드가 되는 방법

좋은 테크리드가 갖춰야 할 특성은 여러 가지 있지만, 다음이 가장 중요하다.

아키텍처 이해하기

테크리드로서 지원해야 할 아키텍처에 관해 충분히 이해하지 못했다는 느낌이 든다면 시간을 투자해야 한다. 이때, 다음 세 가지를 해보자. 첫째, 아키텍처에 대해 학습하여 감을 잡고 시각화해본다. 둘째, 데이터가 어디에 있고, 어떻게 흘러가는지 파악한다. 셋째, 제품의 핵심 로직은 어디고, 이 부분이 어떻게 반영됐는지 이해한다. 변경해야 할 아키텍처를 이해하지 못하면 프로젝트를 잘 이끌 수 없다.

팀 플레이어 되기

혼자서 재미있는 작업을 전부 하고 있다면 당장 멈추자. 기술적으로 필요한데 까다롭고, 지루하고, 성가신 작업이 무엇인지 살펴보고 이런 작업을 해결할 수 있는지 고민해야 한다. 코드에서 별로 재미없는 부분을 작업하다 보면 프로세스 어느 지점에 문제가 있는지 많이 배울 수 있다. 따분하고 실망스러운 프로젝트의 경우 경험 많은 개발자로서 이런 부분을 검토하는 데 시간을 쓴다면 개선할 부분을 분명하게 파악할 수 있다. 가장 지루한 작업만 하고 있다면, 그 역시도 중단하자. 충분한 역량이 있는 시니어 개발자가 다른 어려운 작업을 맡는 게 더 합리적이다. 다른 팀원이 전체 시스템을 배우고 역량을 키울 수 있도록 배려하는 의미에서라도 늘 혼자서 감당해서는 안 된다. 업무를 잘 처리할 시간적 여유가 있다면 때때로 즐거운 일도 맡아서 하라.

기술 결정을 주도하기

팀의 가장 중요한 기술적 결정을 주도해야 한다. 하지만 팀을 배제하고 혼자서 모든 결정을 내려도 된다는 의미는 아니다. 팀원의 의견을 구하지 않고 모든 기술적 결정을 혼자 내리기 시작하면, 일이 잘 안 될 때 팀원들은 테크리드를 원망하고 비난할 것이다. 반대로 기술적 결정을 하지 않고 모든 것을 팀원들에게 맡기면 신속하게 결정할 수 있는 것도 해결되지 않고 지연될 것이다.

테크리드는 직접 결정할지, 팀의 전문가에게 결정을 위임할지, 팀원 전체가 모여 결정할지를 정한다. 어떤 경우라도 논의 중인 사항은 명확하게 하고 결과를 가지고 충분히 소통한다.

의사소통

이제는 팀의 생산성이 당신의 생산성보다 더 중요하다. 많은 경우에 의사소통으로 인한 비용이 든다는 의미다. 모든 팀원이 회의에 참석하는 대신 당신이 팀을 대표해서 팀원들의 요구사항을 전달하고, 회의 결과를 공유해야 한다. 성공한 리더에게 보편적인 특성 중 하나는 의사소통 능력이다. 성공한 리더는 글을 잘 쓰고, 주의 깊게 읽으며, 그룹 앞에서 나서서 말을 잘할 수 있다. 회의에 주의를 기울이고 자신과 팀의 지식 한계를 끊임없이 시험한다. 테크리드가 된 지금이 바로 쓰기와 말하기를 연습할 수 있는 최고의 기회다. 설계 문서를 작성한 후 글을 잘 쓰는 사람에게 피드백을 받자. 기술 블로그나 개인 블로그에 글을 써보자. 팀 회의와 미트업에서 말하고 청중 앞에서 서서 끊임없이 연습하자.

의사소통 과정에서 경청을 꼭 기억해두어야 한다. 다른 사람에게 발언 기회를 주고 그 사람의 말을 귀담아듣는다. 다른 사람의 말을 확실하게 이해하기 위해서 그 사람의 말을 반복해보는 연습이 필요하다. 이때, 다른 사람의 말을 잘 듣고 자신의 언어로 바꾸는 방법을 배운다. 받아쓰기를 잘하지 못한다면 연습할 필요도 있다. 기술적인 깊이나 매니저가 되느냐 마느냐의 문제가 아니다. 다른 사람과의 의사소통과 경청을 잘못하면 더 이상 성장하기 어렵다.

자신의 경험 평가하기

이 장에서 다룬 내용과 관련해서 경력을 개발할 때 고려해야 할 질문이다. 구체적인 답변을 적어보자.

☐ 일하는 조직에 테크리드가 있는가? 테크리드의 역할을 문서로 정리한 업무 기술서가 있는가? 있다면 어떤 내용인가? 만약에 없다면, 조직에서 이 역할을 어떻게 정의할 수 있는가? 테크리드의 역할은 무엇인가?

☐ 테크리드가 될 생각이 있다면 지금 준비되어 있는가? 코딩 아닌 일에 시간을 쓰는 것이 편한가? 코드를 작성하며 다른 사람을 성공으로 이끌 수 있는 전문성을 갖췄는가?

☐ 테크리드에게 기대하는 것이 무엇인지 매니저에게 물어본 적이 있는가?

☐ 같이 일했던 최고의 테크리드는 누구인가? 어떤 점 때문에 그 사람이 뛰어났는가?

☐ 실망스러운 테크리드와 일한 경험이 있는가? 그의 어떤 행동이 실망스러웠는가?

좋은 매니저는 누구인가

임백준

나는 2007년 무렵에 처음 매니저가 되었다. 트레이딩 플랫폼을 개발하는 월스트리트 회사에서 5년 동안 개발자 겸 테크니컬 리더로 근무했는데, 팀의 매니저가 회사를 떠나면서 매니저 역할을 물려받게 되었다. 코드를 개발하는 업무에서 멀어지는 게 아쉬웠지만 개인 사무실이 주어지고 연봉도 올라가는 승진이라마다할 이유가 전혀 없었다. 팀은 뉴욕에 있는 12명 정도의 자바 개발자, 런던에 있는 3명의 현장지원 인력, 그리고 그리스에 있는 1명의 외주개발자로 구성되었다.

매니저는 팀원을 리드한다는 면에서 테크니컬 리더와 비슷하지만 완전히 다른 역할을 수행한다. 가장 큰 차이는 코드를 작성하는가 여부다. 테크니컬 리더는 다른 개발자와 함께 코드베이스에 코드를 체크인하지만 매니저는 코드를 체크인하지 않는다. 또 다른 차이는 팀원들을 평가하는 방식과 수준이다. 테크니컬 리더는 팀원을 직접 평가하거나 팀원의 연봉과 보너스를 결정하지 않는다. 기술적인 영역에서만 리더십을 발휘하며 영향을 미친다. 하지만 매니저는 평가와 연봉, 보너스를 결정하는 업무를 수행한다.

내가 맡았던 매니저는 미국에서 '기술적인 매니저(technical manager)'라고 부르는 역할이었기 때문에 단순히 사람 관리만 하는게 아니었다. 소프트웨어 제품의 출시와 품질에 대해 최종적인 책임을 지는 자리였다. 그러므로 팀이 기술적으로 올바른 결정을 내리는지, 개발과정에 불필요한 비효율이 없는지, 약속한 일정을 지키는 데 방해가 되는 돌발상황은 없는지 늘 주시하고 고민해야 했다. 팀의 테크니컬 리더와 대화를 나누며 기술적인 문제를 심도 있게 논의하고, 때로는 직접 코드를 들여다보며 돌아가는 상황 전체를 꿰뚫어보아야 했다.

하지만 앞에서 말한 대로 매니저는 코딩 실무를 보지 않는다. 테크니컬 매니저도 마찬가지다. 미국에서는 코딩 업무를 수행하는 것을 hands-on, 코딩 업무를 하지 않는 것을 hands-off라고 표현한다. 그런 의미에서 나는 매니저가 되면서 처음으로 hands-off 역할을 맡게 되었다.

초보 매니저가 흔히 저지르는 실수의 하나는 자기 본분을 잊고 코딩 업무를 계속 수행하는 것이다. 매니저가 개발자와 함께 코딩을 하는 문화가 바람직하다고 주장하는 사람도 있지만, 그렇지 않다. 사람을 관리하고, 평가하고, 응원하고, 일정을 책임지는 것은 그 자체로 상당한 수준의 역량과 노력을 필요로 하는 전문적인 업무다. 파트타임으로 할 수 있는 일이 아니다. 마찬가지로 코드를 설계하고, 구현하고, 테스트하고, 디버깅하고, 현장문제를 지원하는 일은 온 힘을 다해서 수행해야 하는 고도로 전문적인 업무이며 파트타임으로 감당할 수 있는 일이 아니다. 따라서 그 둘을 섞는건 어느 쪽도 제대로 할 수 없게 만드는 잘못이다.

매니저가 혼자 시간을 내어 코딩 연습을 하는 건 좋다. 하지만 그가 소프트웨어 제품 개발을 위한 공통의 코드 저장소(code repository)에 자기가 짠 코드를 집어넣으면 개발 팀의 역관계에 부정적인 영향을 줄 확률이 높다. 그래서 코딩을 계속 하고 싶은 사람은 처음부터 매니저 자리를 거부하고 테크니컬 리더에 머무르는게 좋다. 매니저 트랙이 아니라 기술 트랙을 밟는 것이다. 매니저가 코딩을 해도 좋은 경우가 있지만 예외적이다. 회사의 개발환경, 문화, 시스템이 구글 수준으로 최적화되어 있고, 본인의 코딩 실력이 출중한 경우가 그렇다.

그런 예외적인 경우가 아니라면 매니저는 철저히 hands-off 하는 것이 옳다.

오랫동안 다른 개발자들과 함께 오픈된 공간에서 코딩을 하며 즐겁게 지내던 나는 매니저가 되면서 월스트리트가 한 눈에 내려다보이는 개인 사무실로 자리를 옮겼다. 사무실 안에서 나는 더 이상 가비지 콜렉션, 멀티스레딩, 객체지향 기법 등을 고민하지 않았다. 대신 경영층이 개발 팀에게 요구하는 사항과 개발 팀의 현실을 조율하고, 소프트웨어 사용자의 목소리를 경청하고, 채용과 비용 절감을 고민하고, 소프트웨어 제품의 출시 기간을 결정하고, 인사 부서와 함께 직원의 복지 문제를 논의하고, 평가를 통해 연봉과 보너스 수준을 결정하고, 개발자의 불만과 의견을 접수하고, 개발자 문화를 어떻게 개선할지 고민하는 일을 수행했다. 코딩만큼 재미있는 건 아니었지만 그 나름대로 도전이 되고 보람도 있는 흥미로운 업무였다.

그렇게 1년 반 정도 매니저 역할을 수행한 뒤 나는 회사를 옮기면서 다시 hands-on 포지션으로 돌아갔다. 1년 반이 긴 시간은 아니었지만 소중한 경험이었다. 때로는 경영층이 참석하는 칵테일 파티에 초대받기도 했고, 투자자와의 미팅에서 회사의 기술을 설명하기도 했다. 중간 매니저 사이에서 벌어지는 살벌한 사내 정치도 경험했고, 개발자 시절에 알 수 없던 일을 경험하며 시야가 넓어지는 것도 좋았다. 하지만 개발이 그리웠다. 너무 이른 시기에 매니저 트랙으로 빠지는 것에 대한 두려움도 있었다. 이후 여러 회사를 옮겨다녔는데 일부러 관리 업무를 피하고 개발 업무를 추구했다.

그런데 매니저 역할을 수행하느라 hands-on 기술에서 멀어진 1년 반의 시간이 내게 어떤 자극이 되었다는 사실이 흥미롭다. 다시 개발로 돌아온 나는 전과 달랐다. 뭔가 다름을 스스로 느꼈다. 매니저 역할을 포기하고 다시 기술과 만난 3~4년의 기간 동안 내 기술력은 확실히 일취월장했다. 자바와 JVM이라는 단일한 생태계에서 벗어나 다양한 기술을 접했다. C#과 .NET을 익히고, F#을 맛보고, 스칼라와 자바스크립트 생태계도 섭렵했다. 새로운 데이터베이스 기술, 새로운 메시징 기술, 클라우드, 마이크로서비스 아키텍처, 도메인 주도 개발 등을 학습하며 지식을 확장했고, 프로그래밍 팟캐스트, 컨퍼런스, 미트업 모임 등에 참여하며 안목을 넓혔다.

전에 비해서 달라진 것은 단순히 기술의 다양성이 아니었다. 코딩 실력도 아니었다. 맥락에 대한 이해와 통찰이었다. 전에는 특정 기술이 실무에 어떤 의미를 갖는지 모르면서 맹목적으로 공부하는 경우가 많았다. 그런데 잠시 매니저 생활을 하고 돌아오니 기술과 실무의 접점이 눈에 잘 보였다. 안목이 넓어진 덕이다. 이건 자랑이 아니다. 앞으로 매니저를 하려고 마음 먹은 사람이나 이미 매니저의 길을 걷는 사람이 반드시 기억해야 하는 중요한 논점이다.

매니저는 기술의 막다른 골목이 아니다. 매니저가 되면 어쩔 수 없이 기술이 퇴화하고 다시는 개발 현업으로 돌아갈 수 없다고 생각하는 사람이 많다. 이것은 사실이 아니며 사실이 되어서도 안 된다. 이런 생각은 기술적으로 게으른 매니저에게 면죄부를 발급해주는 미신에 불과하다. 매니저 트랙과 기술 트랙은 서로 만나지 않는 두 개의 평행선이 아니다. 그것은 서로 수시로 교차하는 나선형이다. 백세 시대의 기나긴 커리어 기간을 고려하면 매니저는 언제나 기술현업에 돌아갈 준비가 되어 있어야 하고, 코딩 업무를 보는 사람도 상황에 따라 hands-off 매니저 역할을 수행할 수 있어야 한다.

모건스탠리를 끝으로 나는 월스트리트를 떠났다. 2014년 무렵에 다시 조그만 회사의 개발을 진두지휘하는 역할을 맡았다. 4~5명으로 이루어진 아주 작은 개발 팀을 맡아서 광고 서비스를 제공하는 서버 시스템을 처음부터 새로 구축하는 일이었다. 처음에 나는 팀원들의 매니저이면서 동시에 코드를 개발하는 실무 개발자 역할을 수행했다. 앞에서 매니저는 코딩 실무를 겸하지 않는 게 좋다고 말했는데 그 말과 상충되는 역할이었다. 그래서 나는 팀원을 관리하는 업무의 대부분을 내 상급자에게 맡기고 개발에 전념했다. 팀을 실력 있는 개발자로 채우는 일 하나만 제외하고.

매니저가 되면 끊임없이 사람에 대한 판단을 내려야 한다. 그리고 그 판단은 냉철하고 정확해야 한다. 일상생활에서 다른 사람을 제멋대로 판단하는 것은 나쁜 습관이지만 매니저가 팀원에 대해서 내리는 판단은 회사의 정상적인 운영을 위해 꼭 필요한 일이다. 다만 매니저의 판단은 반드시 조직의 목표와 비전이라는 문맥 안에서 이루어져야 한다. 그게 중요하다. 개인적인 감정, 지연, 학연, 호불호가 섞인 판단은 금물이다.

회사에 들어가서 프로젝트를 시작했을 때 나는 내게 주어진 4~5명의 개발자가 대부분 마음에 들지 않았다. 회사 비즈니스의 근간을 이루는 시스템을 빠르게 구축해야 한다는 조직의 목표를 고려했을 때 그랬다는 말이다. 그들은 회사의 레거시 시스템에 대해 아는 게 많고 도메인과 관련된 지식이 풍부했다. 하지만 새로운 기술에 대해 쉽사리 마음을 열지 않았고 프로그래밍 실력도 내가 원하는 수준에 미치지 못했다. 내가 마음에 들어하지 않는다는 것을 느낀 그들은 암묵적으로 집단 태업 비슷한 태도를 취하기도 했다.

나는 팀원들과 수시로 개인면담 시간을 가지며 내가 가려는 방향을 설명하고 설득했다. 어떤 사람은 끝까지 마음을 열지 않았고, 어떤 사람은 마음을 열었으나 역량이 따라오지 못했다. 잦은 기술 세미나 시간을 통해 새로운 패러다임과 기술을 공부했으나 그들이 작성하는 코드의 품질은 계속 날 실망시켰다. 시간이 많지 않았다. 나는 인간적인 면에서 힘들지만 매니저로서 필요한 결정을 내렸다. 판단이 섰으면 실행은 과감해야 한다. 나는 팀을 내가 원하는 사람들로 재구축했다. 월스트리트에서 함께 일했던 실력 있는 친구들을 데려오고, 기존의 개발자들은 새로운 곳을 찾아가도록 배려했다. 말은 배려지만 당사자들은 나를 많이 원망했을 것이다.

1년 동안 나는 새로운 시스템의 근간이 되는 코드를 직접 개발했고, 동시에 팀원의 대부분을 새로운 사람으로 교체했다. 정예부대가 협력하기 시작하면서 개발에 가속도가 붙었다. 가까스로 일정을 맞출 수 있었고 새로운 시스템은 큰 성공을 거두었다. 이 성공을 기반으로 해서 회사의 IT 인력 전체를 총괄하는 역할을 맡게 되었다. 시스템 개발만이 아니라, QA, 데이터과학, 데이터엔지니어링, UI 개발, 인프라 관리 등 여러 조직으로 나뉘어져 있는 IT 업무 전체를 관리하는 자리였다. 인력을 다 합쳐봐야 40명을 넘지 않는 인원이었지만 내 업무의 영역이 개발을 벗어났다는 점에서 완전히 새로운 경험이었다.

이제 좋은 매니저가 되려는 후배에게 들려주고 싶은 이야기를 할 시간이 되었다. 현역 시절에 아무리 뛰어난 실력을 가진 사람이라고 해도 관리하는 사람의 수가 늘어나고 업무 영역이 확대되면 자기 전문성이 옅어질 수밖에 없다. 어떤 일에 대해서 자기보다 훨씬 많이 알고, 더 잘 아는 사람을 부하 직원으로 두게 된다는 뜻이다. 믿기 어렵겠지만 이런 부하를 질투하는 못난 매니저가 세상에는 많다. 잘난 부하를 견제하고 찍어눌러서 기어코 아무 소리 못하는 바보 직원으로 만들어야 직성이 풀리는 것이다.

나는 QA 팀의 매니저와 테스트를 자동화하는 일에 대해서 많은 대화를 나누고, 데이터과학 팀 매니저와 새로운 프로젝트에 대한 아이디어, 예측 모델을 자동으로 배포하는 방법, 새로운 데이터과학자를 채용하는 일, 기존 모델의 단점을 개선하는 일을 심도 있게 논의했다. 데이터엔지니어링 팀의 매니저와 함께 빅데이터 처리를 위한 카프카, 스파크 데이터 플로를 구축하는 아키텍처를 설계했다. UI 개발 매니저와 사용자 경험, 새로운 앱 개발 아이디어에 대해 열띤 토론을 하고, 인프라 팀의 매니저와 데이터센터 네트워크 보안, AWS와 애저 등 클라우드 활용방법, 네트워크 모니터링에 대해 대화를 나누며 지식을 확장했다.

부족한 내 지식과 경험을 앞세우지 않고 전문가인 그들의 의견을 존중하며 열심히 경청했다. 나는 전체적인 그림을 그리고, 조직간 커뮤니케이션을 활성화하는 데 신경을 쓰며 큰 방향을 제대로 설정하기 위해 노력했다. 그렇게 하기 위해 많은 권한을 매니저들에게 일임했다. 시간이 조금이라도 생기면 회사의 문화를 좋은 방향으로 개선하는 방법을 찾기 위해 공을 들였다.

기술적으로는 막 시작된 데이터과학 팀을 경쟁력 있는 수준으로 끌어올리기 위해 제일 많은 노력을 기울였다. 젊은 친구들과 함께 나도 열심히 공부했다. 이때 키워낸 젊은 데이터과학자 중에서 다수가 훗날 좋은 오퍼를 받고 페이스북, 링크드인, 구글, 마이크로소프트, 아마존 등으로 자리를 옮겼다. 어떤 사람은 데이터과학을 전공하기 위해 컬럼비아 대학으로 되돌아갔다. 회사로서는 속상한 일이지만 개인 입장에서는 좋은 일이었다. 내가 회사를 떠난 이후로 매니저급 사람들도 여러 명이 좋은 회사로 자리를 옮겼다. 심지어 나 역시 이때의 경험을 밑거름으로 삼아 한국으로 자리를 옮겼다. 여기에서 핵심은 이들이 더 좋은 회사로 자리를 옮겼다는게 아니다. 핵심은 개인의 성장이다.

이제 결론을 말할 준비가 되었다. 좋은 매니저는 심성이 곱고 착한 사람이 아니다. 그건 그냥 착한 것이다. 프로젝트를 제때 끝내고 경영진의 인정을 잘 받는 사람도 아니다. 그건 그냥 능력이 좋은 것이다. 밥을 잘 사주고 어려운 이야기를 잘 들어주는 사람도 아니다. 그건 그냥 정치를 잘 하는 것이다. 좋은 매니저는 후배를 성장시키는 사람이다. 잘난 후배는 더 잘나게 만들고, 못난 후배는 자신감을 갖도록 도와주는 사람이다. 자기 장점이 무엇인지 깨닫게 해주고, 배움의 기회를 만들어주고, 자기 역량을 발휘하여 스포트라이트를 받게 해주는 사람이다. 후배가 너무 환히 빛나서 자신을 앞질러 가거나 다른 회사가 데려간다 해도 진심으로 개의치 않는 사람이다. 후배들의 앞길을 있는 힘을 다해 열어주고, 이끌어주고, 밀어주는 사람이다. 그게 좋은 매니저다.

후배의 성장만 도와주면 되는 거라고? 어렵지 않은데? 이렇게 생각한다면 이미 좋은 매니저가 될 가능성이 없는 사람이다. 후배의 성장을 돕는 게 쉬운 일이 아니기 때문이다. 이렇게 이야기한다고 해서 내가 스스로를 좋은 매니저로 생각하는 것은 아니다. 그럴 리 없다. 좋은 매니저는 비전, 실력, 전문성, 의사소통 능력 등 여러 가지 덕목을 갖춰야 하지만 무엇보다도 마음이 넓어야 하기 때문이다. 마음이 넓고 그릇이 커야 한다. 이건 단순한 소프트스킬이 아니다. 저절로 생기는 것도 아니다. 매일 온 힘을 기울여 노력해도 간신히 가질 수 있는 무엇이다. 근육이 살을 깎는 노력을 통해 얻는 거라면, 넓은 마음은 뼈를 깎는 노력이 있어야 가질 수 있는 귀한 자산이다.

미국에서 매니저 경험을 쌓은 나는 이제 한국에 들어와 연구소의 랩 하나를 맡고 있다. 데이터과학과 관련된 실전 업무와 연구를 동시에 수행하는 조직이다. 소프트웨어 개발 업무도 일부 포함된다. 하나의 랩이지만 스타트업 회사에서 맡았던 인력의 두 배가 넘으니 적은 규모는 아니다. 내가 맡은 사람들은 박사가 많고 박사가 아니더라도 모두 뛰어난 인재들이다. 데이터과학에 대해 나보다 많이 알고 나보다 똑똑한 사람들인 건 말할 필요도 없다. 이들에게 나는 좋은 매니저일까. 지금은 알 수 없다. 훗날 나와 함께 있는 동안 자신이 성장했음을 느끼는 후배가 존재한다면 그 존재가 답이 될 것이다. 그렇게 되기를 희망한다.

기고자 소개_**임백준**

한빛미디어에서 『팟캐스트 나는 프로그래머다』, 『임백준의 아카 시작하기』, 『폴리글랏 프로그래밍』, 『누워서 읽는 퍼즐북』, 『프로그래밍은 상상이다』, 『뉴욕의 프로그래머』, 『나는 프로그래머다』, 『누워서 읽는 알고리즘』, 『행복한 프로그래밍』 등 다수의 책을 출간했다. 삼성SDS, 루슨트 테크놀로지스, 도이치은행, 바클리스, 모건스탠리 등에서 근무했고 맨해튼에 있는 스타트업에서 분산처리, 빅데이터, 머신러닝과 관계된 업무를 수행했다. 현재는 삼성전자에서 데이터 분석 연구를 총괄하고 있다.

4장

사람 관리

"개발 팀장이 되면 새로 맡은 직무를 승진으로 생각하고 개발 과제나 문제에서 연공서열을 따지게 된다. 이런 태도는 초보 매니저에 머무르다 결국 나쁜 리더가 되는 가장 확실한 방법이다. 신임 개발 팀장이라는 위치가 서열의 말단이라는 것을 받아들이기 어렵겠지만, 팀을 이끄는 입장에서 이는 최고의 사고 방식이다."

마크 헤드룬드

개발 팀장이 된 것을 진심으로 축하한다. 당신은 다른 팀원들을 관리할 수 있다고 신뢰받는 수준까지 성장한 것이다. 아마 인사 부서에서 기본적인 매니지먼트 교육을 받았을 것이다. 이미 좋은 매니저와 함께한 경험도 있을 테고 그 경험을 따라 해보고 싶을 것이다. 지금은 개발 팀장이라는 현실을 만난 것이며, 모든 개념과 아이디어를 실천할 시간이다.

우선 팀원별 관리에 초점을 맞춰보자. 팀원 관리에 관한 여러 개념과 아이디어를 제시하는 책이 많지만, 이 장의 목표는 매니지먼트의 기본 요소를 전달하는 것이다. 일단 당신은 매니저라는 책임 있는 자리에 있는데, 사람 관리라는 기본적인 업무 수행에 대해 어떻게 생각해야 할까?

매니지먼트 업무로 전환하는 과정에서 중점을 두어야 할 것은 자신의 매니지먼트 스타일을 깨닫는 것이다. 대개의 경우 팀을 운영하는 책임을 지는 동시에 팀원별로 관리하는 방법에 대해 학습하게 된다. 다음 장에서 개발 팀장이 되면 팀장 역할에서 기술적인 부분은 어떻게 바뀌는지, 팀 전체를 다룰 때의 어려움이 무엇인지에 대해 설명할 것이다. 우선 개인을 고려하는 것부터 시작하는 게 중요하다. 결국 팀은 팀원 개개인의 상태만큼 건강하며 팀원 하나하나를 관리하는 매니저로서 당신이 각 팀원들에게 큰 영향을 미치기 때문이다.

다음은 사람 관리에 필요한 주요 업무다.

- 새로운 보고 체계 만들기

- 정기적으로 원온원 미팅하기

- 경력 성장, 목표 달성, 개선된 영역 및 근거 있는 칭찬 등 정기적인 피드백 하기

- 팀원이 학습할 영역을 찾고 프로젝트 업무, 외부 교육이나 멘토링 등을 통해 성장 돕기

새로운 팀원과 관계 맺기

개발 팀장이 되면서 가장 먼저 하는 업무는 팀원에게서 보고를 받는 일이다. 한 때 같이 일했던 사람이나 전혀 알지 못하던 사람에게 보고를 받게 된다. 관리 경력이 쌓일수록 새로운 사람에게서 보고 받는 일은 반복된다. 어떻게 해야 새로운 사람을 빨리 파악하고 잘 관리할 수 있을까?

신뢰 관계 구축하기

한 가지 전략은 새로 관리해야 하는 사람의 개인적 특성을 파악하기 위한 질문을 하는 것이다. 예를 들면 이런 질문이다.

칭찬은 어떻게 받고 싶습니까? 공개적으로 아니면 비공개적으로? 어떤 사람은 공개 석상에서 칭찬받는 것을 정말로 싫어한다. 이 점을 확인해 두자.

진지한 피드백을 어떻게 하면 될까요? 피드백을 받아들일 시간이 필요하면 문서로 할까요? 아니면 비공식적인 구두 형태의 피드백이 괜찮을까요?

왜 이 팀에서 일하기로 했나요? 어떤 점이 흥미가 있었어요?

기분이 나쁘거나 짜증 나면 어떻게 표현하나요? 당신의 기분을 상하게 하는 것 중 제가 알아야 할 것이 있나요? 어떤 사람은 종교적 금식으로 신경이 예민할 수 있다. 심지어 전화 받는 것에 스트레스를 받거나 평가 기간을 싫어하는 사람도 있다.

당신이 싫어하는 '팀장의 행동'이 있나요? 내가 이런 질문을 받는다면 개인 면담을 하지 않거나, 면담 일정을 바꾸는 것, 피드백을 하지 않는 것, 곤란한 대화를 피하는 것이 싫다고 답할 것이다.

당신의 경력 목표 중 제가 도울 수 있는 것은 무엇인가요?

팀에 합류한 뒤 좋은 의미든 나쁜 의미든 놀랐던 점 중 제가 알아야 할 것은 무엇인가요? 다음과 같은 답변이 나올 수 있다. "제 스톡옵션은 어떻게 된 건가요?" "이주비 보너스를 받기로 했는데 아직 못 받았어요." "왜 우리는 깃(Git)을 쓰지 않고 SVN을 쓰죠? 생산성은 기대하지도 않아요."

자세한 내용은 라라 호건(Lara Hogan)의 블로그를 참고하기 바란다.

- http://larahogan.me/blog/first-one-on-one-questions/

30/60/90일 계획 세우기

노련한 개발 팀장들은 어떤 방법으로 관리할까? 그중 하나로 각 팀원들이 30/60/90일 계획을 세우도록 하는 방법이 있다. 이 계획에는 코드 생산성 향상, 버그 수정, 릴리스와 같은 기본적인 목표 외에도 다른 팀에서 왔거나 새로 채용된 팀원에게 도움 될 만한 정보도 포함된다. 경력직으로 채용된 직원은 특히 계획 수립 과정에 꼭 참여시켜야 한다.

팀장 입장에서는 30/60/90 계획 수립 시 팀원이 성과를 내는 시점에서 적절한 것을 학습하고 있는지 확인 가능한 목표를 계획으로 잡는 게 좋다. 그러려면 팀장과 팀원이 함께 계획을 세워야 한다. 새로 합류한 사람이 보기에는 문서의 내용이 대부분 명확하지 않기 때문이다.

안타깝게도 직원 채용에 실수를 할 수 있다. 신규 직원이 처음 90일 동안 달성할 만한 명확한 기대 목표가 있으면 이런 실수를 빨리 발견하는 데 도움이 되고, 이런 상황을 바로잡을 필요가 있다는 점을 팀장과 직원이 분명히 인식할 수 있다. 이전에 채용한 직원들의 결과, 팀의 기술과 프로젝트의 현재 상태, 새로 온 직원의 수준에 따라 현실적인 마일스톤을 정해야 한다.

신규 직원용 문서를 갱신하며 팀 업무에 참여시키기

신입 및 중간 정도 경력의 직원을 채용한 경우 현업 적응 프로그램의 일부로 신규 직원용 문서 작성에 참여시킨다. 실제로 많은 개발 팀에서 신규 직원이 팀에 적응하는 과정의 일부로 신규 팀원용 기존 문서를 갱신하도록 한다. 신규 팀원은 팀에 관련된 프로세스와 도구에서 변경된 부분을 파악하여 기존 문서에 반영한다. 매니저가 직접 같이 할 필요는 없으며, 신규 직원이 동료와 멘토, 테크리드와 함께 작업하면 된다. 이 과정을 통해 팀원 모두 프로세스를 다시 숙지하는 계기를 만들 수 있다.

관리 스타일과 기대 사항 소통하기

개발 팀장이 신규 직원을 이해하기 위해 노력하는 것처럼, 신규 직원도 팀장이 기대하는 바와 팀장의 스타일을 이해할 필요가 있다. 서로 조금씩 조정하며 맞춰가야 한다. 직원도 팀장이 무엇을 기대하는지 알지 못하면 어떤 결과를 얻어야 할지 알 수 없다. 상대에 대한 기대 사항에는 구체적인 내용이 포함되어야 한다. 예를 들어, 얼마나 자주 만날 것인지, 서로 정보를 어떻게 공유하고 신규 직원의 업무를 얼마나 자주 검토할지 등이 기대 사항에 포함될 것이다. 신규 직원에게 이메일로 주간 업무 보고를 받고 싶으면 분명하게 지시한다. 신규 직원이 어떤 문제를 어느 정도 고민할 수 있는지, 어느 시점에 도움을 요청해야 하는지도 충분히 이해시키자. 그 기간은 팀마다 다르다. 어떤 팀은 1시간, 다른 팀에서는 1주일이 될 수도 있다.

신규 직원의 피드백 받기

마지막 조언은 90일 동안 신규 직원의 시각으로 관찰한 팀에 대한 피드백을 가능한 한 많이 받으라는 것이다. 이 시기는 기존 팀원의 눈에는 보이지 않는 팀의 모습을 새롭고 다른 시각에서 볼 수 있는 아주 귀한 시간이다. 물론 신규 직원이 전체적인 팀 프로세스의 맥락을 잘 알 수는 없기 때문에 피드백을 걸러서 들어야 한다. 그리고 기존 팀원에게 공격하는 것처럼 들리지 않도록 팀의 프로세스와 시스템 비판은 장려하지 않도록 한다.

팀과 소통하기

> 정기적인 원온원은 자동차의 엔진 오일을 바꾸는 것과 비슷하다. 귀찮다고 건너뛰면 고속도로 갓길에서 옴짝달싹 못하는 최악의 상황에 대비한 계획이 필요할 것이다.
>
> —마크 헤드룬드

정기적인 원온원 미팅

한번은 경영 경험이 많은 CTO와 재밌는 이야기를 나눈 적이 있다. 그는 정기적인 원온원 미팅이 별로 내키지 않는다고 했다. 필요성을 못 느끼는 매니저에게 원온원을 하도록 강요하는 것 같아 늘 마음에 걸린다고 했다.

"정기적인 원온원은 멀쩡해 보이는 데도 우울증인지 아닌지 진단하러 정신의학과에 가는 기분"이라고까지 말했다. 그의 경험을 인정할 수밖에 없었다. 모든 팀원과 팀이 다 같지는 않으니까 말이다. 필요한 것도, 의사소통 방식도, 집중하는 것도 다르다. 그렇지만 경험이 짧은 CTO라면 정기적인 원온원 미팅의 필요성을 받아들이고 시작해야 한다.

원온원 일정 잡기

원온원은 매주 하는 게 기본이다. 일주일에 한 번 원온원을 하되 지나치게 많다고 동의하는 경우에만 주기를 조율한다. '일주일에 한 번'은 짧은 시간에 집중해서 미팅을 하기에 적절하며, 예상치 못한 일로 한 주를 건너뛰어도 괜찮은 주기다. 원온원 주기가 이보다 길면 한 번 미팅을 못하게 될 경우 다시 일정을 잡아야 해 양쪽 모두 번거로워진다.

팀장과 팀원 모두 사무실에 있을 때 원온원 시간을 잡는 게 좋다. 월요일과 금요일은 보통 주말과 붙여 휴가를 내는 사람이 많기 때문에 적절하지 않다. 나는 일이 바빠지기 전인 아침을 선호한다. 업무 일정 혹은 다른 급한 회의로 어쩔 수 없이 일정을 바꾸는 일을 피할 수 있어서다. 그러나 아침에 하는 원온원은 일찍 출근하거나 아침에 스탠드업 미팅이 없는 사람이나 가능하다. 면담을 할 팀원의 일정을 존중하고 가능하면 집중해서 생산성 있게 일하는 시간도 피해 원온원 시간을 잡자.

원온원 시간 바꾸기

인생에서 대부분의 일이 그렇듯 원온원도 '약속을 잡고 까먹으면' 안 된다. 다음과 같은 점을 고려하자.

일주일 동안 팀원과 얼마나 자주 상호작용을 하는가? 특정 팀원과 상호작용하는 빈도가 높다면 같이 앉아서 이야기할 시간을 특별히 잡지 않아도 된다.

팀원에게 얼마나 많은 코칭이 필요한가? 신입 팀원은 업무가 익숙한 시니어 팀원보다 더 많은 시간을 들여 원온원을 해야 한다. 시니어 팀원이더라도 어려운 프로젝트에 투입됐다면 업무의 세부 사항에 관해 이야기하는 시간이 필요하다.

팀원은 내게 얼마나 많은 정보를 보내는가? 정보 전달에 익숙하지 않은 팀원과는 원온원을 더 자주 하자.

팀원과의 관계가 좋은가? 원온원에서 주의해야 할 점이 있다. 어떤 팀원과 관계가 좋으면 관심을 덜 기울이고, 상대적으로 관계가 좋지 않은 팀원에게 시간을 더 쓰는 경우다. 하지만 나를 포함한 많은 사람은 관계가 좋더라도 정기적인 원온원이 꼭 필요하다고 생각한다. 왜냐하면 어떤 팀원과 관계가 좋다는 것은 혼자만의 착각일 수 있기 때문이다. 문제가 있는 팀원하고만 많은 시간을 보내는 실수는 하지 말자.

팀이나 회사의 상황이 얼마나 안정적인가? 또는 불안정한가? 원온원의 주제 가운데 하나는 회사 소식이다. 특히 회사에 급격한 변화가 있거나 불확실한 상황이면 충분한 시간을 내서 팀원의 질문에 성실히 답하자. 불확실한 상황에서 진행하는 정기적인 원온원 미팅은 팀을 안정시키고 루머 확산을 막는 데 도움이 된다.

여러 가지 원온원 스타일

원온원 미팅 시간을 잡은 다음 무엇을 해야 할까? 원온원 미팅은 몇 가지 유형으로 나뉜다. 어떤 유형이 가장 효과적인지는 팀장과 팀원이 어떻게 하느냐에 따라 다르다.

할 일 목록 점검 미팅

팀원이나 팀장 한쪽 혹은 양쪽 모두 업무 목표를 정리하여 논의하고 우선순위에 따라 각 업무 목표를 다루는 방식이다. 각 항목에 관해 업데이트된 내용이 있으면 이를 결정하거나 논의하고, 이에 따라 계획을 세운다. 이 방식은 '의미없는 미팅으로 시간을 낭비하지 말자'는 것이 기본 전제다. 할 일을 굳이 미팅을 통해서 같이 논의해야 하나 싶은 생각이 들 수 있다. 채팅이나 이메일로도 충분하기 때문이다. 따라서 원온원 미팅을 '할 일 점검' 방식으로 할 때는 원온원으로 함께 토론할 만한 것인지, 의미가 있는 것인지를 따져봐야 한다. 원온원 미팅에서 구두로 의사소통하는 것이 좋은지, 아닌지도 확인해야 한다.

일반적으로 이 방식은 전문적이고 효율적이다. 팀원이 미팅 전에 논의할 내용을 미리 생각하고 준비하게 만들기 때문이다. 내가 아는 어떤 개발 팀장은 구글 스프레드시트를 팀원과 공유하며 목록을 관리한다. 논의할 내용을 수시로 업데이트하고 원온원 미팅에서 목록을 검토한다. 이처럼 안건을 미리 공유하면 양쪽 모두 미팅 전에 상대가 어떤 생각인지 알고 이야기할 내용을 미리 준비할 수 있다.

팀원의 이야기 듣기

나는 별로 꼼꼼하지 않아서 할 일 목록을 제대로 정리하여 만나는 원온원 방식이 내키지 않았다. 팀원이 이런 방식을 선호한다면 기꺼이 따를 의향이 있지만 가능한 한 자연스러운 미팅을 하고 싶었다. 나는 원온원을 통해 제일 먼저 팀원이 논의하고자 하는 모든 이야기를 들어보고 싶었다. 팀원 스스로 중요하다고 생각하는 부분을 모두 이야기하며 회의를 주도하기를 바랐다. 사실 원온원은 기획 회의만큼 창의적인 토론 자리다. 원온원은 두서없이 진행되면 어느 것 하나 결정되는 것 없이 불평을 쏟아내거나 고민 상담을 하는 자리가 되기 쉽다. 공감을 잘하는 팀장은 팀원과 비정상적인 방향으로 가까워질 수 있다. 팀원의 불평을 들어주고 위로하는 데 많은 에너지를 쓰면 그것은 문제를 악화시키게 된다. 할 일 목록을 반드시 관리할 필요는 없지만, 업무 관련 문제는 양측이 함께 해결하거나 합의하에 조정하는 것이 바람직하다. 팀원의 하소연을 반복적으로 듣는 시간이 된다면 원온원 미팅에 큰 의미가 없다.

피드백 미팅

원온원 미팅은 비공식적인 피드백과 코칭 시간으로 활용할 수 있다. 이런 미팅은 정기적으로 하는 게 좋고, 특히 경력이 짧은 팀원에게 도움이 된다. 경력 개발에 관해 딱히 할 얘기가 없으면 분기에 한 번 정도도 괜찮다. 대부분의 회사는 모든 직원에게 개인 목표 설정을 요구한다. 이 시간을 개인 목표나 회사 내의 목표 등 진척 사항을 같이 검토하는 시간으로 쓸 수 있다.

성과에 문제가 있는 팀원과는 더 자주 피드백 미팅을 해야 한다. 누군가를 해고할 생각이라면 피드백 미팅을 문서로 정리한다. 이 문서에는 서로 논의한 문제와 팀원에 대한 기대 사항이 포함돼야 하며, 팀원에게 정리한 문서를 전달해야 한다(보통은 이메일로).

동료를 모욕하고, 꼭 필요한 회의에 불참하고, 부적절한 언어를 사용하는 등 문제 행동에 대해서는 원온원 미팅까지 기다리지 말고 바로 피드백해야 한다. 팀원의 나쁜 행동을 보거나 들으면 바로 당사자에게 이야기해야 한다. 때를 기다릴수록 피드백하기 어려워지고 효과도 떨어진다. 칭찬도 마찬가지다. 일이 잘 진행되면 아끼지 말고 바로 칭찬하라.

진행 보고 미팅

매니저들을 관리하는 위치에 오르면, 원온원 미팅 중 상당 부분은 직접 챙길 수 있는 시간이 없어 확인만 하게 되는 프로젝트 세부 사항을 논의하는 시간이 된다. 관리하는 팀원들이 소수인 경우, 원온원 때 진행 사항을 보고받는 것은 직접 챙기지 못하는 부차적인 프로젝트에서 문제를 일으키는 사람이 있는 경우뿐이다. 긴밀하게 함께 일하고 있는 팀원에게 진행 상황을 보고받는 것은 시간 낭비니까 말이다. 지난 스탠드업 미팅이나 프로젝트 검토 회의 이후 업데이트된 것을 듣는 게 다이기 때문이다. 원온원 미팅 시간에 주로 현재 프로젝트와 관련된 논의만 한다면, 프로젝트와 무관한 질문을 하거나 팀, 회사 또는 다른 어떤 주제라도 질문할 수 있다고 미리 알려서, 원온원 미팅 내용에 변화를 줄 수 있다. 프로젝트 진행 상황 외에 다른 이야기를 꺼린다면 미팅 빈도를 줄이는 것도 고려해본다.

인간적인 관계 강화 미팅

어떤 방식의 원온원 미팅을 하든 팀원의 인간적인 모습을 이해할 수 있는 여지는 남겨둬야 한다. 팀원의 사생활을 캐물으라는 게 아니라 팀원 개인에게 인간적인 관심을 보이라는 의미다. 가족, 친구, 취미 또는 반려동물 같은 가벼운 이야기도 좋다. 팀원의 경력을 듣고 장기적인 목표를 묻는 것도 괜찮다. 다음 프로젝트에 필요한 기술이나 승진 등으로 대화의 주제를 한정할 필요는 없다. 팀장으로서 팀원의 현재와 미래를 돕는 데 관심이 있음을 보여주라는 의미다.

다양한 방식으로 시도하기

사무실 밖을 함께 산책하거나 커피나 점심을 같이 먹으면서 원온원 미팅을 할수도 있다. 이때는 팀원의 의견을 기록하기 어려우므로 중요한 대화를 하기에는 적절하지 않다. 원온원 미팅을 할 만한 독립 공간이 부족한 상황에서라도 가능하면 방음이 잘 되는 회의실에서 진행해야 민감한 주제도 마음 편히 이야기할수 있다.

마지막 조언은 매니저인 당신이 공유 문서에 미팅 노트를 작성하여 팀원과 공유하라는 것이다. 당신이 관리하는 각 팀원과 관련해 원온원에서 언급된 내용, 요점, 할 일을 공유 문서에 지속해서 업데이트한다. 무슨 일이 있었는지 맥락을 이해하는 데 도움이 되고 언제 어떤 내용으로 피드백을 받았는지 기억하기도 쉽다. 성과 평가를 작성하거나 다른 피드백을 줄 때도 참고할 수 있는 중요한 기록이 된다. 노트북에 기록하면서 미팅을 진행하는 것이 불편하다면, 미팅이 끝나고 내용을 정리해도 좋다.

좋은 매니저, 나쁜 매니저 : 마이크로매니저, 위임하는 매니저

먼저 한 가지 사례를 보자. 제인은 이달 말까지 완료해야 하는 작업이 있어 테크리드인 산자이에게 큰 프로젝트를 맡겼다. 하지만 그가 기한을 맞추지 못할까 봐 걱정이다. 그래서 보통은 참여하지 않는 스탠드업 미팅에 꼬박꼬박 참석해서 팀원들에게 문제점을 직접 질문하고 프로젝트 티켓을 훑어보고 이런저런 의견을 말하고 다른 팀원에게 티켓의 일부를 다시 배분했다. 산자이와 제품 관리자가 특정 기능의 우선순위를 낮춘 걸 안 이후 프로젝트를 직접 관리하겠다고 산자이에게 말했다.

프로젝트는 성공적으로 끝났지만, 산자이는 더 이상 테크리드 역할을 맡지 않겠다고 말했다. 그는 생기 없어 보였고, 프로젝트에 참여해서 열심히 하기보다는 일찍 퇴근하거나 미팅에서 조용히 앉아 있는 경우가 많아졌다. 제인 팀의 최고 실력자가 하루아침에 저성과자가 된 것이다. 왜 이런 일이 벌어졌을까?

마이크로매니지먼트는 시나브로 시작된다. 일정 지연이 용납되지 않고, 스트레스가 심한 프로젝트는 위태로워 보이기 마련이고 뭔가 해결하겠다는 생각에 조금씩 개입하게 된다. 팀원에게 위임했지만 팀의 기술적인 결정 사항이 마음에 들지 않아 다시 생각하고 결정하라 지시하게 된다. 팀원들이 제대로 할 거란 믿음이 없기 때문에, 실수가 많아서 이를 수정하느라 대가를 치른 경험 때문에 팀원이 결정하기 전에 보고하라고 한다.

이번에는 제인의 동료인 섀럴의 사례를 보자. 섀럴은 베스에게 첫 번째 큰 프로젝트를 맡겼다. 섀럴은 프로젝트가 제때 끝나야 한다는 걸 알았다. 하지만 모든 회의에 참석해 세부 사항을 일일이 확인하는 대신, 베스와 협력해 자신이 참석해야 하는 미팅이 어떤 것이고, 베스가 자신과 어떤 세부 사항을 논의해야 하는지 살폈다. 이런 방식은 베스에게 프로젝트 수행에 자신감을 주는 한편 섀럴이 베스의 든든한 지원자임을 확인시켜줬다. 프로젝트 마감이 가까워지는 스트레스가 극심한 상황에서 베스는 섀럴의 도움으로 범위를 조정했고 결과적으로 프로젝트를 제때 마칠 수 있었다. 베스는 더 많은 자신감을 얻었고, 더 큰 프로젝트를 맡을 준비가 됐다. 그리고 섀럴을 위해 더 열심히 일했다.

제인과 섀럴의 결정은 마이크로매니저와 효과적인 위임을 하는 매니저 사이의 미묘한 차이점을 잘 보여준다. 제인과 섀럴 모두 팀의 새로운 리더를 양성하기 위해 순위가 높은 프로젝트 관리를 위임했다. 그러나 제인은 제대로 위임하지도 못했고 산자이에게도 악영향을 줬다. 반면, 섀럴은 베스에게 목표가 무엇이고 책임이 무엇인지를 명확히 알려줬다. 그리고 베스가 성공하도록 지원하고 도왔다. 마이크로매니지먼트에서 가장 어려운 점은 그렇게 할 때와 하지 않아야 할 때를 구분해야 한다는 점이다. 주니어 개발자는 구체적인 지시를 원한다. 가끔 세부 사항을 확인하고 지시해야 일을 더 잘한다. 어떤 프로젝트는 궤도를 벗어나기도 하고, 때론 팀에 부정적인 영향을 미치는 팀원이 내린 결정을 번복하기도 한다. 하지만 습관처럼 또는 팀을 운영하는 기본 방식으로 마이크로매니저를 사용하면 결국은 제인 같은 결말을 맞게 된다.

신뢰(trust)할 것인가 통제(control)할 것인가는 마이크로매니저에게 중요한 문제다. 업무가 제대로 처리될 거라 믿지 못하거나 당신이 정한 기준으로 결과물을 엄격하게 통제하려 할 때 마이크로매니지먼트를 하게 된다. 이런 상황은 뛰어난 개발자가 특히, 기술적으로 자부심이 강한 개발자가 팀장이 될 때 자주 일어난다. 팀에서 당신의 가치가 당신이 잘하는 코딩에서 아직 잘 모르는 사람 관리로 바뀌었다면, 팀원들을 자신의 분신처럼 다루고 싶을 수도 있다. 불가피하게 마감 기한을 맞추지 못하면 상황을 제대로 통제하지 못하는 것으로 보고 더 신경 쓰게 된다. 기대와 달리 프로젝트가 잘 진행되지 않는다 생각하게 되고 팀을 마이크로매니지먼트하는 것이 적절한 선택이라는 믿음을 갖게 된다.

자율성(autonomy)은 팀원이 자신의 업무 중 일부를 직접 통제할 수 있는지를 의미하며 동기 부여의 중요한 요소다. 마이크로매니지먼트로 팀을 잘 운영하기 어려운 이유는 바로 자율성 때문이다. 창의적이고 재능 있는 사람이 자율성을 빼앗기면 즉시 동기도 사라진다. 스스로 어떤 결정도 내릴 수 없고, 모든 업무를 매니저가 이중, 삼중으로 확인한다고 느끼게 하는 것만큼 최악은 없다.

반면, 위임은 포기가 아니다. 책임을 위임하더라도 프로젝트가 성공하도록 도와야 한다. 섀럴은 베스를 포기한 게 아니라 베스가 새로운 역할에 따른 책임을 이해하도록 돕고 지원이 필요할 때 옆에 있었다.

효율적으로 위임하기 위한 실질적인 조언

좋은 리더가 된다는 것은 위임을 잘한다는 것이다.

팀의 목표를 통해 어떤 세부 사항을 파악해야 하는지를 판단하라

마이크로매니지먼트를 하고 싶다면, 팀원에게 업무 성공을 어떻게 측정할 수 있는지, 그 결과를 어떻게 가시적으로 보여줄 수 있는지를 물어라. 그러곤 일단 손을 떼고 한두 주를 기다리며 팀원이 어떤 답을 가져오는지 지켜본다. 공유할 게 없다면 뭔가를 수정해야 하는 것이다. 아마 세부 사항을 파고들어야 할 것이다.

언제 이런 질문을 할지는 어떻게 정할까? 내 철학은 단순하다. 팀이 목표를 향해 전진하고 있고, 시스템이 안정적이며, 프로덕트 매니저가 행복하다면, 전반적인 상황 이상의 세부 내용을 파헤치지 않는다. 이럴 경우에는 팀원이 더 나아가게 도와줄 목표와 계획과 다른 관점을 제시할 수 있는 프로덕트 매니저가 필요하다. 명확한 계획이 없는 팀을 관리할 때에는 모니터링할 수 있는 세부 정보를 활용해 팀의 계획 수립을 도울 수 있다. 이번 달, 이번 분기 또는 올해 무엇을 책임질 것인가? 이 질문에 답할 수 없다면 첫 번째 단계는 팀이 그런 목표를 세우도록 돕는 것이다.

팀원을 만나기 전에 시스템에서 정보를 수집하라

당신에게는 개발자 출신이라는 장점이 있다. 그러므로 팀원들에게 별도로 요청하지 않고도 시스템에서 중요한 정보를 직접 확인할 수 있다. 작업 상태를 알고 싶다면 버전 제어 시스템과 티켓 시스템을 확인한다. 시스템의 안정성을 알고 싶으면 시스템에서 발생하는 경고를 수신하고, 각종 지수를 확인하여 고객 응대 시 발생하는 일들을 살펴본다. 최악의 마이크로매니저는 쉽게 얻을 수 있는 정보인데도 끊임없이 묻는 사람이다. 팀원에게 현재 진행 상황을 정리해 달라고 할 수도 있고, 모든 중요 정보를 정리하기 위해 팀원들에게 요청하는 것도 괜찮지만, 가능하면 요청하지 않는 것이 좋다. 매니저가 쉽게 확인할 수 있는 정보를 수집하는 데 업무 시간의 절반을 쓰는 팀은 절대로 생산성이 높거나 행복할 수 없다. 기억해야 할 것은 이런 정보가 어떤 맥락의 일부일 뿐이고, 전체 그림이 아니며 앞서 논의한 목표가 없다면 아무 의미도 없다는 점이다.

프로젝트 단계에 따라 확인할 부분을 달리하라

한두 팀을 직접 관리한다면, 오전 정기 미팅과 같은 팀의 프로세스를 통해 프로젝트의 자세한 사항을 파악해야 한다(예를 들면, 아침 스탠드업 미팅 등). 프로젝트 단계마다 상이한 세부 사항이 중요하다. 프로젝트의 시작과 설계 단계라면 좋은 프로젝트 목표나 좋은 시스템 설계안을 세우도록 더 많이 관여할 수 있다. 프로젝트 마감일이 가까워질수록 세부 사항은 더 중요해진다. 더 많은 결정을 내려야 하고, 세부 사항으로 더 많은 실행 가능한 정보를 전달하기 때문이다. 그러나 정상적인 작업 흐름일 때에는 어떤 부분이 잘 진행되고, 어떤 부분이 기대보다 오래 걸리는지를 파악하는 정도면 충분하다. 이런 정보는 작업을 개편하거나 고군분투하는 팀원을 돕는 데 유용하다.

코드 및 시스템 표준을 설정하라

나 역시 기술을 잘 아는 테크니컬 매니저이며, 시스템의 구축과 운영 방향에 관해 내 생각이 있다. 그래서 내가 생각하는 방향으로 개발을 할 수 있도록 지침을 만들었다. 팀의 표준 업무 방식을 만들면 코드나 설계 리뷰에서 팀원 간 소통이 원활해지며 기술적 피드백을 주고 받는 과정을 객관화할 수 있다. 내가 정한 표준은 코드를 변경할 때마다 어느 정도로 유닛 테스트를 할지(일반적으로 어느 정도의 테스트가 필요한지), 기술적 결정 사항에 대해 어느 시점에서 팀원들이 리뷰할지(예를 들면 어떤 팀원이 새로운 프로그래밍 언어나 프레임워크를 스택에 추가하고 싶을 때) 등을 의미한다. 목표를 설정하면 어떤 세부 사항을 진행해야 하는지 파악할 수 있는 것처럼 표준 업무 방식을 정하면 팀원이 기술 업무를 할 때 어떤 세부 사항을 중요하게 다루어야 하는지 이해하는 데 도움이 된다.

좋은 정보든 나쁜 정보든 중립적 태도로 정보를 개방하기

다음 시나리오를 생각해보자. 잭은 프로젝트를 하면서 어려움을 겪고 있지만 문제에 관한 도움을 부탁하지 않았다. 결국 매니저인 당신이 잭의 어려움을 알게 되었다. 이 시점에서 잭에게 프로젝트 진행에 어려움을 적극적으로 공유하라고 말하는 게 좋다. 매일같이 잭에게 상황을 보고받고, 그를 도울 방법을 찾을 수도 있겠지만, 내가 매니저라면 여러 다른 방법을 시도해볼 것이다.

이 상황에서 목표는 잭이 자신의 상황을 알리지 않은 것을 두고 마이크로매니지먼트로 처벌하는 것이 아니다. 이렇게 하면 잭이 자신의 업무에 책임감을 갖지 않기 때문이다. 매니저로서 목표는 잭에게 무엇을, 언제, 어떻게 소통해야 하는지를 이해시키는 것이다. 이때 주의할 점이 있다. 힘들어하는 개발자나 프로젝트에 대한 문제를 매니저로서 실패했다는 의미로 말한다면 당사자는 비난이나 비판을 받는 느낌을 받을 것이다. 그러면 자세한 정보를 공유하기보다는 비난을 피하기 위해서 어떻게 해볼 수 없을 때까지 문제를 숨기게 될 수 있다. 중요한 정보를 일부러 숨기는 것이 실패이며, 어려운 문제에 부딪히거나 실수하는 것이 바로 학습 기회가 된다는 것을 알려줘야 한다.

장기적으로 세부 사항을 위임하고, 팀을 신뢰할 수 있는 방법을 이해하지 못하면 팀장 개인으로서 힘들어질 수 있다. 팀에 해온 마이크로매니지먼트를 그만두지 않으면 매니저 입장에서 책임이 늘어나고 일하는 시간이 길어진다. 이미 이런 상황이라면 1주 동안이라도 일하는 시간을 제한해보자. 만약에 이번 주에 업무 시간으로 45시간만 주어진다면 이 시간 동안 무엇을 할 것인가? 주니어 개발자 코드를 붙들고 정말로 5시간을 보낼 것인가? 원활하게 진행되는 프로젝트지만 혹시라도 있을지 모르는 사소한 문제를 찾으려고 세부 사항을 꼼꼼히 살펴볼 것인가? 아니면 더 큰 문제에 관심을 갖는 방향을 선택하겠는가? 현재의 세부 사항 대신에 미래를 위해 집중하는 데 45시간 중 어느 정도를 할애할 수 있는가? 매니저로서 당신의 시간은 매우 소중하며, 팀원들은 자신의 업무를 수행할 수 있도록 기꺼이 믿어주는 매니저와 함께할 자격이 있다.

지속적으로 피드백하는 문화 만들기

성과 평가를 이야기하면 어떤 생각이 드는가? 긴장되는가? 시간 낭비처럼 보이는가? 아니면 그 업무를 할 생각에 한숨부터 나오는가? 얼마나 깜짝 놀랄 만한 새로운 결점을 듣게 될지 생각하며 공포감이 몰려오는가? 또는 다른 직원들이 나를 어떻게 생각하는지를 듣는다는 생각에 약간 긴장이 되는가?

많은 사람이 성과 평가를 몸서리친다. 안타깝지만 모든 매니저가 성과 평가 과정을 성숙한 방식으로 진행하고 다루어야 할 것으로 받아들이지 않는다. 당신은 매니저로서 팀원의 성과 평가 경험을 바꿀 수 있는 권한이 있다. 팀원의 경험은 성과 평가를 문서로 쓰기 훨씬 전부터 지속적인 피드백에서 시작된다.

지속적인 피드백을 하겠다는 것은 긍정적인 것과 잘못을 바로잡는 피드백 모두 꾸준히 하겠다는 약속이다. 정기적으로 검토할 때가 되어서야 피드백 의견을 정리하지 말고, 매니저와 동료들은 일이 잘될 때와 문제가 발생할 때마다 수시로 기록해 두라고 장려한다. 일부 회사에서는 팀이 꾸준히 피드백하고 시간 흐름에 따른 피드백을 쉽게 볼 수 있는 소프트웨어를 사용하기도 하지만, 가장 중요한 것은 팀에서 피드백을 자주 제공하는 문화를 받아들이는 것이다. 새로운 매니저로서 지속적인 피드백 습관을 가지려면 팀원 한 명 한 명에게 주의를 기울이는 연습을 하는 것이 좋다. 이렇게 하면 팀원들의 재능을 인식하고 육성하기가 쉬워진다. 또한 개별 팀원의 성과에 관해 수시로 대화할 수 있는 방법을 연습하는 것도 필요하다. 원온원 미팅에서 칭찬이나 피드백을 하는 데 익숙한 사람은 거의 없기 때문에 어색함을 극복하는 데 도움이 된다.

지속적인 피드백을 제공하기 위해 할 수 있는 몇 가지 단계가 있다.

1단계, 팀원을 이해한다. 지속적으로 피드백을 잘하기 위해 필요한 첫 번째 단계는 각 팀원에 관한 기본적인 사항을 이해하는 것이다. 이 팀원의 목표는 무엇인가? 그 팀원의 강점과 약점은 무엇인가? 현재 일하는 수준은 어떠하고, 다음 단계로 나아가기 위해 개선이 필요한 부분은 무엇인가? 팀원의 성과 평가 자료에서도 팀원에 대해 많은 것을 알 수 있다. 하지만 각각의 팀원들과 마주 앉아서 질문을 직접 하고 의견을 묻는 게 필요할 때도 있다. 이런 점을 이해하면 피드백의 틀을 잡을 때 기준으로 사용할 수 있으며, 무엇에 집중해야 할지 찾아내는 데 도움이 된다.

2단계, 팀원을 관찰한다. 관심이 없으면 아무런 피드백을 줄 수 없다. 일정 주기마다 지속적으로 피드백을 하는 것이 꼭 필요치 않은 경우도 있다. 오히려 팀원 개개인에게 관심을 가지려는 노력이 중요하다. 관리할 팀원이 많지 않은 초보 매니저일 때 이런 습관을 들이면 팀원을 관찰하는 힘을 키우는 데 도움이 된다. 무엇보다 먼저 팀의 재능과 성과를 찾는 연습을 해야 한다. 훌륭한 매니저는 팀원의 재능을 확인하고 강점을 더 끌어낼 수 있도록 돕는 방법을 알고 있다. 물론 약점과 개선이 필요한 부분을 찾아내고 싶겠지만 팀원들의 약점을 고치는 데 많은 시간을 쓴다면, 늘 비판하는 매니저라는 느낌을 주게 된다.

칭찬받을 만한 팀원을 정기적으로 찾는 것도 중요한 매니저의 업무다. 긍정적으로 인식하는 습관을 들이려면 칭찬받을 만한 것을 찾아야 하므로 팀원들의 다양한 프로젝트 결과에 관심을 가지게 될 것이다. 이런 일을 공개적으로 해야 하는 것은 아니지만 적어도 일주일에 한 가지 정도 칭찬할 수 있는 것을 찾아내는 것이 좋다. 팀원 모두를 인정할 수 있는 것을 매주 찾아보는 것도 좋다.

3단계, 정기적인 피드백은 가볍게, 긍정적으로 시작한다. 개선 사항을 언급하는 피드백보다 긍정적인 피드백을 하는 것이 더 쉽고 재미있다. 신입 매니저가 높은 수준의 코칭을 할 필요는 없다. 많은 사람은 개선할 점을 지적하는 피드백보다 칭찬에 더 잘 반응한다. 따라서 매니저는 칭찬을 활용해서 팀원이 잘하고 있는 것을 강조하고 더 좋은 행동을 이끌어낼 수 있다.

또한, 긍정적인 피드백은 비판적인 피드백보다 매니저의 말에 더 귀기울이게 한다. 매니저가 업무의 긍정적인 부분을 인정해준다고 믿는 팀원은 개선할 부분에 대해서도 잘 들을 수 있다. 분명한 실수가 있을 때는 바로 비판적인 피드백을 주는 것이 최선이지만, 지속적인 피드백은 이렇게 실수를 바로잡는 것 이상의 효과가 있다. 지속적인 피드백 습관을 만들고 잘 활용하면 진행되지 않는 업무에 관해 바로 주의를 줄 수 있다. 불편한 대화를 나누려고 성과 평가 기간까지 기다리는 것보다 낫다.

보너스! 지속적인 피드백과 팀원에 관한 코칭을 같이 할 때 최고의 결과를 얻을 수 있다. 어떤 상황이 발생하면 코칭을 사용해 어떻게 하면 다르게 행동했을지를 물어본다. 일이 잘 진행되면 칭찬을 한 후 앞으로 더 잘할 수 있는 부분을 제안해본다. 코칭에 기반을 둔 지속적인 피드백은 단순히 '업무를 잘하는 것' 이상의 의미가 있어서 실제로 팀원이 업무에 몰입해 성장할 수 있게 하고, 팀원과 매니저가 파트너십을 형성하는 데 도움이 된다.

왜 코칭을 보너스라고 할까? 코칭이 업무를 잘하기 위해 꼭 필요한 것은 아니며, 팀장이 코칭을 할 수 있는 자격이나 역량이 없을 수 있기 때문이다. 코칭은 경력이 짧은 직원들, 잠재력이 있거나 승진하고자 하는 팀원들에게 특히 중요하다. 많은 사람들이 어떤 업무를 잘하는 방법에 대해 알고 있고, 충분히 잘 해내는 경우에 코칭을 하는 것은 효과적인 시간 활용이 아니다. 코칭 시간이 귀중한 만큼 코칭을 잘 받아들일 수 있는 팀원들을 위해 쓰는 것이 좋다.

360도 성과 평가하기

단지 팀원이 업무를 잘할 때마다 인정해주는 수준에 그치더라도 지속적인 피드백은 필요할 때 팀원과 소통할 수 있는 매니저의 중요한 도구 중 하나다. 물론 공식적인 360도 성과 평가를 대신하지 못한다.

360도 성과 평가는 평가 대상자의 매니저와 동료, 정기적으로 협업하는 다른 직원뿐 아니라 본인의 평가까지 포함하는 평가 방법이다. 직접 보고할 매니저가 없는 개발자는 두 명의 팀 동료와 멘토링하고 있는 신규 직원, 같이 일하는 프로덕트 매니저에게 평가를 요청할 수 있다. 360도 성과 평가는 여러 사람들과 피드백을 주고받아야 하기 때문에 시간이 많이 걸린다. 매니저는 피평가자에 대한 여러 사람의 피드백을 모아서 요약해야 한다.

　이 성과 평가는 특정 직원에 관한 많은 정보를 종합할 수 있는 귀중한 기회이고, 시간을 쓸 만한 가치가 있다. 이 밖에도 360도 성과 평가를 통해서 다른 사람들이 내 부하직원들을 어떻게 생각하는지 상위 수준에서 이해할 수 있다. 360도 성과 평가 과정에서 스스로를 평가하는 부분은 지난 일 년간 스스로에 대해 어떻게 생각하는지, 자신의 강점과 약점, 성과를 어떻게 생각했는지를 확인할 수 있다. 평가 내용들을 요약하면서 짧은 시간이지만 각 팀원들에게 집중할 수 있고, 장기적인 측면에서 팀원의 큰 그림을 파악할 수 있는 기회가 된다. 이 모든 것은 지속적인 피드백에서 간과할 수 있는 어떤 패턴이나 경향을 파악하는 데 도움이 된다.

　성과 평가에 관한 작업에 높은 우선순위를 두지 않기 때문에 성과 평가가 잘 안되고, 많은 사람들이 평가 내용으로 무엇을 써야 할지 어려워하기도 한다. 최근 일은 잘 기억해서 강조하지만, 6개월 또는 1년 전 일은 잘 생각나지 않아 객관적인 성과 평가가 쉽지 않다. 의식하든 못하든 간에 사람들은 여러 편향이 있고, 편향이라는 렌즈를 통해 타인을 평가하며, 평가 대상자도 인식하지 못하는 행동을 비판하기 때문에 성과 평가를 잘 하기란 결코 쉽지 않다. 하지만 이 과정은 매우 의미 있으며, 매니저로서 성과 평가를 어떻게 하느냐에 따라 팀원들에게 가치 있는 시간이 되거나 그러지 못할 수 있다.

성과 평가 작성 및 전달 노하우

다음은 성과 평가를 성공적으로 작성하고 전달하는 데 도움이 될 몇 가지 지침이다. 잘 읽어보고 활용해보자.

충분한 시간을 들이고, 일찍 시작한다

성과 평가는 한 시간 만에 뚝딱 해치울 수 있는 일이 아니다. 그래서 할 일이 산더미처럼 있어도 성과 평가 보고서를 작성해야 할 때는 온전히 방해받지 않는 시간을 잡아두어야 한다. 집에서 작업하는 것도 좋다. 매니저는 팀원들에게 받은 피드백을 읽고 잘 요약해서 제공해야 할 의무가 있다. 요약 문서를 작성하기 전에 수집된 평가 내용을 꼼꼼히 읽고, 노트에 정리해두고, 관련 정보를 처리하는 것부터 시작하는 것이 좋다. 성과 평가서를 제출하기 전에 적어도 한 번은 작성된 내용을 검토할 시간도 잡아둔다.

어떤 회사에서는 성과 요약 보고서를 작성할 때 매니저가 다른 사람들의 피드백을 읽은 후에 이를 익명으로 처리하기도 하지만, 피드백 작성자를 공개해서 누구인지 확인할 수 있도록 하기도 한다. 피드백이 공개되더라도 매니저의 피드백은 다른 모든 피드백을 요약한 가장 중요한 것이라고 보기 때문에, 매니저로서 다른 피드백들을 잘 읽고 성과 평가 보고서 작성에 활용하는 것이 중요하다.

최근 몇 달이 아닌 일 년 간의 성과를 고려한다

일 년 동안 각 팀원에게 있던 일을 꾸준히 잘 기록해두면 성과 평가가 더 쉬워진다. 팀원에게 이야기했던 피드백과 원온원 미팅 내용을 잘 정리해서 두는 것도 한 가지 요령이다. 이렇게 하지 않았다면 지난 이메일을 확인해서 어떤 프로젝트가 언제 시작되었는지 확인하고, 월 단위로 어떤 일을 했는지 검토한다. 현재 시점보다는 프로젝트 진행 당시의 관점에서 평가 대상자의 업무를 검토한다. 연 단위로 평가할 때는 특정 기간의 성취뿐 아니라 이후 성장과 변화까지 확인한다.

구체적 예를 들고, 동료 평가에서 발췌한 내용을 이용한다

필요하다면 동료 평가 내용을 익명으로 처리한다. 특정한 평가 내용의 근거가 되는 구체적인 예를 들 수 없으면, 평가 리뷰 때 이 부분에 대해 소통할 필요가 있는지 자문한다. 구체적인 내용을 중심으로 성과 평가서를 작성하면 매니저의 편향으로 평가가 좌우되는 것을 피할 수 있다.

성취와 강점에 많은 시간을 할애한다

성취한 것은 축하하고, 잘 진행되는 일에 대해 이야기하며, 잘한 업무는 많이 칭찬하는 것이 좋다. 이는 성과 평가 문서를 작성할 때뿐만 아니라 면담 과정에서도 중요한 부분이다. 많은 매니저들처럼 개선해야 할 점을 이야기한다는 생각이 앞서서 좋은 내용을 건너뛰는 실수를 하지 말자. 팀원들의 강점은 팀원이 승진 시기를 결정할 때 사용할 것이니까 이런 내용을 잘 반영하여 문서로 작성해 두는 것이 좋다.

개선할 부분이 있는 경우에는 그 부분에 집중한다

개선점과 관련된 내용은 피드백 작성 중에 신경을 써야 하는 부분이다. 가장 좋은 경우는 동료 피드백을 확인하여 몇 가지 명확한 주제에 대한 내용을 관찰하고 기록하는 것이다. 다음은 그동안 내가 관찰했던 몇 가지 주제의 예다.

- "아니오"라고 거절하지 못해서 남을 도와주다가 정작 자기 업무를 제때 마치지 못하는 경우
- 업무는 잘하지만 다른 사람에게 매우 비판적이거나 회의, 코드 리뷰 또는 기타 협업 활동에서 무례한 태도로 다른 사람과 협력이 어려운 경우
- 담당 업무를 작은 단위로 나누는 것을 어려워하고 업무를 끝내기 위한 계획과 설계의 균형을 맞추지 못하는 경우

- 다른 개발자와는 잘 지내지만 다른 부서나 팀 사람들과 잘 지내지 못하는 경우
- 팀의 우수 사례를 따르려고 하지 않거나 업무를 대충 하는 경우

기껏해야 약간 도움이 될 만한 산만한 피드백을 많이 받게 되는 경우도 많다. 어떤 팀원은 더 말하고 싶은 것이 있어 보이기도 하고, 다른 팀원은 공유하고 싶지 않을 정도의 가혹한 생각이 있을 수 있다. 이런 중구난방 피드백의 경우 전달하기 전에 한 번 더 확인해야 한다. 예를 들어, 담당 업무가 단순하다는 피드백이 있을 경우 작업이 적절한 수준이 아니었거나 그 피드백을 작성한 팀원의 기준이 높은지를 확인해야 한다. 기준을 확인하고 난 뒤에는 팀장의 기준에 맞춰 정리하면 된다. 다른 사람들의 의견을 듣는 것은 중요하지만 모든 피드백을 공유할 필요는 없다.

개선할 점에 대해 의미 있는 피드백을 거의 하지 않는 경우는 어떨까? 이 경우 팀원이 승진할 때가 되었거나 더 도전적인 업무를 할 때라는 의미다. 반면 그 팀원이 현재 자신의 수준에서 업무를 잘 해내고 있지만 승진 준비가 되어 있지 않았다면, 승진하기 위해 보강해야 할 한두 가지 기술을 피드백해줘야 한다. 어떤 사람은 승진할 필요는 전혀 없으나 사업의 특성상 현재 상태를 계속 유지하기 위해서라도 새 기술을 학습할 기회에 집중할 수도 있다.

팀원을 놀라게 하지 말라

평가 결과를 전하기 전, 너무 큰 충격을 받지 않게 말의 순서나 평가 기준을 먼저 얘기하자. 어떤 직원의 성과가 전반적으로 저조하면 피드백 과정에서 첫 번째로 고과 내용을 이야기하지는 말자. 마찬가지로 최근에 승진한 사람의 경우 더 높은 기준에 따라 성과 평가를 하게 된다는 사실을 미리 알려 줄 필요도 있다.

평가에 대해 충분히 논의할 일정을 잡는다

나는 평가 결과를 말하기 전날 저녁에 미리 평가 문서를 인쇄해주곤 했다. 이렇게 하면 충분히 읽어보고 회의에 와서 바로 이야기하는 데 도움이 되었다. 평가 문서를 미리 받아서 읽었더라도 강점과 성과부터 시작하여 충분한 시간을 가지고 각 부분을 같이 살펴보자. 다시 한 번 강조하지만 이런 부분을 건너뛰고 개선이 필요한 부분을 바로 언급하지 말자. 많은 사람이 장황하게 칭찬받는 것을 불편해하지만, 칭찬을 건너뛰면 재능을 강화하고 장려할 수 있는 칭찬의 가치가 떨어진다.

어떤 평가 결과는 1에서 5까지의 수치나 이와 동등한 단어(충족하지 못함, 충족, 초과)과 같이 일정한 척도로 요약된다. 이런 경우 최고 점수보다 낮은 점수를 받은 사람과 논의하는 가장 어려운 부분이다. 경험상 사람들은 기대를 충족시켰다는 말을 듣는 것을 불편해한다. 경력이 짧은 직원이 더 그렇다. 높은 점수를 받을 수 있는 방법의 예와 함께 평가 대상이 받은 점수의 충분한 이유를 준비하여 미팅에 들어간다.

팀원의 잠재성은 어떻게 찾나요?

팀원의 잠재성을 알아볼 수 있는 좋은 방법이 있습니까? 모든 잠재성이 같은 것인가요? 어떤 사람이 잠재성이 있다는 것은 실제로 어떤 의미입니까?

잠재성이란 무엇일까요? 이에 대해 사람들은 큰 오해를 하곤 합니다. 타고난 어떤 특성이나 자격으로 잠재력이 결정된다고 보는 오해 말이지요. 이를테면 "그 사람은 좋은 학교를 졸업했기 때문에 높은 잠재력이 있어요!" "그 직원은 생각을 분명히 잘 표현하는 능력이 있어서 가능성이 큽니다!" 또는 가장 직설적으로는 "잘생기고 키 크고 남자잖아요. 그래서 가능성이 크죠"라고 말하기도 합니다. 게다가 그들의 '잠재성'이 환상일 뿐이라는 사실을 알고 나서도 한참 동안은 이런 편견을 가지고 아무런 의심 없이 잠재성을 인정합니다.

 합당한 성과를 보여준 적이 없는 직원과 성과를 관찰할 수 있을 만큼 충분한 기간을 같이 근무하지 않은 직원은 적어도 그 회사 입장에서는 잠재성이 없다고 보는 것이 맞습니다. 어떤 학교를 졸업했는지, 말을 얼마나 잘하는지, 키가 얼마나 큰지는 전혀 중요하지 않습니다. 어떤 직원이 회사에서 같이 근무하는 동안 실제로 보여준 것이 적다면, 잠재성이라는 것은 그저 허구일 뿐입니다. 아니면 편견이지요.

 진정한 잠재성은 자신을 금방 드러냅니다. 잠재성은 조금 더 해내기 위해 노력하고, 문제를 해결할 수 있는 통찰력 있는 제안을 하고, 기존에 무시되던 영역에서 팀에 도움이 되는 과정에서 드러납니다. 잠재성이 있지만 아직 거기에 맞는 성과를 보여주지 못한 직원은 업무 속도가 느리더라도 다른 팀원들과 다른 방식으로 팀에게 성과를 보여주게 됩니다.

회사에서 실제로 잠재성을 가졌는데 성과가 좋지 않은 사람을 보게 되는 경우는 흔치 않습니다. 평균 수준의 성과를 보이는 경우가 있긴 합니다. 이때 해결책으로 그 직원이 자신의 잠재력을 실현할 수 있는 곳으로 배치하는 방법이 있습니다. 시각 디자인 감각은 뛰어나지만 매일 해야 하는 코딩 작업을 어려워하는 직원은 UI/UX 역할을 하도록 하는 것이 낫습니다. 계획을 세워 일을 처리하는 것보다 급한 일을 처리하는 데 뛰어난 직원이라면 운영 팀으로 배치하는 것이 적합할 수 있습니다.

초등학교 선생님이 어떠한 유형으로 학생의 잠재성을 설명하는 것처럼 직원의 잠재성을 생각하지는 말아야 합니다. 회사가 성장하는 데 도움이 되는 일을 하는 잠재성이어야 합니다. 따라서 매니저가 기대하지 않았던 잠재성이라도 직원의 행동과 만들어낸 가치는 생산적인 것과 관련이 있어야 합니다.

또한, 잠재성이 높은 직원이 충분한 성과를 내지 못한 것에 대한 실망을 빨리 극복할수록 팀 내 진정한 잠재력을 가진 스타를 더 빨리 찾아낼 수 있습니다.

승진 게임 익히기

나는 재무 분야에서 일할 때 가장 중요한 승진을 했다. 재무 분야에서는 이상한 방법으로 직함을 나눠준다. 파트너십 모델로 회사가 설립된 경우여서 전통적으로 공식 직함은 어소시에이트(Associate), 상무(Vice President), 전무(Managing Director)와 파트너(Partner) 정도다. 상무 직함을 달았다는 것은 중요한 도약을 했다는 의미다. 상무가 된다는 것은 그 회사에서 앞으로의 경력을 쌓는 데 자신이 합당하다는 것을 입증했다는 신호다. 상무가 될 때까지의 시간이 앞으로의 성공을 위한 강력한 신호인 셈이다. 승진하는 것은 일년에 단 한 번 시니어 매니저들에 의해 수행되는 복잡한 과정이다.

내 매니저는 내게 승진에 관련된 두 번의 경험을 하게 해주었다. 첫 번째는 내가 상무로 승진할 때였는데, 승진에 필요한 모든 자료를 수집해 내게 전해줬다. 완료한 프로젝트뿐만 아니라 여러 팀에 걸친 리더십과 업무 자료였다. 두 번째는 우리 팀원의 승진 자료를 준비할 때였다. 우리는 그 직원이 현장 담당자가 되는 데 필요한 추천서를 포함한 모든 증거를 수집했다. 두 건의 승진 모두 잘 마무리되었지만, 내 매니저이자 멘토가 승진 게임을 하는 방법을 정확히 알았기 때문에 가능했다는 것을 의심하지 않는다.

매니저는 팀원이 승진하는 데 중요한 역할을 한다. 매니저가 승진할 사람을 결정하기도 하지만, 직원의 승진 문제는 대개 경영진이나 인사 위원회에서 다루게 된다. 그래서 누구를 승진시켜야 할지도 고민해야 하지만, 그 사람이 승진할 수 있는 상황도 만들어야 한다.

이런 과정은 어떤 모습일까? 일반적으로 일 년에 두 번 정도 팀원들을 살펴보고, 그들의 직무 수준을 고려하여 누가 승진할 때가 되었는지 스스로에게 물어본다. 경력이 짧은 경우에는 대답이 '예'가 될 가능성이 높다. 요즘 대학 졸업자는 '승진 또는 퇴직'을 조건으로 채용되는 경우가 많아 취업 후 2~3년 동안 한 번도 승진되지 않는 경우가 많다.

명확한 설명을 위해 잘 알려진 대기업의 예를 들어 보자. 이 회사는 대학 졸업자를 E2 수준으로 채용한다(E1은 인턴용)[1]. 2년이 지난 후 E2 레벨에서 더 나아갈 기미가 보이지 않으면 그 회사에서 미래가 없다고 판단하는 정책이 있다. 이 정책은 E2-E4 개발자에게는 적용되지만 E5의 경우 회사에 계속 있을 수 있다.

그래서 팀에 E2와 E3 팀원이 있으면, 그들이 적어도 2년마다 승진할 수 있도록 준비해야 한다. 다행히도 복잡한 일은 아니다. 매니저가 승진을 막지 않으면 그 직원들은 다음 단계로 올라갈 것이다. 이때 직원은 자기 업무를 계획해서 계획한 기간 내에 업무를 수행하고, 실수한 부분이 있으면 그것에서 무언가를 배워야 한다. 승진을 위한 증거 자료는 그 직원들이 독자적으로 수행한 프로젝트나 완료한 기능, 참여한 고객 지원, 팀 미팅이나 팀 계획에 공헌한 것들로 준비한다.

이때 매니저로서 중요한 것은 회사에서 승진 게임이 어떻게 진행되는지를 배우는 것이다. 모든 회사는 고유한 승진 절차가 있으며 매니저는 이 과정을 겪었기 때문에 팀원의 승진 과정에 일정한 역할을 하게 마련이다. 어떻게 승진되었는지 모르겠다면 상위 매니저에게 조언을 부탁한다. 어떻게 승진이 결정되는가? 언제부터 관련 자료를 준비하면 되는지, 승진자의 수에 제한이 있는 해가 있는지? 승진과 관련된 방법을 배우는 동안에는 팀원들과 이에 대해 투명하게 소통하는 것이 좋다. 팀원이 승진 의사를 밝혔지만 필요한 자격이 충분하지 않으면 승진 과정에 필요한 것을 잘 설명해주고 그들이 어떤 부분에서 변화해야

---

1 역자주_ 정확히 일치하지 않으나 우리나라 대기업의 경우 E1은 초대졸 신입, E2는 대졸 신입, E3는 대리, E4는 과장, E5는 부장 정도에 해당된다고 보면 된다.

하는지 이해시키도록 한다.

물론 승진에 적당한 프로젝트를 찾아내고 승진할 때가 된 사람들에게 프로젝트 수행 기회를 제공하는 준비도 해야 한다. 매니저는 팀이 앞으로 할 일을 파악하기에 좋은 위치에 있다. 업무 할당 방식에 따라 다르겠지만 팀원들에게 직접 업무를 할당할 수도 있고 도전적인 목표가 있는 프로젝트에 팀원들이 지원하게 할 수도 있다. 팀원들 스스로가 도전하고 성장할 수 있는 기회를 찾기 위해 늘 노력해야 한다.

이런 과정을 거쳐가며 팀원들이 시니어 개발자로 바뀌기 시작한다. 같은 회사나 팀 안에서 일정 수준 이상으로 계속 승진할 수는 없다. 팀원들이 시니어가 될수록 팀원의 승진에 필요한 매니저의 리더십이나 영향력은 점점 줄어든다. 어떤 경우에는 매니저로서 할 수 있는 것이 회사 내 다른 부서의 리더를 소개해서 멘토링이나 가이드를 받게 하는 일뿐일 수도 있다. 팀원이 팀을 떠나는 것이 상처가 될 수도 있지만, 그들에게는 새로운 도전을 위해 다른 팀이나 다른 회사가 더 좋을 수도 있다.

많은 회사에서 직원들이 승진하기 전에 다음 수준으로 행동하기를 기대한다. 예를 들어, 대리가 과장처럼 일하기를 기대하는 것이다. 이런 관행은 '사람들은 자신이 무능력한 수준까지 승진하려고 한다'는 피터의 원칙을 방지하기 위한 것이기도 하다. 또한 팀에서 그 수준에서 행동하는 다른 사람을 위한 여지가 있음을 알려준다. 팀의 경력을 고민할 때 이를 기억해두자. 팀원들이 더 높은 직급에서 일할 수 있는 여지가 없어서 팀의 성장 잠재력이 없다면, 이는 팀원 개개인들이 더 큰 책임을 질 수 있도록 팀의 업무 방식을 다시 고민해야 한다는 신호가 된다.

도전 상황 : 성과가 낮은 사람 해고하기

매니저가 해야 하는 가장 어려운 일이다. 바로 성과가 좋지 않은 직원들을 해고하는 것이다.

요즘에는 작은 회사조차 직원 해고와 관련된 많은 부분을 인사 부서의 지시에 따르기 때문에 직접 해고하기는 어렵다. 장단점이 있겠지만 매니저 입장에서 좋은 점은 따라야 할 과정과 절차가 있다는 점이다. 많은 회사에서는 누군가 성과가 저조하다는 이야기를 들으면 매니저를 통해서 성과 개선 계획이라는 문서를 작성하도록 한다. 이 문서는 담당자가 정해진 기간 내에 반드시 달성해야 하는 명확하게 정리된 목표를 적은 것이다. 목표를 잘 달성했다면 해고되지 않지만, 그렇지 않다면 결국 해고된다. 이런 성과 개선 계획은 실제로 직원들을 노력하도록 변화시킬 수 있는 방법이 되기도 하지만, 정해진 기간에 달성하기 어려운 계획을 세우는 경우도 종종 있다. 이는 직원이 해고되기 전에 다른 회사를 알아볼 수 있는 시간을 주는 방법이기도 하다.

회사의 절차가 어떤 것이든 간에 다른 사람을 코칭하는 것은 인사 부서에서 채워야 하는 성과 개선 문서 작성 이전에 시작해서 실제 해고되기 전까지 충분한 기간을 두고 시행되어야 한다. 매니지먼트의 기본 원칙 중 하나는 다른 사람들이 납득하지 못할 만한 점이 없어야 한다는 것이다. 특히 부정적인 부분은 더 그렇다. 매니저로서 그 팀원이 나에게 줄 수 있는 것은 무엇인지를 이해해야 하고, 그렇게 되지 않고 있다면 팀원에게 기대하는 바가 충족되고 있지 않음을 분명하게 밝혀야 한다.

이상적인 것은 팀원이 하기로 한 업무를 정확히 이해하고, 그것을 하지 않으면 "X, Y, Z가 안 되고 있으니, 더 열심히 하세요"라고 말하는 것이다. 물론 현실은 그렇게 만만치 않다.

대개 다음과 같은 시나리오로 흘러간다. 팀원인 제인과 일한 지 몇 달이 되었다. 새 직장에 적응하는 과정이 조금 더뎠지만 팀장으로서 일단 기다렸다. 제인이 작성한 코드가 완벽하지 않았지만 처음 몇 달은 배워야 할 비즈니스 용어도 많아서 그러려니 하고 이해했다. 그러나 6개월 후에도 제인의 성과를 별로 찾아볼 수 없었다. 그녀가 담당했던 몇 가지 일은 잘 진행되지 않았고, 그나마 속도가 느리거나 버그가 많거나 아니면 아예 속도도 느리고 버그도 많았다.

종이에 기록하면 상황은 간단해 보인다. 제인에게 '기대한 바를 충족시키지 못했다' '업무 속도가 너무 느리거나 잘 진행되지 않는다'라고 피드백을 주고 결과물에 관한 엄격한 기준을 제기했다. 그러나 이에 대해 제인은 변명했고, 일부 얘기는 합당했다. 업무 적응 과정은 좋지 않았다. 입사 후 첫 달에는 회사 행사가 있었고, 그다음에는 매니저가 일주일간 휴가였으며, 질문할 사람이 한 명도 없었다. 실제로 매니저인 당신과 팀이 문제일 뿐 제인은 전혀 문제가 되지 않는 것처럼 들린다.

이런 이유 때문에 피드백은 일찍 하고 자주 해야 하며, 기록해야 한다. 또한, 긍정적이든 부정적이든 피드백은 반드시 해야 하며 대화 형태여야 한다. 문제가 터질 때까지 부정적인 피드백을 회피하면 이런 저런 변명에 마주할 텐데 그러면 어떻게 될까? 어떤 매니저들은 제때 피드백을 하지 않아 생길 수 있는 위험을 무시하고 팀원들은 업무 적응 실패, 코칭 실패, 명확한 목표 설정에 실패하는 팀이 되었다며 팀을 떠나게 된다. 반면 어떤 매니저들은 문제를 더 이상 묻어둘 수 없을 때까지 두다가 변명하고, 지지부진한 직원에게 아무런 조치도 취하지 않는 경영진에게 분노한다.

인사 부서가 적극적이고 표준 성과 개선 계획이 필수인 회사라면 누군가를 해고하기 위한 부정적인 피드백은 반드시 기록해야 한다. 인사 담당자가 없더라도 팀원들에게 일정이 포함된 명확한 개선 피드백을 서면으로 제공하고 이를 받는 직원들도 서면으로 인정하도록 하여 문서화해둘 것을 권한다(이메일도 괜찮다). 이렇게 해두면 매니저인 당신을 합법적으로 보호할 수 있을 뿐만 아니라, 팀원들을 공정하게 대하는 데에도 도움이 된다.

마지막 경고는 없으면 안 될 직원들에게는 계획으로 압력을 주지 말라는 점이다. 대개 일 잘하는 똑똑한 직원들은 공식적인 경고를 조직과 자신이 맞지 않는다는 신호로 받아들여서 가능한 한 빨리 조직을 떠날 것이다. 정말 괜찮은 개발자였는데 누군가 프로젝트에서 그 개발자가 손을 뗐다고 불평한 후에 그 개발자의 매니저가 성과 개선 계획을 세우라고 요구해서 놀랐다는 이야기를 예전에 들은 적이 있다. 매니저는 어떤 상황인지 잘 살펴보지 않고 그 개발자가 다른 데 관심이 있다고 판단했기 때문에 그 개발자가 매니저와 회사 업무에 대해 가지고 있는 좋은 의도를 없애버리는 계획을 세우라고 지시한 셈이다. 물론 그 개발자는 성과 개선 계획의 목표를 쉽게 달성했음에도 바로 해고되었다.

성장하지 않는 직원을 어떻게 해야 하나요?

우리 팀에는 성장하지 않는 직원이 있습니다. 2년 정도 근무했고 일도 잘했지만 우리 팀에서 그가 더 승진할 수는 없을 것 같습니다. 그 직원이 다음 단계로 가기 위해 무엇을 더 해야 하는지 물을 때마다 대답은 하지만, 그 직원은 자신의 편한 단계로 되돌아가고 뭘 하더라도 변화가 생길 것 같지 않습니다. 매니저로서 무엇을 해야 할까요?

이는 매니저가 흔히 다루게 될 일입니다. 조직 내에서 어느 정도 승진한 후에는 에너지를 잃어버린 것처럼 보이는 직원이 있습니다. 자기 수준에서 기대치를 달성하고 노력했지만 더 성장할 수 있는 방법을 찾을 수 없어서 그런 것입니다. 이런 경우 코칭이 필요합니다.

대부분의 조직에는 초기 경력에서 '승진 또는 퇴사'라는 규칙이 있습니다. 대부분의 개발자에게는 일정 기간 내에 특정 단계로 성장하기를 기대하며, 그렇게 하지 못하고 기대를 충족시키지 못하면 해고합니다.

장기 근속자에게는 관리 감독이나 특별한 도움 없이 일상적인 업무를 독립적으로 처리할 수 있는지 확인하고 싶을 것입니다. 그러나 일단 직원들이 이렇게 '승진 또는 해고' 시점에 이르러 슬럼프에 빠지면 매니저는 무엇을 할 수 있을까요?

어떤 직원이 시니어 개발자나 매니저와 지내는 것에 큰 불만이 없고, 팀장도 그러하다면 문제가 없습니다. 하지만 팀원은 승진하고 싶은데 어떤 이유로든 팀장으로서 도와줄 일이 없다면, 팀장은 이 사실을 팀원에게 분명히 전달해야 합니다. 다른 곳으로 옮기도록 코칭하는 것이지요. 팀장은 팀 내 다음 단계에 대해 반복해서 말했고, 그 팀원은 그 수준에서 일할 수 있는 능력을 보여주지 못했다면, 그 팀원에게 이 팀은 경력을 성장시킬 수 있는 적절한 곳이 아닙니다. 따라서 그 팀원에게 더 성장하고 싶으면 다른 곳으로 옮길 필요가 있다고 말해야 합니다.

직원이 회사의 다른 부서나 다른 회사에서 일을 찾을 수 있는 기회를 주어야 합니다. 그리고 그 팀원이 부서를 옮기거나 이직을 하면 기쁜 마음으로 보내고 좋은 관계로 남기 위해 노력해야 합니다.

자신의 경험 평가하기

이 장에서 다룬 내용과 관련해서 경력을 개발할 때 고려해야 할 질문이다.
구체적인 답변을 적어보자.

□ 팀원과 정기적인 원온원 미팅을 하고 있습니까?

□ 팀원과 경력 개발에 관련해 최근 언제 이야기를 했습니까? 3개월이
넘었다면 다음 원온원 미팅 때 이 주제를 이야기할 수 있습니까?

□ 지난주에 팀원에게 피드백을 했습니까? 팀 앞에서 팀원을 칭찬한
게 언제가 마지막입니까?

□ 개선 사항이 있는 사람이 더 있습니까? 그 피드백을 하기까지 얼마
나 걸렸습니까? 피드백은 비공개로 했습니까, 아니면 공개적으로
했습니까?

□ 성과 평가 면담이 시간 낭비라는 느낌을 받은 적이 있습니까? 더 의
미 있는 면담 시간이 되려면 어떤 것이 더 필요했을까요?

□ 성과 평가 면담 시간에 당신이 받은 피드백 중에 가장 큰 도움이 된
것은 어떤 것인가요? 어떻게 전달받았습니까?

□ 회사에서 직원들이 승진하는 프로세스를 알고 있습니까? 모르고 있
다면, 누구에게 전체 과정을 물어볼 수 있을까요?

5장

팀 관리

한두 명을 관리하는 것과 팀 전체를 관리하는 것이 큰 차이가 없어 보일 수 있지만, 팀 관리는 개인을 관리하는 것과는 차원이 다르다. 그래서 지금부터는 관리 업무의 성격이 바뀐다. 팀 관리 단계부터는 매번 이전과는 완전히 다른 요구사항과 도전을 경험하게 된다. 경력의 다음 단계로 나아갈 때마다 준비하기 가장 어려운 것은 지금까지와는 완전히 다른 일을 시작하는 상황을 받아들이는 것이다. 시니어 개발자로 써먹던 기술을 자연스럽게 다음 단계에서 활용하면 되겠거니 생각하고 싶겠지만 정말로 완전히 새로운 기술과 도전 과제를 만나게 된다.

다음은 '엔지니어링 리드(Engineering lead)'라는 팀 매니저 역할을 설명할 때 내가 사용하는 직무 기술서다.

엔지니어링 리드는 코드 작성에 상대적으로 적은 시간을 쓰지만, 팀의 작업을 방해하거나 작업 속도를 떨어뜨리지 않는 정도의 버그를 수정하고, 작은 기술 산출물에 관여한다. 코드 작성 말고도 팀의 성공을 위해 개발 프로세스의 병목 지점과 장애물을 찾고 이를 제거하는 책임을 맡는다.

이 역할을 수행하는 사람이 전체 조직의 성공에 큰 영향을 줄 것으로 기대한다. 특히 이 역할을 맡은 엔지니어링 리드는 가장 가치 있는 프로젝트를 선별하여 팀이 이에 집중할 수 있도록 해야 한다. 팀의 업무 집중을 위해 엔지니어링 리드는 제품 리드와 긴밀한 협력 관계를 유지하고, 프로젝트 범위를 관리하고 기술 산출물이 요구사항을 충족하도록 한다. 팀에 집중하는 것 외에도 팀의 필요 인원을 파악하고 이를 충원할 수 있는 계획을 세우고 채용을 할 수 있어야 한다.

엔지니어링 리드는 독립적인 매니저다. 자신과 다른 기술을 가진 팀원을 관리하는 데 익숙해야 한다. 모든 팀원에게 기대하는 바를 명확하게 전달하고, 팀원들과 수시로 피드백을 주고받아야 한다(평가 기간에 국한하지 않는다). 강한 관리 기술 외에도 엔지니어링 리드는 다른 한 축인 제품 그룹을 위해 기술 로드맵에 관한 리더 역할을 해야 한다. 일정, 범위 및 위험에 대해 파트너들에게 명확히 전달하고, 일정에 맞춰 주요 계획에 따른 산출물을 전달해야 한다. 또한 기술 부채의 전략적 영역을 파악하고, 이를 해결하기 위한 비용과 편익을 분석해 우선순위에 따른 일정을 경영 팀과 소통할 수 있어야 한다.

지금까지는 개인에 대한 관리에 대해 다뤘지만, 이제는 기술적인 부분을 유지하면서 팀 전체를 이끄는 것에 대해 다룰 것이다. 이 장에서는 사람 관리를 넘어서 팀 관리 업무에 집중하고자 한다. 처음 매니저가 되면, 사람과 관련된 업무에 편중하기 쉽기 때문에 팀 관리에 필요한 기술적, 전략적, 리더십적인 영역을 살펴보고자 한다.

한 사람의 매니저 되기

나는 전통적인 매니저 역할을 좋아하지 않는 회사에서 비공식적으로 팀 리더를 시작했다. 일정 기간이 지난 후에 공식적인 매니저가 되었는데, 그 회사에서 매니저는 새로운 역할이었고 조직 전체가 약간 두려운 마음으로 변화를 받아들였다. 매니저들 사이에 기술 부분에 대한 역할 분담을 하면서 새로운 조직 구조에 불만을 가질 사람이 누구일까 생각해봤다. 바로 직전까지 나와 동료로 지내던 사람들의 매니저로 일하는 것이 서로 익숙지 않았지만, 나는 운이 좋은 경우였다. 내가 관리하게 될 사람 대부분이 오랫동안 같이 일을 해 와서 내가 자신들의 매니저가 되는 것에 흔쾌히 동의했다. 그들이 나를 지지해줘서 분위기가 금세 좋아졌다. 완벽하지는 않았지만, 심각한 저항은 없었다.

새로운 역할을 맡으면서 나보다 기술적으로 훨씬 뛰어나고 나이도 많은 몇몇 사람을 관리하게 되었다. 리더십의 중요한 도구인 탁월한 전문 지식을 활용할 수 없는 상황이었다. 단순한 가면 증후군(Impostor Syndrome)[1]이 아니었고 나한테 과분한 상황이라고 생각했다. 그들도 이 사실을 알고 있었고, 내가 관리하는 대부분의 시니어 개발자들도 어색한 상황이라 여겼다. 우리는 모두 각자의 담당 업무를 어떻게 할지에 대해 이야기했고, 내 업무는 내가 할 수 있는 방법으로 그들의 성공을 돕는 것이었다.

한 개발자가 지속적인 피드백으로 내게 도움을 주었다. 그래서 이 사람에게 중요한 것이 무엇인지 그리고 그들의 성공에 필요한 것이 무엇인지를 이해하기 위해 열심히 노력했다. 다른 개발자는 매니저인 내게 적응하는 데 어려움을 겪다가 결국 다른 팀으로 옮겼다. 하지만 몇 달 후 후회하면서 우리 팀으로 다시 돌아와서 함께 일하게 되었다. 좋은 매니저가 된다는 것은 기술적으로 가장 뛰어나야 한다는 의미는 아니었다. 사람들을 돕는 일이 매니저로서 성공하는 데 훨씬 중요했다.

— 베서네이 블런트

---

1 역자주_ 1978년 폴린 클랜스와 수잔 임스가 처음 사용한 용어로 높은 성취에도 불구하고 스스로 똑똑하거나 유능하거나 창의적이지 않다고 믿으며, 자신이 남들을 속이고 있다고 불안해하는 현상이다.

기술 역량 유지하기

이 책은 기술 매니저를 위한 것이다. 일반적인 매니저를 위한 책이 아니다. 기술 관리는 단순히 사람을 관리하는 방법을 모은 것과는 다른 기술적인 분야다. 경력 개발 과정에서 코딩은 하지 않더라도 기술적 의사 결정을 해야 하는 역할이기 때문이다. 팀원 중에 시스템 설계를 담당하는 아키텍처나 세부 기술을 책임지는 시니어 기술 담당자가 있더라도 팀 매니저로서 그들이 자신의 결정에 책임을 지도록 하고, 기술적인 문제가 없는지 확인하고 팀과 비즈니스라는 맥락에서 균형을 맞추는 것이 기술 매니저의 업무다. 몇 년에 걸쳐 쌓인 숙련된 기술적 감각은 이런 과정에서 매우 중요하다.

또한 기술 팀에게 존경을 받으려면 팀원들이 기술적으로 신뢰할 수 있어야 한다. 기술적인 신뢰 없이는 힘든 싸움에 직면할 수 있으며, 한 회사에서 리더십의 위치에 오를지라도 향후 선택지가 넓어지기는 힘들다. 성공적인 기술 매니저가 되는 과정에서 기술적인 역량을 과소평가하면 안 된다.

물론 균형을 잡는 방법도 배워야 한다. 매니저로 전환하면서 기술적인 관점을 유지하기 위해서는 노력이 필요하다. 매니저가 되면서 맡게 되는 새로운 책임, 많은 회의, 계획, 관리 업무 등으로 인해 코딩에 집중할 수 있는 시간이 없어진다. 다양한 형태의 어려움 속에서 코드에 관심을 둘 수 있는 방법을 찾기는 쉽지 않다.

하지만 이 단계에서 코딩 관련된 업무를 하지 않으면 경력에서 너무 일찍 기술에서 손을 떼는 것이다. 매니저로 진로를 정한다고 하더라도 기술적 책임에서 완전히 손을 떼야 한다는 의미는 아니다. 그래서 내가 작성한 엔지니어링 리드 직무 기술서에서는 이 단계의 매니저가 직접 작은 기능을 구현하고 버그 수정을 할 것을 기대한다는 내용을 특별히 언급한다.

매니저로서 작은 기능을 구현하고 버그를 잡는 것 따위의 일을 해야 한다면 왜 귀찮게 코딩을 해야 할까? 매니저로서 코드 내 병목 현상이나 프로세스 문제가 어디서 발생하는지 파악할 수 있는 수준 정도로 기술 업무에 익숙해야 하기 때문이다. 외부로 드러나는 수치를 관찰해 문제를 파악할 수 있겠지만, 직접 코딩에 적극적으로 참여하여 문제에 대해 감을 잡는 것이 훨씬 쉽다. 빌드 속도가 정말 느리거나, 코드 배포가 너무 오래 걸리거나, 악몽 같은 비상 대기 상황이 발생한다면, 경험 있는 개발자로서 사소한 프로그래밍 업무를 하면서도 직접 문제를 체감할 수 있다. 이런 문제들이 팀원들을 어떻게 힘들게 하는지 생각해 보자. 조용히 직접 코딩하면서 기술 부채를 찾아내 이 문제들을 처리할 우선순위를 정하는 것이 훨씬 쉽다는 결론이 날 것이다.

게다가 한 팀의 매니저로서 시스템에서 가능한 것과 불가능한 것을 구별하는 데 도움이 되기도 한다. 제품 매니저가 주장하는 엄청난 아이디어를 시스템에서 구현할 수 있을지를 평가하는 데 스스로 확신이 있다면 상황을 관리하기가 훨씬 쉽다(물론 이런 추정이 과신이 되지 않도록 조심해야 한다). 뛰어난 기술 매니저라면 새 기능을 구현할 수 있는 가능한 최단 경로를 찾아낼 수 있다. 테크리드 과정에서 배웠듯이 복잡한 프로젝트 관리의 핵심은 기능 구현에 필요한 최적의 방법을 결정할 수 있을 정도로 시스템의 각 부분을 충분히 이해하는 것이다. 시스템의 코드를 더 많이 이해하면 어떤 경로로 구현할지 쉽게 결정할 수 있다.

안타깝게도 '코딩 시간이 거의 없는 매니저'를 두지 않는 회사도 있다. 이런 회사에서는 관리 트랙과 기술 트랙을 매우 분명하게 나누어서, 매니저가 되면 직접 보고를 받는 대규모 팀을 맡게 하기도 한다. 따라서 관리 업무는 행정 및 사람 관리에 집중되며, 이런 매니저는 계속해서 밤과 주말에도 기술 이슈에 대해 시간을 써야 한다. 회사가 이 같은 상황이라면 코딩과 시스템 설계에 대해 이 정도 공부했으면 됐다는 생각이 들 때까지는 기술적인 부분에서 손을 떼지 말고,

그 이후에 관리 업무로 경력 전환을 할지 결정하는 것이 좋다. 코딩을 그만두면서 놓치게 되는 시간을 따라잡기가 쉽지 않으며, 일찍 코딩에서 손을 놓으면 중간 매니저 이상으로 승진할 때 필요한 기술적인 부분을 충분히 성취하지 못할 수도 있다.

매니저가 조금이라도 코드에 관여해야 한다는 기색이 있다 해도 너무 걱정할 필요 없다. 다음 장부터는 더 이상 코딩에 관여하지 않는 단계에 대해 자세히 설명할 것이다. 하지만 지금은 일단 조금이라도 코딩에 참여하는 것이 좋다. 이렇게 하면 분명히 어떤 사항에 대해서 더 쉽게 업무를 진행할 수 있기 때문이다.

문제 있는 팀을 디버깅하기

제대로 돌아가지 않는 팀을 맡게 되는 경우도 있다. 산출물을 제때 릴리스하지 못하고, 팀원들은 행복하지 않고 계속 회사를 그만둔다. 제품 매니저는 팀에 화를 내며, 팀은 제품 매니저에게 불만을 표현한다. 현재 업무를 하고자 하는 에너지가 부족하거나 현재 프로젝트에 대한 열정이 없어 보일 수 있다. 무엇인가 잘못되고 있지만 정확히 무엇인지는 모른다. 팀이 몇 가지 기본적인 기능에 장애가 있을 수 있다. 여기서는 몇 가지 기능 장애를 찾아내고 해결할 수 있도록 간단히 설명하고자 한다.

출시하지 못하는 상황

출시하지 못하는 것은 기능 장애가 아니라고 생각할 수 있다. 팀이 새로운 문제를 해결하기 위해 깊이 파고들어 연구하는 과정이라고 여기기 때문이다. 그러나 프로젝트가 초기 단계라도 대개 목표와 산출물을 정의한다. 대체로 인간은 작은 목표라도 목표를 설정하고 이를 정기적으로 성취할 때 좋은 기분이 든다는 점을 기억하자.

팀원들에게 심한 압박을 주는 것이 걱정되어 조용히 마감 시간을 넘길 수도 있다. 이럴 때는 팀을 압박하는 것과 그냥 두는 것의 균형을 맞추는 요령이 필요하다. 팀을 위해 코딩 업무를 하고 있다면, 소매를 걷어붙이고 팀이 산출물을 만들 수 있도록 돕거나 지연되는 부분을 깊이 분석하는 것도 좋다. 또는 현재 상황을 충분히 이해하기 위해 담당 개발자와 협력하는 것도 좋은 방법이다.

간혹 팀이 사용하지 않던 도구와 프로세스 때문에 작업을 빨리 완료하지 못해 출시하지 못하는 경우도 있다. 흔한 예로는 팀에서 일주일에 한 번 이하로 제품에 변경 사항을 출시하려고 하는 경우다. 릴리스 주기가 긴 것은 릴리스에 관련된 도구 사용이 익숙지 않아서, 수동 테스팅이 너무 많아서, 기능이 너무 커서 혹은 작업을 세분화하는 방법을 개발자가 몰라서일 수 있다. 이제 팀을 관리하는 입장이므로 이런 병목 현상을 제거하기 위해 노력해야 한다.

내가 했던 마지막 작업에서 어려운 부분은 일주일에 한 번만 릴리스하는 시스템이었다. 이렇게 릴리스하는 데도 시간이 많이 걸려 매우 힘들었고, 테스트도 통과하지 못하고, 모든 사람의 작업 속도가 떨어지는 데도 변경되는 부분을 막판에 반영하려는 사람들 때문에 종종 고생하기도 했다. 모두 모여 이런 부분이 문제라고 결론을 내렸고, 팀의 릴리스 속도를 높일 수 있도록 모든 팀원이 함께 코드 베이스와 자동화를 개선했다. 개발이 끝날 때쯤에는 매일 릴리스할 수 있게 개선해 달라고 요청했다. 이런 변화는 팀에 즉각적인 영향을 미쳤고, 릴리스가 리소스의 기준이 될 수 있음이 드러났다. 제한된 자원을 놓고 팀원들이 경쟁하면 갈등을 피할 수 없다. 코드 릴리스에 필요한 자원을 충분히 확보하여 팀의 사기를 즉시 높일 수 있었다.

어디에나 있는 문제 직원

때로는 똑똑한 '개자식' 때문에 힘든 경우가 있다. 이 부류의 직원은 똑똑하고 생산성이 높아서 대체 불가능하지만, 주변의 다른 모든 팀원을 괴롭게 한다. 이보다 더 심각한 버전은 회사에서 아침 드라마를 연출하는 경우[2]로 부정적 경험에 사로잡혀 있거나 가십거리에 시간을 많이 쓰고 네 편 내 편 게임에 신경을 쓰는 사람들이다.

이럴 땐 과감하게 싹을 잘라내야 한다. 특히 이 상황을 처음 겪는 매니저라면 상사에게 도움을 요청하는 것이 좋다. 하지만 상사도 똑똑한 멍청이들 때문에 더 곤란해하고 있을 수도 있다는 것을 알고 있어야 한다. 매니저 입장에서 팀 내 역학에 미치는 영향을 직시하지 않고 단순히 실행력 있는 직원으로 받아들일 수도 있다. 해당 직원과 상사가 대화를 할 기회를 마련하거나 다른 팀으로 이런 직원을 보내서 문제를 바로 해결할 수도 있다.

부정적인 사람은 똑똑한 멍청이보다 대하기가 더 쉽다. 행동 변화를 요청하고, 명확한 예를 알려주고, 그런 일이 발생하면 빠른 피드백을 하겠다는 점을 분명히한다. 부정적인 사람에게는 이 팀에 있는 것이 행복하지 않아서 좋은 조건으로 팀을 떠나도록 도와주는 것이 최선일 수 있다. 따라서 이런 결과도 대비해 둘 필요가 있다. 자기가 팀에 어떤 악영향을 끼치는지 모르는 경우라면, 짧은 대화로도 충분히 문제를 예방할 수 있다.

부정적 표현을 하는 사람들이 그런 사고방식으로 팀에 오랫동안 있도록 하지 말아야 한다. 주위 사람들의 에너지를 빨아먹는다는, 이른바 에너지 뱀파이어들은 최고의 매니저라고 하더라도 다루기가 쉽지 않다. 이럴 때는 적절한 대응이 최선의 방어이며, 빠른 행동이 핵심이다.

---

2 역자주_ 여러 소문과 뒷말로 끝장 드라마 같은 상황을 만드는 팀원을 생각하면 된다.

과로로 인한 불행

과로로 인한 문제는 해결하기가 훨씬 쉽다. 보통 과로 때문에 힘들어한다면 당신이 고심하고 있는 문제에 해결의 실마리가 있다. 예를 들어, 프로덕션 시스템의 불안정성 때문에 과로하는 경우, 매니저가 할 일은 일정 기간 안정성에 집중할 수 있도록 제품 로드맵의 속도를 늦추는 것이다. 경고, 작동 중단 시간, 사고를 명확하게 측정한 다음 이를 줄이도록 노력해야 한다. 이런 경우, 계획을 세울 때는 항상 20퍼센트의 시간을 시스템 지속성을 위한 업무에 할당하기를 추천한다. 기술 부채라는 흔한 표현 대신 지속성이라고 쓰자.

시간이 매우 중요한 요소로 작동하는 긴급한 릴리스로 인해 과로하는 경우라면 두 가지를 기억해두자. 첫 번째, 매니저가 응원단이 되어야 한다. 지원이 필요한 팀은 특별히 업무를 직접 돕는다. 저녁도 주문해주고, 힘든 업무에 대해 감사를 표시한다. 긴급한 상황이 해결된 후에 공식 휴가가 있을 것이라고 명확히 알리고, 힘든 기간이지만 가능하면 즐겁게 일할 수 있도록 한다. 때로 위기의 시간은 팀이 더 결속하게 해주는 계기로 작용할 수 있다. 팀원들은 스트레스가 심한 기간에 매니저가 함께 했는지 아니면 다른 곳에서 자기 일을 했는지 기억할 것이다.

두 번째로는 이런 위기 상황에서 교훈을 얻어서 다음번에는 문제를 피할 수 있도록 준비한다. 가능하다면 제품 기능을 줄여야 할 수도 있고, 정말 비현실적인 일정이라면 연기해야 한다. 위기는 발생할 수 있지만, 자주 발생해서는 안 되니까.

협업이 안 되는 경우

제품 팀, 디자인 팀 혹은 다른 기술 팀과 협업이 원활치 않아서 팀원들이 지치는 상황이 온다. 이 경우에는 단기적 해결책은 없으나 장기적으로 협업 관계를 개선하고자 하는 의지를 보일 수 있다. 이런 문제가 겉으로 드러나지 않았다면 문제를 해결하기 위해 적절한 동료들과 정기적으로 접촉해야 한다. 팀에게서 실행 가능한 피드백을 수집하고, 개선책을 찾기 위한 생산적인 대화를 나눠야 한다. 팀원들에게 불만스럽더라도 팀원들 앞에서 동료를 공격하면 상황이 악화할 수 있다. 그러므로 공개 석상에서는 그들의 노력에 대해 긍정적인 지지를 보이도록 노력하자.

팀원끼리 협력이 잘 안 되면 팀이 업무와 무관하게 놀 기회를 만들어보자. 팀이 다함께 점심을 먹거나 금요일 오후에 즐거운 행사에 참여하고, 채팅방에서 농담하거나, 어떻게 지내는지 물어보는 것도 팀의 단합을 도모하는 방법이다. 신입 매니저 시절 나는 이런 형태로 유대감을 형성하기가 꺼려졌지만, 내성적인 사람일지라도 이런 소통을 통해 한 팀이라는 연대감을 느낄 수 있다. 또한, 팀을 상당히 활기차게 만들 수 있다.

동료였던 팀원을 관리하게 되었어요!

승진하고 싶은 다른 시니어 개발자도 있었지만, 제가 동료들을 제치고 승진했습니다. 동료들과 관계가 소원해지지 않고, 그들을 관리할 수 있는 확실한 방법이 있을까요?

이런 경험은 상당히 어색할 수 있으나 맨 먼저 할 일은 상황을 인정하는 것입니다. 전에 함께했던 동료를 관리하는 입장이 되면 변화 과정의 미묘함을 받아들여야 합니다. 동료였던 사람을 솔직하고 투명하게 대하는 것이 최선이지만, 이렇게 하려면 그 팀원의 도움이 필요합니다. 팀원이 잘하는 것과 그렇지 않은 것을 매니저로서 잘 알아야 합니다. 물론 처음부터 완벽할 수는 없으므로 팀원과 관계가 다소 소원해질 수 있다는 점은 기본으로 생각합시다.

그다음으로 나의 담당 업무가 크게 변했음을 기억해야 합니다. 매니저로서 그 팀원이 내린 결정을 번복할 수도 있으나, 이것은 매우 조심스러운 문제입니다. 또한, 기술적 결정을 번복하기 위해 매니저 권한을 사용하려고 하는 것은 대개 잘못된 생각이기도 합니다. 팀원, 특히 동료였던 사람들에게 '마이크로매니지먼트'를 하고 싶은 유혹을 이겨내야 합니다. 팀원들은 매니저가 되는 걸 원하지 않았을 수도 있지만, 승진한 사람이 '보상을 받았다'는 느낌은 받을 것입니다. 이런 상황인데 팀원들의 일거수일투족에 대해 질문하고 매니저가 직접 모든 결정을 하려고 든다면 팀원들은 이런 느낌을 더 크게 느끼겠죠.

매니저가 되기 전에 하던 작업 중 일부를 내려놓아, '팀원 관리'라는 추가된 책임에 대한 부담을 줄여야 합니다. 관리 단계를 하나씩 밟아가는 것은 새로운 책임을 받아들이고, 기존의 책임은 내려놓는 것을 의미합니다. 과거 동료들과 함께하게 된 상황을 좀 유리하게 활용하려면 공개적으로 기존에 자신이 하던 기술 업무 일부를 그들이 하게끔 해야 합니다. 이는 또한 팀의 다른 후배들이 새로운 도전 기회도 될 것입니다. 많은 기술 조직에서 초급 매니저가 계속 코드를 작성하기를 기대하지만 매니저는 새로운 기능을 구현하기보다는 소소한 기능을 구현하거나 버그 수정 및 개선하는 데 그쳐야 합니다.

이 모든 변화를 통해 매니저는 팀이 성공하도록 돕기 위해 노력하고 있음을 팀에 보여주고자 할 뿐입니다. 새로 맡은 매니저라는 역할은 팀 내 사람들을 멀리하는 것이 아닙니다. 소홀했거나 다른 사람이 지고 있던 책임을 새롭게 맡는 것이고, 이전에 맡았던 책임 중 일부를 다른 팀원에게 넘기는 것입니다.

기존 동료들이 나와 같이 일할 수 없다는 이유로 모두 그만둔다면 그 팀은 성공할 수 없습니다. 그들은 잘 맞지 않은 어떤 사항에 대해 특별히 민감할 수 있고, 그럴 경우 권력 투쟁을 해야 한다고 여길 수 있습니다. 또한 나를 해치려고 일을 꾸밀 수도 있습니다. 따라서 장기적으로 보면 이런 변화를 성숙하게 다룰 줄 알면 성과를 거두게 됩니다.

바람직한 방패막이 역할

관리에 대한 조언 중 하나로, 팀을 효과적으로 관리하기 위해서는 매니저가 방패막이 역할을 해야 한다고들 한다(심하게 말하면 '헛소리 우산'이라고도 한다). 매니저는 팀을 둘러싸고 회사에서 벌어지는 아침 드라마 같은 상황, 사내 정치 및 변화에 팀원들이 휘둘리지 않고 해야 할 일에 집중할 수 있게 도와야 한다.

매니지먼트에 관한 이런 해석에 대해서는 복잡한 느낌이 든다. 중독성 있는 드라마에 불필요하게 노출된 팀은 집중하지 못하고 스트레스를 받는 경향이 있다. 기술 팀을 관리한다면 고객 서비스 조직에서 발생하는 대인 관계에 대해서는 걱정할 필요가 없다. 내 코앞에서 회사 전체가 불난 집처럼 돌아가더라도 내 팀은 할 일을 차분히 해내는 것을 보면 묘한 자부심이 들기도 한다. 내가 할 수 있는 것이 무엇인지 깨닫고 다른 사람에게 영향을 주어 변화시킬 수 있는 일에 집중해야 한다. 그렇게 할 수 없다면 무시할 수 있는 일은 무시해야 한다. 이런 점을 깨닫는 것이 매우 중요하다. 직장에서 일어나는 드라마 같은 일은 대개 털어버려야 하는 것밖에 되지 않으니 말이다.

그렇다. 팀이 산만하지 않도록 보호해야 한다는 의미다. 달리 말하면 팀원들이 핵심 목표를 이해하고 이에 집중하도록 도와야 한다. 그러나 모든 것에서 팀을 보호할 수 있거나 보호해야 한다는 생각은 현실에 맞지 않다. 때로는 스트레스의 일부를 팀에 전달하는 것이 좋다. 팀원이 스트레스를 받게 하자는 것이 아니라 팀이 처한 상황을 함께 이해하자는 것이다. 극단적인 방패막이는 명확한 목표를 설정하면 최고로 집중하고 동기부여할 수 있다고 여긴다. 그러나 사람은 대개 앞뒤 맥락, 이를테면 목표가 설정된 이유라거나 이에 따라 그들이 해결해야 할 문제가 무엇인가 같은 정보가 필요하다. 11월에 운영상 문제점이 있어 특정한 시스템이 실행되지 않으면 팀에서는 마땅히 그 결과에 대해 이해해야 한다. 전후 사정에 대한 적당한 정보는 팀이 에너지를 어디에 어떻게 집중해야 하는지를 두고 좋은 결정을 하는 데 도움이 된다. 매니저로서 모든 결정을 직접 내리는 것은 당신의 업무가 아니다.

방패막이 역할이 빚어내는 다른 문제점은 외부 세계에 있는 모든 드라마를 거부하는 것이다. 회사의 다른 부서에서 해고가 일어났고 팀원들이 이를 다른 사람에게서 알게 되면 팀원들을 드라마에서 보호하는 것이 아니라 그들이 불편함을 느끼는 일이 발생했고 아무도 이를 받아들이고 싶지 않을 상황이 돼버린다. 그 대신에 이런 사건을 직접적이고 감정이 덜한 방식으로 소통한다면 쓸데없는 소문은 줄이고 팀에 미치는 영향을 빠르게 줄이게 된다.

매니저가 방패가 될 수는 있지만 부모는 아니다. 방패와 멘토의 역할을 겸하게 되면, 팀원들을 양육하는 것 같은 관계가 형성되기도 한다. 이렇게 되면 매니저는 팀원들을 보호하고, 양육하고, 적절하게 꾸짖어야 하는 연약한 아이들처럼 다루게 된다. 하지만 매니저는 팀원들의 부모가 아니다. 이들은 적절하게 존중해야 할 성인이다. 존중은 팀원들뿐 아니라 매니저의 정신 건강에도 중요하다. 팀원을 아이들처럼 보게 되거나 매니저의 의견에 동의하지 않는 것을 감정적으로 투사하여 받아들이면 팀원의 실수를 개인적으로 받아들이기 쉽다.

좋은 의사 결정을 내리는 방법

팀의 의사 결정 과정에서 매니저가 맡을 역할은 무엇인가? 팀에서 앞으로 개발할 제품의 로드맵이나 비즈니스 기능을 책임지는 제품 매니저가 함께 일하는 경우도 있다. 3장에서 다뤘듯이 기술적인 깊이가 있고, 개발에 필요한 프로젝트 관리 업무를 고민하는 테크리드가 있을 수도 있다. 그렇다면 기술 매니저는 어디부터 출발해야 할까?

기술 매니저에게는 생각보다 많은 책임이 있다. 제품 매니저가 제품 로드맵을, 테크리드가 세부 기술 사항을 책임진다면, 기술 매니저는 보통 로드맵과 기술 사항을 고려해 팀 업무를 진행할 책임을 진다. 리더십의 본질은 팀원에게 명령하는 것이 아니라 팀원들이 결정할 수 있도록 돕는 것이며, 사람들은 팀원들의 결정이 잘 되었는지를 기준으로 기술 매니저를 판단한다.

데이터 중심의 팀 문화 만들기

팀에 제품이나 비즈니스 책임자가 있으면, 올바르게 결정하기 위해 비즈니스, 고객 및 현재 상태, 시장 잠재력 등과 관련된 데이터 사용에 익숙해야 한다. 기존 데이터에 다른 것을 추가할 수도 있어야 한다. 예를 들어, 팀 생산성(기능 완료에 걸리는 시간) 데이터나 품질 측정(검증 또는 릴리스 이후 발생한 시스템 중단 문제나 버그 개수와 처리에 걸린 시간) 등의 데이터를 담당자에게 제공할 줄 알아야 한다. 이런 효율성 및 기술적 데이터 점수는 제품 기능과 기술적 변화에 관련된 결정 사항을 평가할 때 사용할 수 있다.

제품 역량 강화하기

강력한 리더십은 성공을 일구어내고 고객에게 성공적인 프로젝트를 인도하는 팀을 만들어내는 데 관심을 기울인다. 그렇다면 성공한 프로젝트란 무엇일까? 고객 입장에서 고객에게 중요한 것을 이해하기 위해 노력한 끝에 결과물을 내는 것이다. 외부 고객을 위한 코드 작성, 다른 개발자를 위한 도구 개발, 지원 팀 운영 등 어떤 프로젝트든 팀의 작업 결과를 사용할 어떤 그룹이 있을 것이며, 이들이 고객이다. 고객을 공감할 수 있는 시간을 확보하는 것이 중요하다. 팀의 개발자들이 고객의 업무 맥락을 이해할 필요가 있기 때문이다. 고객을 공감하는 것도 고객에게 가장 직접적인 영향을 미치는 기술 영역이 무엇인지 이해하는 데 도움이 될 것이다.

미래 내다보기

제품과 기술 관점이라는 두 단계를 내다볼 필요가 있다. 제품 로드맵의 감을 잡는 것이 기술 로드맵에 지침이 될 것이다. 새로운 기능을 더 쉽게 구현할 수 있는 기술 역량이 있을 때, 기술 프로젝트를 잘 수행할 수 있다. 좀 더 인터랙티브한 사용자 경험을 제공해야 할 때, 이를테면 애플 페이와 같은 지불 기능을 추가하기 위해 결제 시스템을 재작성하거나 또는 웹소켓을 사용하여 변경된 데이터만을 스트리밍 방식으로 받아 오는 자바스크립트 프레임워크를 도입하는 경우를 예로 들 수 있다. 제품 팀과는 앞으로 어떤 방식이 좋을지 질문해야 하며, 다소 시간을 들여서라도 소프트웨어 개발이나 운영 방식을 어떻게 바꿔야 할지도 고민해야 한다.

의사 결정과 프로젝트 결과에 대해 검토하기

프로젝트에 동기를 부여하기 위해 사용된 가설이 실제로 사실이었는지에 대해 논의한다. 시스템을 다시 개발한 이후에 팀이 더 빠른 속도로 업무를 하고 있는가? 새로운 기능을 추가할 때 제품 팀에서 예측한 대로 고객 행동이 변화되었는가? A/B 테스트[3]를 통해 배운 것은 무엇인가? 프로젝트가 끝나고 나면 가설을

---

3   역자주_ A/B 테스팅이란 웹 사이트 방문자(혹은 앱 사용자)를 임의로 두 집단으로 나누어 한 집단에게는 기존 사이트를, 다른 집단에는 새로운 사이트를 보여준 다음 어떤 집단의 성과가 높은지를 측정함으로써 사이트 개선을 정량적으로 평가하는 것을 말한다. 대개 회원 가입율, 재방문율, 구매전환율 등을 평가한다.

검토하는 과정을 생략하기 쉽지만 매니저 스스로 가설을 검토하는 습관을 들이면 언제나 자신의 결정에서 무언가 배우게 될 것이다.

프로세스와 일상 업무에 대해 회고하기

애자일 프로세스는 보통 2주의 개발 스프린트가 끝나는 시점에서 회고 미팅을 하여 스프린트 동안 발생한 것이 무엇인지 논의하고, 좋은 것과 나쁜 것, 중립적인 것 등을 정해 세부 사항을 논의한다. 애자일 방법론을 따르든 다른 방법론을 따르든 간에 정기적인 프로세스 회고는 패턴을 찾아내고 의사 결정의 결과를 판단하는 데 중요한 가치가 있다. 팀이 요구사항을 받는 방법은 괜찮은가? 코드 품질에 관해서 만족하는가? 회고를 통해서 매니저가 내린 결정이 시간이 흐름에 따라 팀의 일상적인 운영에 어떤 영향을 미치는지 학습하는 데 도움이 된다. 회고를 통한 접근 방법은 팀의 건강성에 관한 데이터를 수집하는 것보다 주관적이지만 다른 여러 가지 객관적 수치화에 비해 확실히 중요한데, 이는 팀원들이 서로 이해하고 노력하고 축하하는 과정에서 얻어지는 것이기 때문이다.

좋은 매니저, 나쁜 매니저 : 갈등 회피자, 갈등 조정자

제이슨 팀은 과로 상태다. 모두들 찰스가 상당한 규모의 시스템을 재개발한다고 알고 있지만, 찰스는 몇 달동안 개인적인 프로젝트 때문에 신경을 쓰지 않는 상황이다. 찰스가 새로운 시스템과 관련된 업무를 하지 않는다는 불평을 듣고 나서 제이슨은 팀원 전체를 불러서 업무가 몰리는 것을 막기 위해 어떤 프로젝트를 중단할지를 투표하기로 했다. 찰스를 제외한 팀원들은 당연히 찰스의 개인적인 프로젝트 중단에 표를 던졌다. 찰스는 제이슨에게 이런 결과에 대해 전혀 듣지 못했고 올바른 일을 하고 있다고 생각하고 있었다.

제이슨 팀원들은 제이슨이 자신들을 옹호하지 않는다는 이유로 약간 위기감을 느끼고 있다. 제이슨은 새 프로젝트에 대해 반대한다고 잘 말하지도 않았지만 업무 처리에 필요한 추가 인원을 요청하지도 않았다. 누구나 알다시피 제이슨은 쿨한 사람이고, 갈등을 해결하거나 어려운 결정을 내리는 데 참여하는 것은 어려워한다. 결과적으로 팀원들은 과로하고 있으며, 프로젝트 진행을 위해 힘들게 우선순위를 정하고, 팀원들 사이에 쌓이는 앙금을 돌봐야 하는 상황이다.

리디아 팀원들도 위기감을 느끼고 있으며, 그 팀에도 또 다른 찰스가 있다. 그녀는 찰스에게 프로젝트를 위한 시간을 쓸 수 있다고 약속했지만, 분명히 우선순위가 바뀌었으며, 그의 업무도 이에 따라 바뀌어야 한다. 원온원 미팅에서 리디아는 현재의 업무에 대해 설명하고 시스템을 다시 개발하는 데 그의 도움이 필요하다고 이야기한다. 그 팀원은 기분이 좋지 않았고, 리디아도 이런 대화가 썩 내키지는 않았다. 하지만, 그녀는 자신이 팀의 매니저임을 명확히 인식하고 가장 중요한 프로젝트에 팀을 집중시킬 책임이 있다.

리디아는 프로젝트를 팀이 장악하는 것이 중요하다는 사실을 알고 있으므로, 더 많은 사람을 프로젝트에 투입할 때 왜 이 큰 프로젝트를 하기로 결정했는지에 대해 팀원들이 충분히 이해할 수 있게 설명했다. 그녀는 팀원들과 함께 업무 우선순위를 정하고, 팀원들이 선택할 수 있도록 하고, 피드백을 주고받으면서 어떤 기술을 적용할지에 대해 의견 차이를 줄여 나갔다. 리디아 팀 사람들은 그녀가 까다롭긴 하지만 공평하다고 말했으며, 의견 차이가 있을지언정 도전 상황에서 팀이 협력하는 것에 대해 익숙해졌다.

꼼꼼히 따져보지 않더라도 리디아는 갈등 상황을 잘 다루고 있지만, 제이슨은 그렇지 못하다는 것이 분명하다. 민주주의적 스타일의 제이슨이 팀에 많은 권한을 부여하는 것처럼 보일 수 있지만, "아니오"라고 하지 않거나 어떤 결정에도 책임을 지지 않으려는 리더의 무능함은 모든 팀원을 불안하게 한다. 제이슨 팀이 다음에 어떤 일을 겪을지는 아무도 모른다. 리더가 팀의 방향을 제시한다기보다는 팀이 알아서 방향을 정해가기 때문이다.

끊임없이 논쟁하고 반대 의견이 많은 팀에서 일하는 것은 고통스럽고 큰 문제를 일으키기도 한다. 하지만 거기에는 인위적인 조화라는 것이 있고, 갈등 회피형 매니저는 기능적 업무 관계 위에 있는 조화를 선호하는 경향이 있다. 업무에 관해 서로 의견 충돌이 가능한 안전한 환경을 만드는 것이 아무런 의견 충돌도 없다고 주장하는 것보다 훨씬 좋다.

갈등 관리에서 할 것과 하지 말아야 할 것

합의냐 투표냐를 양자택일하지 않는다. 합의는 도덕적 권위가 있어 보이지만, 여기에는 몇 가지 가정이 필요하다. 투표에 참여하는 모든 사람이 공정하며, 다양한 결과에 대해 동등한 이해관계를 가지며, 전후 맥락에 관한 동일한 지식을 가져야 한다는 것이다. 이런 전제 조건은 전문 지식의 수준이 다르고 다양한 역할이 있는 팀에서는 거의 충족되지 않는다. 앞 예에서 찰스의 업무를 두고 팀원들이 투표를 할 때 합의는 더할 나위 없이 매정해질 수 있다. 나쁜 소식을 직접 전해야 하는 매니저의 책임을 지지 않으려고 문제 될 것이 뻔한 투표로 사람들을 몰아넣지 않는다.

객관적인 결정이 가능한 명확한 프로세스를 마련한다. 그룹이 의사 결정을 잘하려면 결정한 내용을 평가할 수 있는 명확한 기준이 있어야 한다. 그러므로 결정을 하기 전에 목표, 위험에 대해 서로 공유하고 질문하고 답하는 단계부터 시작한다. 결정 권한을 특정 팀원에게 부여할 때는 피드백을 누구에게 받아야 할지, 결정 사항과 계획을 누구에게 보고해야 할지를 명확히해둔다.

금방 터질 것 같은 이슈를 외면하지 않는다. 갈등 회피가 드러나는 다른 형태로 문제 해결을 방치하여 문제가 오랫동안 지속되는 경우가 있다. 성과 평가 과정에서 매니저로서 부정적 피드백을 해야 한다면, 이를 즉시 실행해 직원들이 크게 놀라지 않도록 한다. 평가 결과 보고서를 작성할 때가 되어 생각날 수도 있지만, 특정인에게 큰 문제가 있어서 업무에 지장을 주는 경우라면 매니저가 신경을 써서 그 사람이 그 문제를 알게 해야 한다. 이런 문제들을 매니저가 알아채지 못하고, 그 사람이 팀원들의 동료 피드백을 통해서 알게 되는 것도 별로 좋은 상황은 아니다. 아마 매니저로서 제대로 주의를 기울이지 않는다는 의미이며, 팀원과 원온원 미팅을 할 때 동료들과 문제에 대해 논의하지 못한다는 의미이기도 하니까 말이다.

드라마를 만들지 말고 문제를 해결한다. 갈등을 해결하는 것과 기능 장애를 초래하는 것은 차이가 있다. 사람들이 불만을 표현할 수 있도록 하고 싶겠지만, 단순한 화풀이와 대인 관계의 문제는 차이가 있다는 점에 신경을 써야 한다. 해결할 것과 그대로 둘 것을 판단해야 한다. 이런 상황에서 스스로에게 중요한 질문을 던져야 한다. 이를테면 이 문제가 계속 진행되는 것인가, 개인적으로 신경 써야 하는 것인가, 다수의 팀원이 힘들어하는 것인가, 많은 팀원이 함께 고민하고 있는 문제인가, 힘의 역할이나 잠재적인 편향이 드러나는가 등이다. 이렇게 자문하는 목표는 팀의 효과성을 떨어뜨리는 문제를 함께 찾아내고 해결하는 것이지 팀의 치료사가 되는 것이 아니다.

다른 팀에 화풀이하지 않는다. 얄궂게도 갈등 회피형 매니저는 다른 팀에 관련된 갈등을 찾아내곤 한다. 이런 매니저들은 자신을 팀과 강하게 동일시하며 위협으로 인식하는 외부에 대해서는 공격적으로 대응한다. 여러 팀에 걸친 문제와 같이 무엇인가 잘못되면, 이런 매니저는 골목대장처럼 변신하여, 자기 팀을 위해

형평성을 주장하고, 다른 팀에 관한 문제점을 비난한다. 가끔 매니저는 이런 행동으로 자신의 팀에 대해 드러내지 않았던 감정을 발산하기도 한다. 심지어 어떤 친구는 이렇게 고백한 적이 있다.

> "우리 팀원들에게 개선해야 할 10퍼센트에 대해 말하기가 쉽지 않아. 팀이 잘하고 있는 90퍼센트에 대한 것을 놓치게 할까 봐 걱정되거든. 그래서 책임에 관한 바람을 다른 팀으로 돌리기도 해. 내가 진짜 원하는 것은 팀원 모두 충분한 책임감을 가지는 것이거든. 그리고 내게는 팀원들이 겉과 속을 건강한 방식으로 표현하는 방법을 생각해낼 필요가 있지."

친절하게 행동한다. 다른 사람들이 좋아하는 사람이 되고 싶어 하는 것은 자연스럽고 지극히 인간다운 이유다. 많은 사람이 멋지게 보여야 다른 사람이 자신을 좋아하게 된다고 믿는다. 그런 매력 자체가 목표인 것이다. 하지만 매니저로서 당신의 목표는 멋지게 보이는 것이 아니라 친절한 것이어야 한다. '멋지다'는 것은 낯선 사람이나 잘 아는 사람과 친해지려고 하는 예의바른 집단의 언어이다. 멋지다는 것은 "부탁합니다"와 "감사합니다"를 수시로 말하고 가방을 들거나 유모차를 미는 사람들을 위해 문을 잡아주는 것이다. 멋지다는 것은 어떻게 지내느냐는 질문을 받으면 "기분이 정말 엉망진창이거든. 날 좀 내버려두면 좋겠어"라고 말하기보다는 "잘 지내고 있어"라고 말하는 것이다. 멋진 것은 일상적인 대화에서나 좋다.

하지만 매니저 입장에서 더 깊은 관계가 되고자 할 텐데, 이럴 때는 친절한 것이 더 중요하다. 승진할 준비가 되지 않은 사람에게 더 준비가 필요하다고 알려주고, 그러려면 무엇이 필요한지 말해주는 것이 친절한 것이다. "아마 승진할 수도 있을 거야"라고 말해놓고 승진하지 못하는 것을 지켜보는 것은 그 사람에게 친절하지 못한 행동이다. 어떤 사람에게 회의에서 그의 행동이 그룹을 방해하고 있다고 말해주는 것은 친절한 것이다. 어색하고 불편하지만 어려운 대화를 나누는 것도 그 직원의 매니저로서 하는 업무에 속한다.

두려워하지 않는다. 갈등 회피는 두려움에서 기인하는 경우가 많다. 결정 권한에 따른 책임을 무서워한다. 우리는 지나치게 요구하는 듯 보일까 봐 두려워한다. 불편한 피드백을 하면 사람들이 회사를 그만두지 않을까 겁내기도 한다. 우리는 사람들이 우리를 싫어할까 싶어 걱정하거나 이런 위험을 감수하고도 실패하게 되는 것을 무서워한다. 어떤 두려움은 자연스러운 것이고, 갈등의 결과에 민감한 것도 현명한 습관이다.

호기심을 가진다. 갈등으로 인한 두려움을 극복하려면 행동에 대해 생각하는 것이 가장 좋은 방법이다. 팀원들이 결정을 하는 데 가장 좋은 사람이기 때문에 결정을 하도록 두는 것인가? 아니면 호응은 없지만 필요한 결정을 내가 하면 팀원들이 내게 화를 낼까 두려운 것인가? 그 팀원과 같이 일하기가 정말 어렵기 때문에 동료들과 문제를 같이 다루는 것을 피하는 것인가? 아니면 문제를 의논하기 싫고 관계가 나빠질 수도 있기 때문에 문제가 스스로 풀리기를 바랄 뿐인가?팀원이 힘든 하루를 보냈지만 그저 한번 그러려니 하는 생각에 피드백을 주저하는가? 아니면 나를 매니저로서 좋아하지 않을 것 같아 두려워서 피드백을 하지 않는가? 행동에 대해 신중히 생각하자. 그러면 불필요한 갈등 문제를 찾아내지 않게 될 것이다.

도전 상황 : 팀 결속력 파괴자

잘 동작하는 팀을 만드는 데 중요한 요소 중 하나는 제대로 그리고 조화를 이루며 일하는 팀을 구축하는 것이다. 예전에 나는 행복한 기술 팀에 대해 시험을 받았다. "저녁에 피자를 사면 팀원들이 함께 모여 시간을 보낼 것인가? 아니면 가능하면 빨리 회사문을 박차고 나설 것인가?"

여기에 대해 몇 가지 할 말이 있다. 매일 사무실에서 빨리 퇴근해야 할 이유가 있는 직원이라면 함께 서서 이야기하고 싶어 하는 사람들보다 덜 참여할 것이다. 그러나 여전히 좋은 동료인 것이다. 대부분 성공한 팀은 서로 농담하고, 커피 마시고, 점심 먹고, 서로 친한 감정을 느끼는 동료애가 있다. 이런 팀은 서로 존중해야 하고, 업무 외에도 열정이 있지만, 팀을 매일 탈출해야 하는 어떤 것으로 보지는 않는다.

여기서 진정한 목표는 심리적 안전이다. 다시 말해서 팀원들이 다른 팀원들 앞에서 기꺼이 위험을 감수하고 실수를 할 수 있어야 한다는 점이다. 이것이 성공하는 팀의 토대다. 팀을 성공시키기 위한 일은 심리적 안전을 가져올 수 있는 우호적인 분위기를 만드는 것에서 시작한다. 이렇게 하려면 시간을 들여서 팀원들이 인간적으로 친해지고 서로 업무 외의 삶과 관심에 대해 물어보도록 격려하는 것이 좋다. 팀원들이 서로 편하게 나눌 수 있는 것들을 공유하게 한다. 아이들의 생일 파티를 어떻게 해줬는지, 스키 여행은 어땠는지, 마라톤 연습은 잘 되고 있는지 물어보라. 이런 것들은 무의미한 잡담이 아니다. 이런 행동은 팀원들을 의미 없는 기어 바퀴가 아니라 한 명의 개인으로 사람을 인식하는 관계를 맺게 해준다.

개인적인 관계를 키우는 것 외에도 팀원 사이의 관계가 중요할 수 있다. 회사에서 '문화적으로 잘 맞는다(culture fit)'를 채용 조건으로 언급하는 것은 결국 기존 직원들과 잘 지낼 수 있는 사람을 채용하고 싶다는 의미다. 이로 인해 차별과 같은 원치 않는 결과가 생길 수도 있지만, 현명하게 대처하면 된다. 우호적인 팀일수록 더 행복하고, 빠르게 성공할 수 있으며, 더 좋은 결과를 얻는 경향이 있다. 다시 말하면 싫어하는 사람들과 매일 함께 업무를 하고 싶겠느냐는 의미다.

그렇기 때문에 팀의 결속력을 떨어트리는 사람들은 문제가 된다. 그들은 거의 항상 주변의 다른 팀원들이 안전함을 느낄 수 없도록 행동하곤 한다. 이런 직원들을 가리켜 '독성'이 있다고 하는데 그들과 접촉하는 사람들은 누구나 효과적으로 일하기 어렵게 만들기 때문이다. 이들에게 빠르게 대응하는 것도 관리의 중요한 부분 중 하나다.

똑똑한 바보

다른 유형의 독성이 있는 직원으로는 똑똑한 바보가 있다. 앞서 살펴보았듯이 개인으로서는 엄청난 성과를 만들어내지만, 너무나 자기중심적이어서 주변 사람들에게 두려움과 반감을 일으키는 직원이다. 똑똑한 바보가 도전해야 할 과제는 아마도 그 직원이 똑똑함 때문에 오랫동안 보상을 받았을 것이고, 자신의 잘난 점이란 구명보트에 매달려 있을 것이라는 점이다. 명석함이나 생산성을 넘어서는 가치가 있다는 사실을 인정하는 것은 이런 직원에게 도전이 될 것이며, 두렵기도 할 것이다. 그래서 이런 직원은 자신의 지적 능력으로 다른 사람을 괴롭히고, 자신과 다른 목소리를 냉혹하게 깎아내리고, 자기보다 못하다고 믿는 사람들은 무시하고, 바보 같아 보이는 것에 대해서는 공개적으로 불만을 드러낼 것이다.

최근 대부분의 회사에서 똑똑한 바보들을 용인하지 않는다고는 하지만, 개인적으로 사실이 아니라고 생각한다. 매니저 입장에서는 엄청난 일을 해내는 직원을 제외하기란 정말 쉽지 않다. 비록 그 주변 사람들을 기진맥진하게 만들더라도 말이다. 특히 그가 불규칙하게 바보가 되는 경우는 더 그렇다. 얼마나 바보여야 하는가? 그 직원을 그대로 두는 것을 정당화할 수 있는 아이디어를 생각해내기 시작할 것이다. 그 직원에게 피드백을 주면 잠시 나아지겠지만, 결국 상황은 더 나빠질 것이다.

똑똑한 바보 증후군을 피하는 가장 좋은 방법은 그런 사람을 아예 채용하지 않는 것이다. 일단 채용된 후라면 똑똑한 바보를 없애는 것은 내 생각에는 흔치 않은 수준의 관리 기술이 필요하다. 다행스럽게도 이런 부류의 사람들은 스스로 걸어 나가기도 한다. 왜냐하면 매니저가 이 직원을 자르지 못하더라도 이런 사람들을 승진시킬 만큼 멍청한 매니저는 아닐 것이기 때문이다. 그런가? 부디 그렇기를 바랄 뿐이다.

현업에 있는 똑똑한 바보를 다루려면 강한 매니저가 필요하다. 이런 직원들은 매니저의 피드백에 사사건건 시비를 걸 것이다. 양쪽 모두에게 쉽지 않은 일이다. 그 직원이 자신의 행동을 문제라고 생각하지 않아서 변화하려고 하지 않는 것이 가장 큰 어려움이다. 매니저 혼자서 행동에 문제가 있다고 그 직원을 설득시킬 수는 없을 것이다. 세상의 어떤 증거도 변화를 원하지 않는 사람을 바꿀 수는 없다.

똑똑한 바보가 있을 때 팀을 위한 최선의 방법은 나쁜 행동을 용인하지 않겠다고 공개적으로 거부하는 것이다. "칭찬은 공개적으로, 비판은 개인적으로"라는 방법을 거꾸로 적용하는 몇 안 되는 경우다. 이런 직원의 행동이 쉽게 눈에 띌 정도로 팀에 영향을 미치고, 이런 방식이 매니저로서 원하는 것이 아니라면 규칙을 분명히 하기 위해서 그런 순간에 무엇인가를 명확하게 지적해야 한다. "사람들에게 그런 식으로 말하지 마세요. 무례한 것입니다." 이런 내용을 공공연히 이야기하는 것은 아슬아슬한 일이기 때문에 매니저로서 행동을 조심해야 한다. 감정적이라고 보이면 역효과가 날 수도 있다. 지적을 받는 입장에서는 매니저의 피드백을 단순히 감정적인 것으로 치부하거나 특정인의 흠을 들추는 것으로 오해할 수도 있다. 피드백은 중립적으로 하되 공개적으로 말해야 할 때를 잘 고려해야 한다. 이 방법은 그룹 전체에 해를 끼치는 행동에 대해서만 사용해야 한다. 매니저에게 개인적으로 공격받는다고 그 직원이 생각한다면, 비공식적으로 이를 논의한다. 매니저의 첫 번째 목표는 전체로서 팀을 보호하는 것이며, 두 번째는 팀원 개인을 지켜주는 것이고, 매니저 스스로를 지키는 것이 가장 우선순위가 낮은 일이다.

소통하지 않는 사람

매우 흔한 다른 문제 유형은 소통하지 않는 팀원, 즉 매니저와 팀 동료, 제품 관리자에게 정보를 숨기는 사람이다. 비밀스럽게 일하고 모든 것이 끝나고 완벽해졌다고 생각할 때 마법처럼 프로젝트 결과를 공개하고 싶어하는 사람이다. 다른 팀원들과 소통하지 않고 커밋한 것을 되돌리거나 작업 티켓을 가져와서 업무를 하는 사람이다. 코드 리뷰도 하려고 하지 않고 큰 프로젝트에 참여하면서 디자인 리뷰도 요청하지 않는 사람이다.

이런 팀원은 주변 사람들을 귀찮게 한다. 소통하지 않는 사람의 매니저라면 이렇게 정보를 숨기려는 습관을 미연에 방지해야 한다. 필요하다면 그의 업무가 기대에 못 미친다고 분명하게 알려야 한다. 이런 행동은 보통 두렵다는 신호이며, 이런 팀원은 자신이 부족하다는 것이 알려지거나 관심 없는 업무를 맡게 되는 것을 두려워한다. 때로는 자신이 더 많은 책임을 맡아야 한다고 생각하거나 매니저를 존중하지 않는 팀원이라는 신호일 수 있다. 원인이 무엇이든 이런 팀원은 동료들과 협력하지 않기 때문에 팀의 결속을 방해한다. 진행 중인 자신의 작업을 공유하는 것을 안전하지 않다고 느끼며, 다른 팀원들에게 자신의 두려움을 보여주게 된다.

가능하면 뭔가를 숨기는 근본적인 원인을 다뤄야 한다. 무엇인가를 숨기는 사람이 비난받는 것을 두려워한다면, 팀에 해결되어야 할 가혹한 문화가 있는 것은 아닌가? 일반적으로 그런 심리적 안전감이 팀에 있는가? 혹시 이런 팀원이 다른 배경이나 기술을 가지고 있어서 다른 팀원들이 아웃사이더로 취급하는가? 팀이 특정 개인을 거부하는 경우라면 팀을 바꾸거나 다른 팀으로 옮길 것인지를 결정해야 한다. 때로는 팀원 개인을 움직이는 방법이 가장 쉽다. 다른 경우라면 최선의 해결책은 팀 전체와 함께하면서 문화적 조화를 맞추도록 변화하여 새로운 사람들을 제외하는 습관을 없애는 것이 될 것이다.

존중이 결여된 직원

독성 있는 개인의 세 번째 유형은 그저 당신을 매니저로, 팀원들을 동료로 존중하지 않는 사람들이다. 이런 사람을 두고 고심하는 것은 어려운 일이며 상급 매니저에게 도움을 요청해야 할 수도 있다. 하지만 이 문제를 직접 해결할 수 있다면 매니저로서 좋은 자질이 보이는 것이다. 간단히 말하면, 팀원들이 매니저로서 당신이나 동료들을 존중하지 않는다면, 왜 여기서 일할까? 그 사람에게 팀에서 같이 일하고 싶은지를 물어본다. 그렇다고 말한다면, 매니저로서 기대하는 바를 분명하고 침착하게 말한다. 같이 일하는 것을 원치 않는다고 하면 다른 팀으로 옮기거나 회사를 떠날 수 있도록 절차를 시작한다.

그런데 이걸로 충분할까? 충분하다. 당신을 존중하지 않거나 팀을 존중하지 않는 사람과 함께 일할 수 없다. 자신을 존중하지 않는 팀원이 적절한지를 고민하는 과정에서 팀 결속력이 떨어진다. 응급 처치는 빨리 할수록 더 나아질 것이다.

프로젝트 일정 관리 방법

기술 매니저는 팀이 일정을 짜는 데 도움이 된다. 큰 조직일수록 분기 또는 연간 계획을 수립하려고 할 것인데, 팀에서 어떤 프로젝트를 할 수 있는지,

그 프로젝트의 규모가 어떻게 될지, 완료하기 위해 필요한 적절한 사람들이 있는지를 추정하게 될 것이다. 팀이 지금 하는 일 이외에도 기존 시스템의 지원 업무를 할 수 있는지 또는 새로운 계획을 추진하기 위해 얼마나 많은 사람이 필요한지를 스스로에게 질문해야 할 것이다. 조직에서는 매니저가 바로 추정하면서 동시에 구체적인 프로젝트 계획을 수립할 수 있기를 기대할 것이다.

3장에서 테크리드 입장에서 프로젝트 관리에 관해 개괄적인 내용을 설명했지만, 여기서는 일부 주제에 대해 깊이 있게 다루고자 한다. 팀 매니저로서 테크리드들에게 프로젝트 계획 중 일부를 수립하도록 요청할 수 있으나, 아마도 그 작업 중 일부는 여러분이 직접 하게 될 가능성이 크다. 어떤 프로젝트를 맡을지, 진행하기로 한 프로젝트를 뒤로 미뤄야 할지를 결정해야 할 수도 있다. 애자일 방식으로 계획되고 반복되는 작업일지라도 언제 완료될 것인지 대략적인 추정을 해야 할 수도 있다.

팀원들의 작업량을 성공적으로 관리하기 위해서는 팀의 리듬과 속도에 대해 충분히 이해할 필요가 있지만, 다행히도 도움이 될 만한 손쉬운 방법이 있다.

프로젝트 관리에 관한 경험 법칙

몇 가지 경험적인 법칙을 기억해두자.

이 법칙 중 어느 것도 애자일 프로젝트 관리 방법을 대체하지 못한다.

우선 폭포수 방식을 제안하거나 시작부터 끝까지 상세하게 모든 계획을 수립할 것을 제안하는 것이 아니라는 점을 분명히 하자. 그렇지만 대부분의 팀에는 상위 수준인 장기적 목적과 이들 목적을 달성할 수 있는 단기 목표가 있다. 이것들을 실제 작은 단위로 계획할 때는 팀이 협력하여 업무를 나누고 대략적으로 추정할 수 있는 애자일 프로세스가 일상적인 업무를 원활하게 조직하는 데 매우 효과적이다. 매니저로서 실행 프로세스의 일부를 방해하거나 소유하려고 하지 않아야 한다. 그러나 몇 주가 아닌 몇 달 단위로 측정되는 성과와 같은 큰 그림에 대한 책임은 매니저에게 있으며, 이런 부분이 상위 수준의 계획을 위해 애써야 하는 부분이다.

분기별로 엔지니어당 10주의 생산적인 엔지니어링 주가 있다.

일년에는 52주가 있으니까, 분기마다 약 13주가 있는 셈이다. 그러나 현실적으로 팀은 그 시간의 많은 부분을 놓치게 될 것이다. 휴가, 회의, 검토, 생산 중단, 신규 직원 교육 등 이러한 모든 일은 팀을 몰입에서 벗어나게 한다. 분기별로 팀원이 주요 프로젝트에 10주 이상 집중할 수 있다고 기대하지 않는다. 일분기(겨울 휴가 직후)에 가장 생산성이 높고 사분기(겨울과 연말 휴일이 포함된 분기)에 가장 생산성이 떨어진다.

일상적으로 필요한 일반적인 유지 보수 업무를 하기 위해 20퍼센트 정도의 시간을 배정한다.

내가 말한 '일반적인 기술 작업'란 기존 코드를 테스트와 디버깅을 하고, 레거시 코드를 정리하고, 개발 언어나 플랫폼 버전을 변경하고, 갑자기 발생한 업무를 처리하는 것을 의미한다. 이를 관습으로 만들어두면 분기마다 중간 규모의 기존 코드 중 일부를 처리하여 괜찮게 개선하는 데 활용할 수 있다. 운영 중인 시스템을 쉽게 작동할 수 있도록 정리하면 팀에서 새로운 기능을 편히 추가할 수 있게 된다. 최악의 경우 이런 틈을 활용하여 기능 개발 과정에서 예기치 않은 지연을 유연하게 처리할 수 있지만, 기능 개발만으로 일정을 100퍼센트 채운 경우라면 과중한 일정의 결과로 기능 개발의 속도가 바로 떨어질 것이다.

마감 시간이 다가오면 아니오라고 말하는 것이 당신 책임이다.

거의 틀림없이 직접 마감일을 설정하거나 혹은 윗선에서 정한 목표 일정이 마감일로 잡힌다. 이 목표를 달성하는 유일한 방법은 프로젝트의 말미에 갈수록 범위를 줄이는 것이다. '반드시 있어야 할 기능'이 실제로 반드시 필요한지 파악할 수 있도록 기술 팀 리드로서 테크리드와 제품 리드/비즈니스 담당자와 협력해야 한다는 의미다. 양쪽 모두에게 아니오라고 말할 수 있어야 한다. 기술 팀은 시간이 있다면 다른 기술적 작업을 하지 않고는 기능을 구현할 수 없다고 말할 것이고, 어떡하든 간에 구현하도록 밀어붙여야 할 때와 제대로 구현하도록 기다려야 할 때를 구분할 필요도 있다. 구현하기에 상당한 기술적 복잡성이 필요한 제품 기능이 있을 텐데, 이를 구현하기 위한 비용을 설명하면서 정말로 꼭 있어야 하는 것인지 제품 팀이 깨달을 수 있도록 협력해야 한다. 매니저는 이렇게 밀고 당길 때 팀에서 현실적으로 구현할 수 있는 기능이든 필요한 기능을 모두 구현할 때 걸리는 시간이든 선택할 수 있도록 하는 사람이 된다.

빠른 추정을 할 때는 두 배 법칙을 사용하지만, 긴 작업을 추정하는 계획 시간을 따로 가져야 한다.

인기 있는 소프트웨어 추정 방법인 두 배 법칙은 "시간 추정 요청을 받을 때마다 추측한 다음 두 배로 알려준다"이다. 이 규칙은 즉석에서 추측해 달라는 요청을 받을 때 사용할 수 있는 적절하고 좋은 규칙이다. 그러나 2주 이상 걸릴 것으로 예상되는 프로젝트에 대해 말할 때는 예상치를 두 배로 말하면 되지만 소요 시간을 확실히 하기 전에 약간의 계획 시간이 필요함을 분명히 해두어야 한다. 때때로 긴 시간이 필요한 작업일수록 추정치의 두 배 이상이 걸릴 수 있기 때문에, 팀이 규모가 크고 명확치 않은 프로젝트를 맡기 전에는 더 조심스럽게 프로젝트 계획에 일정한 시간을 투자하는 것이 의미가 있다.

추정을 통해 팀에 가져줄 내용을 선택할 수 있도록 한다.

이렇게 추정 및 계획 과정에서 매니저의 역할을 강조하는 이유가 있다. 생각 날 때마다 프로젝트 추정에 대해 계속 요청하는 매니저와 일하는 엔지니어는 신경이 쓰이고 스트레스를 받기 때문이다. 불확실성을 잘 다루어서 팀이 겪게 되는 불확실성의 정도를 제한하는 것이 매니저의 책임이다. 앵무새처럼 다른 사람의 말을 반복하며 이미 계획한 중요한 업무로 바쁜 팀원들을 방해하는, 엔지니어와 회사의 사람들 사이에 전화기 노릇은 하지 말자. 그렇다고 블랙홀이 되어서도 안된다. 팀 차원의 프로세스를 정리하여 새 기능과 고객의 불만 사항에 대해 적절하게 논의할 수 있는 프로세스를 마련하고, 이 과정 밖에서 벌어지는 일들을 제한하도록 노력한다.

CTO에게 묻는다

작은 팀 매니저가 되면 무엇부터 해야 하나요?

저는 개발자가 5명 있는 팀에 매니저로 새로 채용되었습니다. 다른 회사에서 매니저로 일했지만 이 회사도, 이 기술도, 심지어 이 팀도 처음입니다. 처음 몇 주를 어떻게 보내면 좋을까요?

작은 팀에 매니저로 합류하는 일은 꽤 힘듭니다. 소프트웨어 엔지니어에서 매니저로 승진하면 기술적 업무의 균형을 맞추는 것도 힘들지만, 새로운 코드를 배우고 관리할 팀에 참여하는 것은 차원이 다른 일입니다.

팀을 방해하지 않고 소프트웨어에 익숙해질 수 있는 몇 가지 방법이 있습니다. 먼저 팀원 중 한 명에게서 소프트웨어 검증 및 릴리스 프로세스뿐만 아니라 시스템과 아키텍처를 상세한 설명을 듣습니다. 코드를 체크아웃하고 시스템을 배치하는 방법 등 개발자용 현업 적응 프로세스가 있다면, 그 과정을 직접 해봅니다. 코드 베이스에 익숙해지는 시간이 지나면 코드 리뷰나 요청 처리하는 과정을 관찰합니다.

처음 60일 동안에 적어도 두 가지 기능에 관한 업무 계획을 세웁니다. 제품 사양에 정의된 기능을 골라서 추가해봅니다. 기능 추가 작업을 하는 개발자 중 한 명과 짝을 이루어, 추가할 기능을 개발하기 위한 짝으로 함께 작업해봅니다. 팀원에게서 작업한 코드에 대해 검토를 받습니다. 실제로 릴리스해보고, 팀의 책임에 지원 업무도 들어 있다면, 적어도 며칠 동안 지원 업무도 수행해봅니다.

이렇게 시스템을 통해 업무 수행을 배우는 경우 관리 업무가 더 느려질 거라고 생각할 수도 있습니다. 하지만 이렇게 천천히 할 만한 가치가 있습니다. 코드와 코드 작성 과정, 팀에서 일상 업무를 위해 사용하는 툴과 시스템에 익숙해지면, 팀 관리에 꼭 필요한 내용을 이해할 수 있고, 팀원들이 새로운 매니저를 능력 있는 리더로 보는 데 필요한 신뢰를 얻을 수 있습니다.

자신의 경험 평가하기

이 장에서 다룬 내용과 관련해서 경력을 개발할 때 고려해야 할 질문이다. 구체적인 답변을 적어보자.

☐ 이제 막 팀의 매니저가 되었다. 무슨 책임을 새로 받았는가? 새로 맡은 책임을 위한 시간을 내기 위해 어떤 업무를 중단하거나 다른 사람에게 넘겼는가?

☐ 팀에서 코드를 작성하고, 배포하고, 지원하는 일상적인 업무에 대해 얼마나 파악하고 있는가?

☐ 당신의 팀은 얼마나 자주 업무를 완료한 것으로 표시하는가?

☐ 가장 최근에 기능(feature)을 코드로 구현하거나 문제를 디버깅하거나 팀원과 함께 짝을 이뤄서 코드의 문제를 해결하기 위해 고생한 적이 언제인가?

☐ 팀 내에 대부분의 부정적인 문제를 한두 명의 팀원이 일으키는가? 상황을 개선하기 위한 문제 해결 계획이 있는가?

☐ 팀 구성원들이 서로 관계를 잘 맺는 것처럼 보이는가? 회의에서 웃는 모습을 볼 수 있는가? 채팅할 때 농담을 하는가? 커피나 점심을 같이 하는가? 업무 관련된 이야기를 하지 않은 채 마지막으로 모두 함께 앉아 있던 때는 언제인가?

☐ 팀에서는 어떻게 의사 결정을 하는가? 의사 결정의 책임을 정하기 위한 절차가 있는가? 당신 스스로 의사 결정을 내릴 책임을 지고 있는 것은 무엇인가?

☐ 완료된 프로젝트를 재검토해서 목표 달성 여부를 마지막으로 확인한 것은 언제인가?

☐ 팀원들은 현재 참여하는 프로젝트에서 왜 그 업무를 담당하고 있는지에 대해서 어떻게 이해하고 있는가?

☐ 가장 최근에 언제 프로젝트 범위를 결정했는가? 프로젝트 범위를 결정하기 위해 어떤 정보를 사용했는가?

6장

여러 팀 관리

여러 팀을 관리하는 세계에 온 것을 환영한다! 매니저를 관리하는 방법을 이야기하기에 앞서 여러 팀을 관리하는 방법을 살펴보려고 한다. 매니저를 관리하는 방법과 여러 팀을 관리하는 방법은 관련이 있지만 반드시 똑같지는 않기 때문이다. 현재 당신에게 보고하는 테크리드가 있을 것이다. 이는 당신이 서너 명이 넘는 사람을 직접 관리하면서 팀 사이에서 어떤 일이 일어나고 있는지 잘 알고 있다는 의미이기도 하다. 하지만 더 중요하게 "당신이 더 이상 코드를(많은 코드를, 제품 코드를, 또한 어떤 코드도) 짜고 있지 않다"라는 의미일 수도 있다.

내 경력 사다리를 정리해보니, 엔지니어링 디렉터는 대개 대규모 팀을 여러 개 관리하기 시작하는 자리였다. 그 내용을 지금부터 살펴보자.

엔지니어링 디렉터는 개발 팀에서 중요한 역할을 한다. 일반적으로 엔지니어링 디렉터는 여러 제품군이나 여러 기술을 아우르며 팀을 리드한다. 테크리드와 개발자는 디렉터에게 보고한다.

엔지니어링 디렉터는 보통 매일 코딩을 하지 않는다. 하지만 조직의 전반적인 기술 역량을 책임지고, 필요한 경우 교육과 채용을 통해 전체 팀의 역량을 이끌고 성장시킨다. 탄탄한 기술 배경을 갖추고 있어야 하고, 새로운 기술을 연구하고 기술 트렌드를 따라가는 데에 시간을 투자해야 한다. 중요한 시스템을 디버깅하고 선별할 수 있도록 도와야 하고, 필요에 따라 코드 리뷰를 진행하고 문제 분석을 도울 수 있을 만큼 시스템을 잘 이해하고 있어야 한다. 개발자가 비즈니스와 제품에 대해 질문할 때 전문성을 기반으로 답변할 수 있어야 하며, 우리가 작성하는 코드가 제품과 비즈니스 요구에 부합하고 요구사항이 많아지면 적절하게 확장될 수 있도록, 구조와 설계를 세우는 데 노력해야 한다.

엔지니어링 디렉터는 주로 복잡한 산출물이 원활하게 실행될 수 있도록 신경을 쓴다. 이를 위해 꾸준히 개발 표준이나 인프라 표준 및 프로세스를 평가하고 개선하여 사업적인 측면에서 지속적으로 가치를 창출하고 기술을 만드는 데 심혈을 기울인다. 성과가 높고 속도가 빠른 조직을 만들 책임이 있다. 사업이 발전하고 성장하는 만큼 프로세스를 평가하고 지속할 수 있도록 만들어야 한다. 엔지니어링 디렉터는 리더로서 채용을 진행하고 팀원을 관리하고 계획하며, 직원들의 커리어 성장과 교육을 책임져야 한다. 필요에 따라 벤더사와의 관계를 관리하고 예산 책정에 참여한다.

기술 조직의 여러 부문에 엔지니어링 디렉터의 영향력이 미쳐야 한다. 엔지니어링 디렉터는 조직에서 다음 세대 리더십과 인재 관리 시스템을 만들고 발전시켜야 하며, 인재들이 기술과 리더십과 관리 사이에서 균형을 맞출 수 있도록 도와야 한다. 높은 기술력을 가지고 적극적이고 의욕적인 조직을 만드는 데 집중하고 조직 유지 목표를 이어갈 수 있도록 요구받는 자리이다. 또한 엔지니어링 디렉터는 제품 업무나 사업 업무에 관련하여 당장 필요한 일과 장기적으로 필요한 일을 잘 조율해야 한다. 이때 기술 부채와 기술 전략 개발에도 신경 써야 한다.

엔지니어링 디렉터는 회사의 기술 부서와 다른 부서 간의 협업과 기술 부서들 간의 협업에 본보기를 보여주는 강력한 리더다. 협업의 목표는 전략적인 기술 로드맵과 전술적인 기술 로드맵을 모두 창출하는 것이다. 이 로드맵은 사업적 요구사항과 효율성, 수익 그리고 필수적인 기술 혁신을 다룬다. 엔지니어링 디렉터는 기술 개념을 단순하게 만들어 기술 비전공자에게 설명하고, 비즈니스 방향을 기술 팀에 설명해서 영감을 불어넣고 이끌 수 있는 아주 강력한 커뮤니케이터다. 엔지니어링 디렉터는 회사의 기술에 대해 긍정적인 대중인식이 자리 잡을 수 있도록 돕고, 잠재적 지원자에게 회사와 활동 분야를 소개하는 데 적격이다.

엔지니어링 디렉터는 폭넓은 경험을 통해 사업과 기술 요인을 이해하고 있기 때문에, 조직 내 모든 부서가 사업 계획과 기술 품질을 모두 만족하는 목표를 분명히 세울 수 있도록 이끌고 프로세스를 통해 이 목표를 설정할 수 있도록 도와야 한다.

여러 팀의 실무 관리를 책임지는 사람이 코딩을 하기는 너무나 어렵기 때문에, 나는 엔지니어링 디렉터가 반드시 매일 코딩할 필요는 없다는 사실을 분명히 하려고 애썼다. 바로 이 지점에서 엔지니어링 디렉터의 스케줄은 '생산자(maker)'에서 '매니저(manager)'로 옮겨간다. 원온원 미팅, 다른 엔지니어링 리드와의 미팅, 팀 플래닝 미팅, 제품 관리나 다른 비즈니스 담당자와의 미팅으로 상당히 바쁘게 지낼 것이다. 이제 스케줄을 현실적으로 생각해야 한다. 코딩에 전념할 수 있는 시간을 명확하게 설정할 수 없고, 일주일에 단 며칠도 현실적으로 보장할 수 없다면, 당신의 코딩은 아주 느린 속도로 진행될 것이다.

다행히도 제품 코드를 많이 코딩하지 않으면서도 감을 놓치지 않는 방법이 있다. 코드 리뷰는 코드의 감을 유지하는 좋은 연습이 된다. 엔지니어링 디렉터가 실무를 할 때 시스템을 개발했다면, 이후 시스템의 진행 상황도 잘 알고 있어야 한다. 당신은 그 누구보다 시스템 세부 사항을 잘 기억할 테니 코드 리뷰와 질의 응답을 맡고 개발자가 시스템 작업을 할 수 있도록 도울 수 있다. 디버깅과 제품 팀을 지원하는 업무도 감을 잃지 않는 좋은 방법이다. 코딩의 감을 잃지 않는 것은 당신의 능력에 달려 있다. 매니저가 되기 전에 디버깅을 충분히 해보지 않았다면, 디버깅에 뛰어드는 것이 도움이 되지 않을 수 있다. 페어 프로그래밍을 하거나 작은 버그나 기능을 수정하는 것이 더 나을 것이다. 이런 작은 노력들은 대부분 가치 없는 노력으로 치부되지만, 소프트웨어 개발의 감을 잃지 않도록 해주고, 팀원들에게 가치 있는 방법으로 매일 도움을 주고 싶어 한다고 알릴 좋은 기회가 된다.

엔지니어링 디렉터가 되기 전에 적어도 하나의 언어를 깊이 있고 능숙하게 그리고 편하게 다룰 수 있을 정도로 코딩을 충분히 해보지 않았다면, 코딩의 감이 없어져 위험해질 확률이 더욱 커진다. 매니저가 되기 전에 충분한 시간을 들여 반드시 프로그래밍을 숙달하기를 권한다. 나는 학부와 석사를 합쳐 약 10년이 걸렸다. 더 빨리 끝낼 수도 있겠지만, 이 점에 관련해서 자신을 자세히 살펴보아야 한다. 그리 길지 않은 시간을 들여서라도 코드를 어떻게 짜야 하는지 파악하고 표준화된 개발 환경을 사용해보고 표준 프레임워크와 라이브러리를 사용해보았는가? 그 이후 적어도 하나의 언어를 자유자재로 구사하여 기존의 좋은 코드에 기여할 수 있을 정도로 능수능란한 실력이 되었는가? 시간이 지나면서 지식은 결국 줄어들겠지만, 프로그래밍 언어를 표준 도구, 라이브러리, 런타임까지 포함해서 능숙하게 다루는 능력은 오랫동안 당신과 함께할 것이다.

언어를 능숙하게 다루는 능력은 유용하다. 능숙하게 다룬다는 의미는 당신이 잘 알고 있는 프로그래밍 언어로 개발자들과 한 팀이 되어 어떻게 일해야 생산적으로 일할 수 있는지에 대한 감이 있다는 뜻이다. 소프트웨어 구현에 대한 감 없이는, 엔지니어링 디렉터로서 해야 하는 일의 가장 중요한 부분인, 팀 문제를 디버깅하고 팀이 좋은 소프트웨어를 잘 만들 수 있도록 유지하는 일이 어려울 것이다.

마지막으로, 코딩을 많이 하지 않을 작정이라도, 적어도 일주일에 한 번 반나절 동안은 미팅이나 업무에서 벗어나 창의적인 작업을 꼭 하기를 권장한다. 개발 블로그에 포스팅을 작성하거나, 컨퍼런스 내용을 준비하거나, 오픈소스 프로젝트에 참여할 수 있다. 창의성의 갈증을 해소할 수 있는 일을 해보라. 그렇게 하지 않으면 매니저로서 만족도가 떨어질 수 있다.

코드가 그리워요!

지금 복잡한 두 팀을 관리하고 있습니다. 팀을 관리하는 책임 때문에 개발 일은 우선순위에서 밀려났습니다. 제가 코딩을 엄청 그리워하고 있다는 것을 깨달았습니다. 매니저가 되면 안 된다는 신호일까요?

과중할 정도로 개발 현업을 맡았던 대부분의 사람들은 매니저가 되면서 잘못된 선택을 한 것은 아닌지 고민합니다. 게다가 개발 프로세스에서 배운 소중한 기술 능력을 몽땅 잃을까 봐 걱정하죠. 혹시 매니저는 직업이 아니라고 생각합니까? 개발 업계에는 관리를 경멸하는 사람들이 너무나 많으며, 관리 업무는 코딩만큼 중요한 업무가 아니라고 여깁니다. 하지만 매니저는 직업이고, 관리는 중요하고 필요한 일이며, 특히 현재 당신의 일입니다.

코딩은 퀵윈(quick win)[1]으로 이루어져 있고, 숙련된 개발자에게는 더

---

1 역자주_ 퀵윈(Quick Win) : 업무를 시작하고 나서 바로바로 나타나는 가시적인 성과를 말한다.

욱 그렇습니다. 테스트를 통과하고, 새로운 기능을 발견하고, 컴파일할 일들이 생기며, 문제를 해결하는 과정에서 작은 성공을 자주 거두게 되죠. 그 반면에 '관리'는 명확한 퀵원이 많지 않고, 특히 신입 매니저는 퀵원을 하기가 더욱 힘듭니다. 컴퓨터 앞에서 일만 하면 되던 그때, 이렇게 골치 아프고 복잡한 '사람'을 다룰 필요가 없던 그때, 단순했던 그때를 그리워하는 건 당연합니다. 처음 회사에 취직 후 학창시절을 그리워하는 것과 비슷합니다. 졸업반으로 학교에 다닐 땐 공부를 열심히 하는 것만으로 충분했습니다. 단순한 시절을 그리워하거나 기술에서 멀어지는 게 두려울 수 있습니다. 하지만 모든 일을 한 번에 할 수는 없죠. 훌륭한 매니저가 되려면, 관리 능력에 집중해야 하고 기술에 조금 덜 집중해야 합니다. 이것은 타협이고 당신이 결정해야만 하는 문제입니다.

시간의 우선순위 정하는 방법

관리 업무가 너무 많아 코딩할 시간이 조금밖에 없다면, 다른 사람들의 변덕 때문에 당신의 하루가 날아가버린 것 같은 기분이 든다. 진행해야 하는 회의가 쌓이기 시작한다. 원온원 미팅, 계획 미팅, 경과 보고 미팅. 일어서. 앉아. 싸워라 싸워라 싸워라!(Stand up. Sit down. Fight fight fight!)[2]

아니, 잠깐! 작전 계획 중에는 싸우지 않기!

이제 시간을 어떻게 관리해야 하는지 생각해야 한다. 시간을 관리하지 않으

---

2 역자주_ 미국에서 대단히 인기 있는 미식축구 응원 구호이다. 여기서는 상대가 있는 싸움에서 전략적인 사고를 하라는 의미로 인용되었다.

면 며칠이 지나도 보여줄 것이 없다는 사실을 깨달을 것이다. 그럼에도 당신은 매니저로서 책임이 있다. 회의에 참석하는 일 그 이상의 업무를 해야 한다. 팀 목표를 설정하고, 제품 로드맵의 세부 정보를 공유하여 제품 팀을 지원하고, 할 당된 업무가 실제 완료되었는지 확인한다. 마지막 업무는 업무 완수를 확인하는 일이며, 주의하지 않으면 하루를 몽땅 날릴 수 있다.

시간 관리는 개인적인 부분이다. 어떤 사람들은 매우 꼼꼼해서, 스케줄과 할 일 목록을 관리하기 위해 체계적인 전략을 세운다. 이런 사람들에게 박수를 보내지만 나는 그런 사람이 아니다. 하지만 데이비드 알렌의 저서 『끝도 없는 일 깔끔하게 해치우기』(21세기북스, 2011)[3]에 소개된 아이디어는 꽤 유용했다. 전체 프로세스에 적용하지 않더라도, 한번 읽어보기를 권한다.

내가 사용해왔던 시간 관리 철학이 당신에게 도움이 될 것이다. 시간 관리는 단 하나의 요점으로 요약된다. 바로 '중요도'와 '긴급도'의 차이를 이해하는 것이다. 대부분의 업무는 다음 표로 분류될 수 있다(표 6-1).

표 6-1 시간의 우선순위 정하는 방법

중요도/긴급도	긴급하지 않다	긴급하다
중요하다	전략 : 시간을 만든다	확실히 처리한다
중요하지 않다	확실히 피한다	산만해질 수 있다

중요하고 긴급한 일은 지금 진행한다. 무슨 말인지 알 것이다. 수정이 필요한 중요한 문제가 있다. 고과평가는 내일까지 완료되어야 한다. 경쟁사에서 채용 제안을 받은 우수한 후보자에게 이틀 내로 채용 제안을 해야 한다. 이런 일들은 실

---

3 역자주_ 이 책의 원서는 『Getting Things Done: The Art of Stress-Free Productivity』(Penguin, 2001) 이다.

수를 하면 타격이 크다. 당신이 이러한 종류의 일들을 처리해야 할 필요를 모를 것 같지는 않다.

매니저가 중요도에 대한 감을 잃기 시작하면 시간 관리가 아주 어려워진다. '긴급도'는 '중요도'보다 더 확실하게 느껴진다. 이메일 답장이 좋은 예시다. 새 메일이 왔다고 알리는 인박스의 빨간 점은 긴급하게 확인해야 하는 일로 느껴진다. 그래서 쉽게 이메일에 파묻혀 시간을 허비하기 쉽다. 그렇다면 진짜 긴급한 이메일은 얼마나 자주 올까? 이메일은 긴급한 정보, 시간에 민감한 정보를 전달하기에 최악의 수단이다. 긴급하게 느껴지지만 긴급한 건 아니다. 이 이유가 바로 수많은 '정확히 시간 관리하기' 팁들이 이메일을 확인하고 답장하는 시간을 정하라고 권하는 이유다. 우리는 긴급하다고 느끼는 일을 중요한 일이라고 생각하는 경향이 있다. 미팅이 잡혀 있는 경우, 그 시간에 당신이 어디 있어야 하는지는 분명하다. 그런데 그 미팅은 진짜로 급한 미팅일까, 아니면 시간을 최적으로 관리하기 위해 고민하는 일을 방해하는 미팅일까?

긴급하다고 느껴지지만 실제로는 그렇지 않은 일들은 많다. 뉴스, 페이스북, 트위터처럼 인터넷으로 할 수 있는 모든 것이 그렇다. 채팅은 긴급하게 느껴지지만, 협업하는 팀 내에서 진짜 긴급하고 중요한 정보를 전달하는 데 채팅은 이메일만큼이나 나쁘다. 현재 개발 업무 현장에서 사용하는 많은 소통 채널이 슬랙(Slack)이나 힙챗(HipChat)과 같은 채팅 시스템으로 많이 옮겨왔다. 채팅 시스템은 장단점이 있지만, 다른 채팅 시스템을 사용한다고 해서 더 잘 집중할 수 있는 것은 아니다. 대화와 정보는 계속 흐르고 화면의 스크롤은 계속 올라간다. 채팅에서 끊임없이 쏟아져 나오는 정보 때문에 주의가 더 산만해질 수 있다.

긴급하고 중요도가 약간 높은 일을 처리하는 데 많은 시간을 할애하고 있겠지만, 중요하지만 긴급하지 않은 일을 놓치고 있을 수도 있다. 그 예로, 회의를 건강하게 이끌기 위해 회의 준비를 하는 것이다. 건강한 회의는 모든 사람들의 참여가 필요하고, 짧지만 생산적인 회의를 하기 위해서는 회의 참석 전 참여자들의 사전 준비가 필요하다. 여러 팀의 매니저로서, 효율적인 회의 문화를 팀에 정착시켜 많은 시간을 아낄 수 있다. 사람들이 어떤식으로든 사전 준비를 하도록 책임감을 심어주어야 한다. 회의 주제를 미리 요청하자. 무엇을 계획하는 회의든 과거를 돌아보는 회의든 또는 실패를 분석하는 회의든 많은 사람이 참여하는 일반적인 회의는 명확한 절차와 예상되는 결과물이 있어야 한다.

현재 직급과 이전 직급을 비교하면 큰 차이점이 하나 있다. 당신의 상사가 당신은 팀과 당신을 독립적으로 관리할 수 있을 만큼 충분히 현명할 거라고 기대한다는 점이다. 중요하지만 아직은 긴급하지 않은 모든 일을, 특히 당신의 상사에게 긴급해질 모든 일을 당신이 앞서 주도할 것이라고 믿는다는 의미다. 이 일을 처리할 수 있도록 시간을 관리하는 방법을 아무도 알려주지 않을 것이다. 매니저들이 온갖 업무를 조직에 맞는 방식으로 처리하지 못한 채 실패하는 것을 많이 보았다.

회의는 긴급하지만 중요도가 낮은 일로 분류할 수 있고, 엔지니어링 디렉터가 꼭 필요하지 않은 회의라면 참석하지 않을 수 있다. 하지만 엔지니어링 디렉터로서 이 전략을 너무 많이 사용하지 않도록 주의해야 한다. 팀이 성공적으로 앞으로 나아가고 팀이 행복하게 참여하여 일하도록 하는 것은 당신 어깨에 달려 있다. 팀 내부 회의에 전혀 참석하지 않는다면, 문제를 조기에 파악할 수 있는 단서를 놓칠 수 있다. 지루한 회의가 너무 많다는 것도 큰 위험이다. 회의 시간에 팀원들이 참여하고 있는지 살펴보라. 절반이 회의에 집중하지 않고 잠들어 있고, 허공을 보거나 핸드폰이나 노트북을 쳐다보고 있거나 한가해 보인다면, 그 회의는 시간 낭비다. 당신이 팀 내부 회의에 참여하는 이유에는 팀 내 역학과 팀 사기를 신경 써서 살펴보려는 이유도 들어간다. 행복한 팀에서는 활력과 결속력이 느껴진다. 행복하지 않거나 동기부여가 되지 않는 팀은 진이 빠지거나 지루하게 느껴진다.

중요하지만 긴급하지 않은 업무 목록으로 돌아가보자. 가장 우선적으로 미래를 고민하는 업무가 다루어져야 한다. 해야 하는데 미루어둔 일이 분명히 있다. 팀원 채용을 위한 직무 기술서를 작성하는 업무일 수도 있다. 프로젝트에 내재된 문제를 찾기 위해 현재 작업을 리뷰하는 업무, 함께 풀어야 하는 문제에 대해 서로 의견이 달라 다른 팀 매니저와 논의하는 업무일 수도 있다. 어떤 일에 집중해야 하는지 알기 위해 그동안 신경 쓰지 못했던 중요한 일들을 목록으로 작성하는 업무일 수도 있다. 이러한 업무를 처리할 시간을 따로 정해두지 않으면 힘들어질 것이다. 여러 팀의 매니저로서, 균형에 맞게 폭넓고 깊게 사고하고, 현재 팀의 세부 상황을 알아야 한다. 그러면서도 앞으로 어느 방향으로 나아가야 하는지, 그러려면 무엇이 필요한지 살펴야 한다.

이제 무엇을 해야하는지 알았다면 스스로에게 물을 것이다. 내가 하고 있는 일이 얼마나 중요한가? 긴급한 일이기 때문에 중요하게 보이는 것인가? 이번 주에 긴급한 일을 처리하기 위해 얼마나 많은 시간을 보냈는가? 긴급하지 않은 일에 충분한 시간을 할애할 수 있었는가?

매니저가 되기 위한 가장 어렵고도 가장 짧은 수업

매니저로서 우리 팀에 필요한 일들을 마음속에 목록으로 가지고 있다. 내가 모니터링하고 있는 것, 고치려고 하는 것, 팀을 위해 찾으려고 하는 것. 지금 무슨 일이 일어나고 있는지, 팀 전체가 효과적으로 일하기 위해 필요한 것이 무엇인지 이해하는 일이 나의 일이다.

업무 진행 상황을 보고 이렇게 말할 수 있다. "데드라인이 당장 코앞이고, 다음 달에 다른 개발자가 또 필요한데, 내가 해야겠어."

하지만 상황을 파악하며 깨닫게 되는 건 팀에 매니저가 필요하다는 점이다. X명만큼 더 채용해야 하고 Y는 잠재력이 크지만 코칭이 필요하기 때문이다. 제품 팀, 디자인 팀, 여러 다른 팀에서 당신이 필요한 정보를 주지 않으니 직접 가서 받아와야 하기 때문이다. 프로세스가 중요한데, 지금 프로세스로는 충분하지 않거나 프로세스가 잘못되었기 때문이다.

팀에 개발자보다 매니저가 더 필요하다면, 당신이 그 개발자가 될 수 없고 매니저가 되어야 한다는 사실을 받아들여야 한다. 일부 사람들은 두 가지 모두를 해내기도 하지만, 둘 중 하나라도 잘하려면 결정해야 한다.

개발을 잘하지 못하면 혼자 속상하고 말겠지만, 관리를 잘하지 못하면 다른 사람들에게 타격을 줄 수 있다. 공평하지 않다. 코딩도 충분하게 하지 못했고, 내가 성취한 일들을 수치로 적어둘 수 없다고 느끼는 날에는 '아, 내가 할 수 있는 최선이었다'라고 자신을 다독여라. 이것으로 충분하다.

— 케이트 휴스턴

업무 위임 노하우

요즘 하루 일과를 끝낸 후 어떤 기분이 드는가? 새로 매니저가 된 것과 비슷한 상황이라면 매우 지쳐 있을 것이다. 하루 종일 코딩을 많이 못 했더라도, 아니 아예 한 줄도 못 짰더라도, 퇴근하면 저녁으로 뭘 먹을지 고민할 힘도 없고, 취미를 위한 에너지도 없으며, 그저 잠들기 전 나를 위로할 간식이나 맥주를 먹거나 컴퓨터나 텔레비전을 멍하니 보고 싶은 마음을 알아차렸을 것이다.

여러 팀을 관리하기 시작한 처음 몇 개월 동안은 죽음의 행진이 계속되는 것처럼 느껴질 것이다. 일의 집중력은 잦은 회의 때문에 산산조각이 날 것이다. 처음 몇 달은 여러 번 목이 쉬었다. 매일 말을 그렇게 많이 해야 하는 것에 익숙지 않았다. 친구 한 명이 최근에 엔지니어링 디렉터가 되었는데, 자꾸 식사를 챙겨 먹는 것을 잊어버려서, 뭘 좀 먹어야 한다는 것을 깨달았을 때 뭘 먹을지 결정할 힘도 없어서 비서에게 점심을 주문해 달라고 부탁했다고 한다.

자, 먼저 나쁜 소식부터 말해보자면, 이 상황을 벗어날 수 있는 방법은 단 한 가지다. 그저 헤쳐나가는 것이다. 사실 사람들은 대부분 이 상황을 헤쳐나간다. 이런 상황을 한 번도 겪어보지 않았다면, 아주 운이 좋거나, 관심 가져야 할 사항에 정말 관심이 있는지 다시 확인해봐야 한다. 내 경험에 비추어볼 때, 이 상황을 헤쳐나가고 그 상황 안에서 사람을 관리해야 하는데 당신이 조금도 지치지 않았다면 무언가 놓치고 있는 게 분명하다.

광대가 여러 막대 위에 접시를 두고 돌리는 묘기인 접시돌리기는 이 상황을 잘 묘사한다. 광대는 모든 접시가 막대에서 떨어질 정도로 느려지지 않도록 주의를 기울여야 한다. 접시는 당신이 관리하고 있는 직원과 프로젝트이며, 당신의 업무는 직원과 프로젝트에 언제 얼마나 큰 관심을 주어야 하는지 파악하는 것이다. 이때 중요한 부분은, 학생의 마음으로 돌아가 접시돌리기를 배워야 한다는 것이다. 어떻게 접시를 돌려야 하는지 아직 배우는 중이고, 너무 오랫동안 접시에 신경 쓰지 못하면 접시가 떨어질 수도 있다. 언제 어느 접시를 만져야 하는지 감각을 키워야 한다.

좋은 소식은 시간이 지나면 나아질 것이라는 점이다. 당신의 기술은 향상될 것이다. 제대로 진행되지 않는 프로젝트, 곧 그만두려는 사람들, 제대로 된 결과물을 만들어내지 못하는 팀처럼 프로젝트의 조기 경고 신호를 알아차리기 시작할 것이다. 앞서 언급했던 팀 회의에 빠지는 것을 신중히 결정해야 한다고 했던 이유의 하나가 회의를 참석하면 팀의 건강하고 건강하지 못한 상호작용을 알 수 있기 때문이다. 당신에게 직접 보고하는 모든 직원과 원온원 정기 미팅을 하라고 강하게 권하고 싶다. 직원이 많으면, 원온원 미팅 시간을 줄이거나, 매주 하는 미팅을 격주로 조정하면 된다. 하지만 다른 일을 하느라고 너무 바빠서 원온원 미팅을 하지 못한다면 직원들이 그만두려고 경고하는 신호를 놓치기 딱 좋다.

이 절의 제목을 '업무 위임 노하우'로 정했는데, 그렇다면 위임은 어디에 적합할까? 위임은 한 번에 너무 많은 접시를 돌리고 있다는 느낌에서 벗어나기 위해 사용하는 기본적인 방법이다. 새 업무를 맡게 될 때마다 자신에게 물어보라. '내가 이 업무를 완료하는 담당자가 되어야 하는가?' 정답은 몇 가지 요인에 따라 달라질 수 있다(표 6-2).

표 6-2 위임 시기 결정

복잡도/빈도	빈번한 업무	빈번하지 않은 업무
단순한 업무	위임	직접 처리
복잡한 업무	(신중하게) 위임	교육 목적의 위임

업무의 복잡도와 빈도는 위임을 할지 말지와 어떻게 위임을 할지 결정하는 근거가 된다.

빈번하고 단순한 업무는 위임하라

빈번하고 단순한 업무라면, 위임할 수 있는 사람을 찾자. 빈번히 일어나고 단순한 업무에는 일일 조회, 매주 팀 성과 요약정리, 사소한 코드 리뷰 진행 등이 있다. 테크리드나 다른 수석 엔지니어가 이 업무를 담당할 수 있고 별도로 교육이 필요하지 않다.

단순하고 빈번하지 않은 업무는 직접 처리하라

다른 사람에게 설명해서 진행하는 것보다 혼자 처리하는 게 빠른 업무라면, 엔지니어링 디렉터가 처리할 업무가 아니라고 생각되어도 소매를 걷어 올리고 직접 처리하라. 팀에 필요한 특정 행사 티켓을 예약하는 업무부터 분기 보고서를 생성하는 스크립트를 돌리는 것까지 모두 해당된다.

복잡하고 빈번하지 않은 업무는 앞으로 리더가 될 사람들을 교육하는 데 사용하라

고과 평가를 작성하고 채용 계획을 세우는 업무는 당신만이 할 수 있다. 하지만 앞으로 리더가 될 사람들에게 필요한 기술이기도 하다. 당신 옆에는 인턴에 대한 고과 평가를 작성하는 테크리드가 있거나, 내년에 프로젝트를 진행하려면 신규 인력이 몇 명 필요한지 피드백을 줄 수 있는 수석 엔지니어가 있을 것이다. 이런 업무가 익숙해질 때까지 도움을 요청하여 진행하라. 이런 업무가 익숙해졌다면, 리더가 될 사람들을 데려와 이 업무가 어떻게 진행되었는지 교육하라.

복잡하고 빈번한 업무는 팀의 발전을 위해 위임하라

프로젝트 계획, 시스템 설계, 긴급 상황 수습과 같은 업무는 팀을 잘 운영하고 인재를 키우기에 아주 좋은 기회다. 유능한 매니저는 이런 업무를 통해 팀원들의 능력이 향상될 수 있도록 많은 시간을 할애한다. 당신의 목표는 팀이 당신 도움 없이 높은 수준으로 운영될 수 있도록 하는 것이다. 이 복잡한 업무를 당신 없이 진행할 수 있는 사람들이 필요하다는 의미다.

당신의 팀은 독립적으로 일하는 방법을 알고 있는가? 아니면 중요한 업무를 당신에게 의존하고 있는가? 팀을 위해 당신만 할 수 있는 업무들을 목록으로 정리해보자. 고과 평가나 채용 계획과 같은 업무는 당신이 해야 하는 일이지만, 많은 업무들이 팀이 스스로 할 수 있도록 가르쳐야 하는 일이며 이는 중요한 부분이다. 프로젝트 관리하기, 팀 신규 인력 충원하기, 제품 팀과 제품 로드맵 목표를 기술 업무로 세분화하기, 제품 지원하기까지 이 모든 업무를 팀원들이 배워야 한다. 팀원을 가르치는 데에 시간이 걸리겠지만, 장기적으로 보면 이 방법은 시간을 절약해줄 것이다. 그뿐 아니라, 이런 업무를 가르치는 일이 당신이 해야 하는 업무다. 매니저로서 조직의 인재를 육성하고, 직원들이 다음 단계 경력에서 필요한 새로운 기술을 배울 수 있도록 돕는 것이 당신의 책임이다.

위임은 천천히 시작되지만 경력 성장에 꼭 필요한 과정이다. 팀이 당신 없이 잘 운영되지 않는다면, 당신은 승진하기 어려울 것이다. 새 접시와 관심이 가는 접시를 찾아 어떻게 돌리는지 배우기 위해서는 인재를 찾아 업무를 위임하자.

팀이 위기에 빠지기 전에 알아차릴 수 없을까요?

예상치 못하게 팀이 힘들어지고 팀원이 그만두는 상황을 여러 번 경험했습니다. 이러한 문제를 사전에 발견하기 위해 주의를 기울여야 할 '경고 신호'가 있을까요?

어느 정도 관리를 해보면, 그 경고를 알아차릴 수 있는 신호가 분명히 보입니다. 경고를 알아차리는 방법을 몇 가지 소개할게요.

평소 수다스럽고, 행복해하고, 참여도가 높았던 직원이 갑자기 일찍 퇴근하고, 지각하고, 업무 시간에 자주 자리를 비우고, 회의 시간에 조용하고, 팀원들과 어울리지 않기 시작한다. 이 직원은 개인적으로 큰 문제가 생겼거나 그만둘 준비를 하는 겁니다. 사람들은 보통 가족이 아프거나 인간관계에 무슨 일이 생겼거나 건강에 무슨 문제가 생길 경우 누군가에게 이야기하지만 늘 그렇지는 않습니다. 승진이나 팀 조직 개편과 같은 중대한 결정으로 변화가 있는 직후에 이런 모습을 보이는 직원이 있다면 본인이 그 결정에 고려되지 않았다고 느끼고 있을 수 있습니다. 그런 이유와 상관없이, 직원이 그만두기 전에 솔직하게 대화를 나누어 문제의 원인이 무엇인지 살펴보아야 합니다.

테크리드가 모든 것이 순조롭다고 이야기하면서도 당신과의 원온원 미팅을 자주 취소하고 본인 상태를 잘 업데이트하지 않는다. 이 사람은 무엇인가 숨기고 있습니다. 테크리드가 예상하는 것보다 프로젝트 진행이 더디거나 프로젝트가 아닌 다른 업무를 하고 있는 것을 숨기는 경우가 자주 있습니다. 테크리드가 조기에 프로젝트 계획을 명확히 하도록 돕고, 변수가 있을 때 계획을 어떻게 변경할지 기대치를 설정하여 프로젝트 진행 상황을 숨길 수 없도록 만듭니다. 신임 테크리드가 다소 벅차게 느끼는 프로젝트의 목표와 범위를 명확하게 설정할 수 있도록 합니다. 직무를 버거워하는 신입 사원을 관리할 때 비슷한 경험을 했을 겁니다. 본인의 업무를 진행하지 않으면서 새로운 프로그래밍 언어, 새로운 플랫폼, 새로운 프로세스를 배우는 데 시간을 많이 보내는 직원도 그런 경우에 들어갑니다.

모든 회의에서 팀의 에너지가 전혀 느껴지지 않는다. 사실 제품 매니저와 테크리드만 이야기를 하고 팀원들은 조용히 앉아 있거나 질문을 받을 때만 의견을 내는 그런 회의는 지루하기 짝이 없습니다. 팀의 회의 참여도가 낮다는 것은 팀이 업무에 별로 관심이 없거나, 직원 본인의 의견이 의사결정에 반영되지 않는다고 느끼기 때문입니다.

팀 프로젝트 목록이 그날그날 고객의 입맛에 따라 매주 바뀌는 것 같다. 이 팀은 고객 만족 이상의 목표를 생각해본 적이 없나 봅니다. 이 팀에 더 좋은 제품 방향성이나 비즈니스 방향성이 필요한 상태입니다.

작은 팀이 내부적으로 아주 산산조각 난 상황이다. 이를테면 개발자가 본인이 작업하는 시스템이 아니면 못 본 척하거나 그 시스템을 배우려는 마음이나 호기심이 부족한 경우다. 이 팀은 더 큰 팀이나 회사보다는, 일일 업무와 작업하고 있는 시스템을 강하게 동일시하고 있습니다. 이 팀은 더 큰 팀이나 비즈니스 요구에 의해 시스템을 바꾸는 결정을 반대할 수도 있습니다.

도전 상황 : 거절 전략

팀원이 좋은 환경에서 일을 할 수 있도록 하는 업무도 매니저의 일이다. 매니저는 팀이 최선을 다할 수 있도록 팀에 집중한다. 매니저는 팀이 동료애를 키울 수 있도록 하고 팀원들이 새로운 기술을 배울 수 있도록 지원한다. 매니저는 이 모든 일에 조력자이자 코치이고 챔피언이다.

하지만 매니저가 이런 환경을 조성하기 위해서는 때로 거절도 해야 한다. 팀에 "아니요"라고 말할 수 있어야 한다. 동료들에게 "아니요"라고 말할 수 있어야 한다. 상사에게도 "아니요"라고 말할 수 있어야 한다. 모든 "아니요"는 그 나름대로 힘들다. 유능한 매니저는 "아니요"라고 말할 때 효과적인 전략을 개발해서 사용해야 한다. 다음은 내가 효과를 확인한 몇 가지 방법이다.

"네, 그리고"

매니저가 상사에게 "아니요"라고 거절하는 건 단순히 "아니요"라고 하는 것과 다르다. 꽁트에서 볼 수 있는 "네, 그리고" 기술처럼 보인다. "네, 그 프로젝트를 할 수 있어요. 현재 로드맵에 있는 다른 프로젝트들의 시작만 늦추면 돼요." 현실적으로 안 되는 부분을 명확히 이야기하면서도 긍정적인 대답을 할 수 있다는 건 당신이 고위 리더십을 시작할 수 있다는 의미이다.

이런 '긍정적인 거절'은 개발자 대부분이 마스터하기 아주 어려워하는 기술이다. 개발자는 프로젝트의 잘못된 점을 이야기하는 것에 익숙하고, 반사적으로 "안 돼요. 그건 불가능해요"라고 말하는 습관을 고치기가 힘들다. 특히 상사나 동료와 이야기 나누며 거절해야 할 때 "네, 그리고" 전략을 사용하면서 의견 충돌 때문에 현실적인 우선순위를 협상하게 되는 과정을 잘 관찰해보라.

원칙을 만들자

협상에서 "네"를 끌어내기 위해 필요한 부분을 팀원들에게 이해시키고 싶을 것이다. 팀이 사용하지 않는 프로그래밍 언어를 프로젝트에 반영하고 싶어 하는 개발자와 논의한다고 해보자. 개발자는 이 언어가 프로젝트를 위해 얼마나 완벽한 언어인지 강하게 주장하겠지만, 매니저 입장에서는 완벽하다는 이유만으로 프로젝트에 새 언어를 반영하고 싶지는 않을 것이다. 당신은 안 된다고 말하고 안되는 이유를 알려주고, 대화를 끝내고 싶을 것이다. 그것도 한 방법이다.

하지만 같은 이유를 대며 "안 돼요"라고 계속 외치는 자신을 발견할 것이다. "안 돼요. 그렇게 하려면 그 언어를 아는 사람들이 더 많이 필요해요. 제품에 새로운 언어를 반영한다는 것이 어떤 의미인지 이해해야 해요." "안 돼요. 로그 표준이 필요해요. 테스트를 어떻게 진행할지 고민해야 해요." 여러분 자신이 이렇게 반복해서 말하기 시작했다면, 합리적인 원칙을 만들 수 있는 토대가 마련되었다는 의미다.

이 원칙은 "네"를 끌어내기 위해 필요한 어려운 요구사항과 그런 결정을 고민할 때 참고할 몇 가지 가이드라인을 포함한다. 원칙을 만들면, 팀이 "네"를 끌어내기까지 얼마나 많은 사항을 고려해야 하는지 사전에 알 수 있도록 해준다.

"제가 '네'라고 말할 수 있도록 도와주세요"

원칙은 유용하지만, 모든 경우에 적용되는 것은 아니다. 다음 전략인 "제가 '네'라고 말할 수 있게 도와주세요"는 원칙을 세우는 것과 비슷하지만, 명확한 원칙이 없을 때 일회성으로 사용하기에 좋다. 가끔은 아주 비논리적인 아이디어를 제안받을 수 있다. "제가 '네'라고 말할 수 있게 도와주세요"라는 여러분의 대답은 질문을 통해 미심쩍은 요소들을 알아보겠다는 의미다. 팀원들은 이런 질문을 통해 본인의 생각이 그렇게 좋은 생각이 아니었음을 깨닫는다. 하지만 가끔은 팀원들의 생각하는 방식에 깜짝 놀랄 수도 있다. 어느 방법으로든 아이디어에 호기심을 가지고 질문을 하는 방법은, "안 돼요"라는 의미를 전달하면서 아이디어를 다시 생각해보라는 교훈을 준다.

예산을 요청하라

새로운 아이디어가 팀과 동료에게 문제가 되기 시작한다면, 시간과 예산을 요청하는 전략을 사용할 수 있다. 현재의 업무 부담을 쉽게 설명하고, 왜 조정하기 어려운지 알려준다. 이런 방법이 가끔 "지금은 안 돼요"라는 의미이기도 하지만 부드럽게 거절하는 방법이다. "지금은 안 돼요"라는 답변은 아이디어에는 동의하지만 지금은 반영할 수 없고 나중에 반영하겠다는 의미다. 실제 그런 경우가 많기 때문에, "지금은 안 돼요"라고 말하기 쉽다. 하지만 앞서 말했듯 "지금은 안 돼요"라는 암묵적인 약속을 할 때는 '나중에' 진짜 반영할 것이라는 뜻이므로, 앞으로 정말 반영할 수 있는 아이디어인지 확신하고 답변해야 한다.

아군을 만들자

"안 돼요"라고 말하기 위해 당신과 동료(특히 제품이나 비즈니스 등 여러 직무 분야의 동료)가 함께 행동해야 하는 때가 생긴다. 이 전략은 모든 경우에 사용할 수 있다. 당신의 기술적 권위를 앞세워 제품 팀 편을 들어줄 수도 있다. 때로는 제품 팀이 특정 예산 초과 지출을 요청하면 재무 팀과 협력하여 이를 거절할 수 있다. 좋은 경찰 나쁜 경찰 전략[4]은 다소 마음이 불편한 방법이므로 꼭 필요할 때만 사용하자. 당신이 거절해야 할 때 다른 팀의 도움을 받을 수 있도록, 다른 팀이 거절을 위해 당신의 권위가 필요할 때 도와주자.

얼버무리지 말자

"안 돼요"라고 말해야 한다면 주저하고 오래 끄는 것보다는 빨리 말하는 것이 좋다. "안 돼요"라고 말할 수 있는 권한이 있고 문제가 되지 않을 것이라는 믿음이 있다면 어떻게 전달할지 고민하지 말자. 물론 가끔은 틀릴 수도 있다. 성급하게 "안 돼요"라고 이야기했다는 것을 깨달았다면, 실수를 사과하자. 모든 결정마다 신중하게 조사하고 분석할 여유는 없으므로, 위험도가 낮고 영향력이 크지 않은 결정은 신속하게 거절하도록 연습하자. 그리고 빠른 승낙도!

---

4 역자주_ 좋은 경찰 나쁜 경찰 전략(good cop/bad cop)은 협상과 심문에 사용되는 심리기술이다. 두 경찰관이 각각 좋은 경찰과 나쁜 경찰 역할을 맡아 회유와 협박을 번갈아 사용하며 상대방이 자백하도록 만드는 방법이다. 여기서는 나쁜 경찰 역할을 해줄 아군을 만들자는 의미로 사용되었다.

테크리드가 관리를 하지 않습니다.

앱을 오브젝트씨(Objective-C)에서 스위프트(Swift)로 다시 만드는 프로젝트에서 주니어 개발자를 감독하는 테크리드와 함께 일을 했습니다. 하지만 주니어 개발자들이 아직 프로젝트 계획도 세우지 않았고, 설계리뷰 시 전달했던 피드백에도 아무 답변을 하지 않았다는 것을 알게 되었습니다. 제가 개입하지 않고도 테크리드가 이 상황을 관리하도록 하려면 어떻게 해야 하나요?

때로는 위임이 실패하기도 합니다. 주니어 개발자가 설계 피드백에 답변을 마치지 않았거나 프로젝트 계획을 세우지 않았다면 당신이 테크리드에게 책임을 물을 거라는 사실을 그는 모르고 있는 것 같군요.

맨 먼저 테크리드에게 왜 아직 업무가 진행되지 않았는지 물어봅시다. 아마 왜 하지 못했는지 여러 가지 이유를 듣게 될 겁니다. 테크리드가 자기 일이 너무 바빠서 주니어 개발자를 챙기지 못했다고 한다면, 업무를 지도하고 감독하는 일은 코딩이나 다른 업무와는 별도 일정으로 관리되어야 한다는 사실을 상기시켜줘야 합니다.

둘째, 주니어 개발자가 업무를 하지 않으려고 할 때 어떻게 독려하면 좋을지 테크리드가 모를 수도 있습니다. 주니어 개발자가 테크리드에게 어떻게 보고하는지 물어보고, 다른 방법이 가능하다면 알려줍니다. 신임 테크리드는 때때로 팀원들에게 요청했던 부분에 대한 결과를 받지 못해 자기에게 권한이 없다고 느끼기도 합니다. 그래서 당황하여 프로젝트 일정을 잘 지키라고 팀원을 독려하지 못할 수 있습니다.

　제일 좋은 방법은 기술과 자신감을 테크리드에 심어주어 다른 팀원에게서 보고를 받도록 하는 것입니다. 당신이 직접 처리하는 것보다 시간이 걸리겠지만, 팀이 테크리드를 존중하고 테크리드가 독립적으로 팀을 이끌 수 있도록 방법을 가르쳐줘야 합니다.

코드 그 이상의 기술 요소

엔지니어링 디렉터 직급에서 해야 할 관리 업무는 다소 헷갈린다. 어느 정도 기술 능력을 갖춘 매니저를 채용하지만, 많은 사람이 엔지니어링 디렉터의 업무가 실제로 '기술적'이지 않다고 생각한다. 결국 매니저가 코딩도 많이 하지 않고 시스템 설계도 많이 하지 않아서 그렇다고 생각한다. 안 그런가?

　엔지니어링 디렉터의 업무가 근본적으로 기술적이지 않다는 생각은 잘못되었다. 효율적인 개발 팀을 운영하는 것은 순수한 관리 기술보다 더 중요하다. 관리하기 위해서는 새로운 기술을 배워야 한다. 이 기술은 소프트웨어 공학의 원칙과 실제 적용 방법을 이해하고 있어야 수월하게 배울 수 있다. 엔지니어링 디렉터는 개발자가 운영하는 업무 시스템에 기술적으로 관심을 가지며 감독하고 개선해야 한다. 특히, 전체 팀이 기술적으로 건강한지 신호를 알아차릴 수 있는 안목을 길러야 한다. 하지만 그 건강한 신호란 무엇일까?

　유명한 경제경영서 『유능한 관리자 : 사람의 열정을 이끌어내는』(21세기북스,

2006)[5]에서는 팀의 생산성과 만족도를 예측하는 데 도움이 되는 몇 가지 질문을 소개한다. 일부 질문은 다음과 같다.

- 내가 해야 하는 업무를 알고 있는가?
- 나는 업무에 필요한 준비물과 장비를 갖추고 있는가?
- 내가 가장 잘하는 일을 매일 할 수 있는가?

대부분 개발자는 코드 푸시 속도나 빈도로 이 질문의 답을 알 수 있다. 해야할 일이 명확하다면 어떤 코드를 작성해야 하는지 안다. 도구나 티켓, 자동화, 프로세스를 쉽게 사용할 수 있다면, 매일 코드를 짤 수 있다. 개발자를 산만하게 만드는 빈번한 회의와 지원 업무, 처리해야 할 사고가 많지 않다면, 매일 코드를 짤 수 있다. 코드 릴리스 빈도, 코드 체크인 빈도, 사고 발생 빈도는 팀의 건강도를 알려주는 신호다. 이 신호는 팀의 핵심 지표로서 팀이 현재 무엇을 해야 하는지, 필요한 도구를 가지고 있는지, 매일 업무를 할 수 있는 시간이 있는지 알려준다.

개발 팀 운영의 건강도 확인 법

개발 팀의 건강을 신경 쓰고 있을 때는 개발 업무가 계속 진행될 수 있도록 개발자의 관점에서 시스템과 프로세스를 설계해야 한다. 개발자가 일할 수 있도록 도구를 마련한다. 개발자가 그다음을 쉽게 예상하고 업무에 집중할 수 있도록

---

5 역자주_ 이 책의 원제는 『First, Break All the Rules: What the World's Greatest Managers Do Differently』(New York: Simon & Schuster, 1999)이다.

돕는다. 모든 프로세스가 생산적으로 동작하는지 살피고 자동화될 수 있는지 항상 주시하자. 팀이 건강한지 알아보기 위해서는 다음 방법을 고려하자.

릴리스 빈도

5장에서 개발 팀의 일반적인 기능 장애가 어떻게 제품 출하를 막는지 언급했다. 릴리스 빈도로 이 부분을 가장 정확히 확인할 수 있다. 회사가 빈번한 코드 릴리스를 반가워하지 않는다면, 유감이다. 요즘에는 코드 릴리스 빈도야말로 개발 팀의 건강도를 평가할 수 있는 주요 지표에 속한다. 제품 중심 팀의 훌륭한 개발 매니저는 어떻게 하면 팀이 빨리 움직일 수 있는지, 빠르게 움직이려면 얼마나 업무가 작게 세분화되어야 하는지 알고 있다. 회사가 이를 반기지 않는다고 해도, 제품을 위한 최적의 릴리스 빈도를 달성하기 위해 팀을 도와야 한다. 데이터베이스처럼 자주 릴리스할 수 없는 제품을 구현한다면 이런 방법이 맞지 않을 거라고 생각할 수 있지만 빈도와 안정성을 유사하게 평가할 수 있는 베타 테스트나 개발자 테스트를 활용할 수 있다.

왜 릴리스를 더 자주 하지 않는가? 팀을 한번 살펴보자. 팀이 매일 지속적으로 릴리스를 하고 있지 않다면, 릴리스 과정은 어떠한가? 릴리스 프로세스는 얼마나 걸리는가? 릴리스와 관련하여 지난 몇 개월 동안 얼마나 자주 문제가 발생했는가? 일이 잘못되면 어떻게 되는가? 문제 때문에 얼마나 자주 릴리스를 연기하거나 롤백했는가? 연기와 롤백은 어떤 영향을 미치는가? 코드가 제품화 준비가 되었다고 어떻게 결정하게 되는가? 얼마나 오래 걸리는가? 이를 결정하는 주된 책임은 누구에게 있는가?

릴리스를 자주 하지 않는 팀을 자세히 살펴보면, 문제를 발견할 수 있다. 릴리스를 하는 과정은 시간이 오래 걸린다. 이런 팀의 개발자는 코드 품질의 주인

의식이 없고, 품질 개선은 QA팀으로 미루며, 팀 간 많은 의사소통을 야기하여 지연을 발생시킨다. 잘못된 릴리스로 코드를 롤백하는 작업도 시간이 오래 걸린다. 릴리스 과정 중에 잘못된 부분은 제품 코드에서 사고를 불러일으키거나 빌드 중단을 일으킨다. 팀의 많은 병폐는 릴리스를 자주 하지 못하는 부분에서 발생한다.

이제 "조언은 감사하지만, 이 제품 로드맵으로는 문제를 해결할 시간이 없습니다" 혹은 "우리 시스템은 그렇게 자주 릴리스하도록 설계되어 있지 않습니다" 또는 "그렇게 자주 코드를 변경할 필요는 없습니다"라고 말할 수 있게 된다.

문제는 여기 있다. 팀이 역량을 최대한 발휘하고 있는가? 개발자들이 도전정신을 가지고 성장하고 있는가? 제품 팀이 진행 상황 때문에 흥분하고 있는가? 팀원들이 시스템을 개선하고 새로운 코드를 작성하는 데 대부분의 시간을 할애할 수 있는가? 그럴 수 있다면, 훌륭하다. 지금까지 내가 한 말들은 무시하라. 당신은 잘 통제하고 있다. 그렇지 않다면, 위험을 감수하고도 문제를 무시하고 있다는 의미다.

코딩을 많이 하고 있지 않더라도 기술 리더로서 프로젝트의 기술적인 부분을 책임지고 있다는 것을 기억해야 한다. 팀이 행복하고 생산적인 분위기로 유지될 수 있도록 하는 것도 당신 책임이다. 응원을 하거나 급여를 올려준다거나 칭찬을 하는 방법은 해결책이 아니며, 팀이 더 생산적으로 일하고, 더 빠르고 진취적으로 일할 수 있도록 자극하며, 팀원들이 지금 업무를 더 흥미롭게 진행할 수 있게 시간적 여유를 가질 수 있도록 지원해야 한다. 당신이 직접 이 모든 프로세스를 구현하지 않더라도, 개발 생산성이 높아지도록 기술 프로세스가 개선될 수 있게 지지하고 추진해야 한다.

더 자주 릴리스하면 재미있어 보이는 도전 과제를 더 자주 발견할 수 있다. 빈도의 문제는 팀마다 조금씩 다르기 때문에 릴리스 빈도를 높일 진정한 방법은 없다. 아마도 몇 가지 자동화 요소는 해결해야 할 것이다. 코드 베이스에 따라 기능을 켜고 끄는 개발자 도구도 자주 겪게 되는 문제 중 하나다. 이전 버전과 호환성을 유지하며 다음 버전을 발행할 수 있도록 코드를 설계하는 방법, 사용 중인 시스템을 중단시키지 않고 상위 버전으로 업그레이드(롤링 업그레이드)하는 방법, 거대한 패치 대신 작은 수정 사항을 적용하는 방법, 이 모든 방법을 고민해야 한다. 이 작업을 직접 하지 않더라도, 팀이 노력할 수 있도록 만들 책임이 당신에게 있다. 개발 생산성 향상을 지원하기 위해 제품 로드맵에서 시간을 확보하고, 팀이 빠르게 움직일 수 있도록 유도할 수 있는 목표를 세우자.

코드 체크인 빈도

업무를 작은 단위로 세분화해야 하는 이유를 이해하지 못하는 애자일 팀은 없다. 이 기술은 대학을 막 졸업한 신입 개발자에게 가르쳐야 하지만, 가끔은 시니어 개발자에게 가르쳐야 할 때도 있다. 특정 소프트웨어 개발 방법을 지지하려는 것은 아니지만, 테스트 코드를 작성하지 않는 개발자는 종종 자신의 업무를 세분화하는 것을 어려워할 수 있다. 실제 테스트–주도 개발을 매일 할 수 없더라도, 테스트–주도 개발을 하는 방법을 배우면 개발자가 업무 세분화를 더 잘할 수 있다.

새내기 매니저로서 당신보다 코딩을 더 많이 했거나 비슷하게 해보았을 직원들에게 코딩 스타일을 개선할 필요가 있다고 이야기하는 게 쉽지 않을 테니, 이 주제에 집중하려고 한다. 우리는 대부분 갈등을 회피하고 싶어 하며, 개인 스타일의 문제를 다루기는 더욱더 어렵다고 느낀다. 회사는 개발을 빠르게 진행하기를 원하는데, 몇 주 동안 자리를 비우고 버전 관리 시스템에 코드를 공유하지 않고 혼자 코딩하고 싶어 하는 개발자는 팀 작업 속도를 저하시키고 문제를 일으킬 수 있다. 당신은 연구 팀을 관리하는 것이 아니다(혹시 연구 팀을 관리하고 있다면 이 절을 건너뛰어라). 진행 중인 작업이 정기적으로 보고되기를 기대해도 된다.

문제 발생 빈도

팀이 얼마나 안정적으로 소프트웨어를 생산하고 있는가? 소프트웨어 품질이 향상되고 있는가, 악화되고 있는가? 아니면 그대로 유지되고 있는가? 만들고 있는 제품의 소프트웨어 품질 수준을 결정하고 시간이 지남에 따라 그 수준을 조정하는 것은 매니저에게 기술적으로 어려울 수 있다. 작지만 성장하는 회사에서 완전히 새로운 제품을 만들고 있다면, 안정성을 넘어 기능에 집중하는 것이 더 중요할 수 있다. 한편, 미션-크리티컬 시스템(mission-critical system)[6]을 가지고 있는 경우에는, 시스템을 안정적으로 유지하고 문제를 최소화하는 것이 최우선 과제다. 문제가 발생하는 빈도를 줄이고 문제를 예방하느라 한번에 며칠씩 개발자가 코딩을 못하는 상황이 되지 않도록 위험 수준을 조정하는 것이 목표다.

개발자가 자신이 작성한 코드나 시스템에서 발생하는 문제에 대응하는 회사에서 일하고 있을 수 있다. 이 프로세스는 몇 가지 단점이 있다. 큰 단점으로는 팀원들이 자주 밤을 새고 주말에 문제를 대응하게 만드는 프로세스가 팀원들을 번아웃시킨다는 점이다. 이런 위험이 있지만 문제에 대응하는 데 최고의 개발자들을 투입할 수 있다는 장점도 있다. 매니저로서 이 역할에서 벗어나고 싶을 것이다. 공감하지만, 팀이 자체적으로 문제를 관리하고 있다면, 당신은 긴급한

---

6 역자주_ 미션 크리티컬 시스템(mission-critical system) : 은행의 온라인 시스템이나 철도나 항공기 운행 제어 시스템과 같이 시스템이 다운되면 사회적으로나 사업적으로 치명적인 영향을 미치는 중요한 시스템을 말한다.

문제를 지원하는 역할을 해야 한다. 문제를 자주 관리할 필요는 없지만, 시스템 문제에 대응하는 개발자가 당신을 필요로 하면 더 자주 지원해야 한다.

문제 관리를 분석할 때는 "팀이 현재 매일 최상의 컨디션으로 일할 수 있는 환경인가?"라는 질문을 포함해야 한다. 문제 관리가 문제 자체를 줄이는 근본적인 작업이 아닌 그저 문제에 반응하기만 하는 상황이 되어버리면, 팀이 가장 잘할 수 있는 능력을 저하시킬 수 있다. 개발자가 긴급 대응을 하며 쏟아지는 문제를 처리하지만, 문제의 결과만 바로잡는 것 외에는 아무것도 하지 못한 채 번아웃되어 버린다. 그 후에는 다음 순번의 불쌍한 개발자에게 문제 대응 업무를 넘긴다. 당신 팀이 이런 방법으로 문제를 관리하고 대응하고 있다면, 팀은 가장 잘하는 일을 매일 할 수 없고, 긴급한 문제에 대응할 때마다 자신의 업무를 조금씩 더 싫어하게 될 것이다. 이때는 리더로서 개발자에게 안정적인 시스템을 설계할 수 있는 시간을 주거나 반복되는 문제가 해결될 수 있는 코드를 작성하기를 원할 것이다.

문제 예방을 너무 강조하면 팀이 매일 낼 수 있는 최상의 능력을 저하시킬 수 있다. 문제가 발생하지 않는 시스템을 구현하는 일에 너무 집중하거나, 문제를 예방하기 위한 업무를 하느라 개발 프로세스를 지연시키면, 너무 빠르게 짠 코드나 불안정한 코드를 릴리스하는 것과 다를 바 없다. 위험을 줄이겠다고, 사람들이 직접 QA를 진행하고, 코드를 너무 많이 리뷰하느라 업무 속도가 느려지고, 릴리스 횟수가 줄어들며, 질질 끄는 기획 프로세스를 거치느라 몇 주를 잡아먹는다면, 분석을 많이 진행한다 해도 문제의 위험을 줄이지 못하고 오히려 개발자만 빈둥거리게 만들거나 쉬지 못하게 만든다.

좋은 매니저, 나쁜 매니저 : 우리 대 상대, 팀 플레이어

다이애나는 오래 방치되던 팀을 운영하기 위해 중간 규모의 스타트업에 이제 막 합류했다. 팀에 문제가 많다고 들었고, 제일 먼저 해야 할 일이 큰 회사에서 함께 일한 사람들을 빨리 채용하는 것이었다. 하지만 이 사람들은 회사 문화에 잘 동화되지 않았고, 팀은 순식간에 자신이 다른 개발자보다 낫다고 생각하는 파벌로 나뉘었다. 기술이 발전하는 동안, 개발 팀은 제품 팀과 많은 충돌을 일으켰고, 앱도 근본적으로 빨리 개선되지 않았다. 1년이 지나고 다이애나는 회사에 질려 그만두었다. 새 팀도 곧 뒤따라 그만두었고, 회사는 새 팀이 생기기 전의 상황으로 그대로 돌아왔다.

새로 온 매니저에게는 공유할 수 있는 팀 정체성을 만드는 일이 어려울 수 있다. 많은 매니저가 직무나 기술 세부사항을 기반으로 구축한 정체성을 기본 팀 정체성으로 둔다. 팀의 정체성이 다른 팀과 비교하여 얼마나 특별한지를 강조하여 팀을 단결시킨다. 그런데 너무 지나치면, 팀이 회사의 다른 팀보다 우월하다고 느끼게 되고, 회사의 목표보다는 팀이 우월해지는 것에 관심을 더 보이게 된다. 팀을 이런 방법으로 단결시키면, 팀의 결속력을 피상적으로 만들어 많은 장애물에 취약하게 만들 수 있다.

리더 부재에 취약하다. 작은 팀은 리더를 잃으면 크게 타격받는다. 파벌을 만드는 매니저를 채용한다면, 그가 회사를 떠날 때 파벌도 함께 회사를 떠날 가능성이 높다. 이렇게 되면 매니저가 처음부터 파벌을 만들어서 생긴 문제를 더욱 해결하기가 어려워진다.

외부 아이디어를 거부한다. 작은 팀은 팀에서 나온 아이디어가 아니면 거부할 가능성이 높다. 이렇게 되면 팀원들은 배우고 성장할 기회를 놓친다. 팀이 성장할 수 없는 환경이 되면 최고의 팀원들이 팀을 떠나고 회사를 떠난다. 자신이 최고의 팀에 속해 있다고 생각하지만 여전히 지루하다고 느끼기 때문에, 새 팀으로 바꾸면 배울 수 있는 성장을 알아보지 못한다.

제국을 건설하려고 한다. 우리 대 상대라는 대결 구도를 좋아하는 리더는 제국을 건설하려고 하며, 전체 조직에 최선인 방향을 고려하지 않고, 자기 팀과 자기 팀의 권한만 성장시킬 기회를 찾는다. 결국 프로젝트 인원의 수와 프로젝트 통제에서 다른 리더와 경쟁을 초래한다.

확고부동하다. 확고부동한 팀은 외부 요인에서 오는 변화를 좋아하지 않는다. 조직 개편, 프로젝트 취소, 우선순위 재정렬 모두 팀 정체성의 핵심을 무너뜨릴 수 있다. 전문성을 가진 팀(functional team)을 다기능 팀(cross-functional team)[7]으로 바꾸거나, 아이패드 앱 출시를 늦추거나, 신제품의 우선순위를 바꾸어서 생기는 변화는 회사에 대한 팀의 유대감을 무너뜨린다.

매니저는 자신의 팀에만 집중하지 않도록 주의해야 한다. 팀을 바로잡기 위해 채용되었더라도, 회사가 가지는 몇 가지 근본적인 강점 때문에 여기까지 왔다는 것을 기억해야 한다. 당신의 비전에 맞추어 모든 것을 바꾸기 전에, 회사의 강점과 문화를 이해하는 시간을 가지고, 회사 문화에 반하는 것이 아니라 어떻게 하면 회사 문화에 잘 녹아드는 팀을 만들 수 있을지 생각해야 한다. 무엇이 잘못되었는지보다는 현재의 강점을 확인하고 키우는 것에 초점을 맞추어야 한다.

---

7 역자주_ 다기능 팀(cross-functional team)은 연구개발, 생산, 마케팅, 영업 등 각 전문 부문이 함께 효과적으로 업무를 진행할 수 있도록 조직을 통합하거나 특정 프로젝트 별로 구성원을 새롭게 구성한 팀이다. 신제품 혁신에 큰 효율을 발휘하기 때문에 많은 기업이 사용하는 전략이다.

닐도 엉망진창인 스타트업에 합류했다. 닐은 팀이 바뀌어야 한다는 사실을 알면서도, 기존 직원은 조심스럽게 해고하고 신규직원은 항상 회사에서 오래 근무했던 직원의 심사를 거쳐 채용할 수 있도록 신경 썼다. 제품을 만들 때는 동료들과 긴밀히 협업하여 진행하였고 다기능 팀으로 업무를 추진할 것을 제안했다. 닐은 명확한 목표를 세워 팀원들에게 이 목표를 알리는 데 신경 썼다. 시작 속도는 느렸지만, 시간이 지나면서 조직 전체가 강해지고 제품과 기술 모두 크게 개선되었다.

오래가는 팀은 회사에서 제시하고 공유하는 목표를 기반으로 구성되어 있고 회사의 가치에 잘 부합한다(자세한 내용은 9장 '핵심 가치 적용하기' 절을 참조). 오래가는 팀은 회사의 사명을 분명하게 이해하고 있고 팀이 사명에 어떻게 부합해야 하는지 알고 있다. 팀은 회사에 다양한 유형의 팀이 필요하다는 것을 알고 있고, 모든 팀은 같은 가치를 공유한다. 팀, 직원, 회사 사이에 쉽게 깨지지 않는 두터운 상호신뢰가 만들어지고, 이러한 결속력으로 팀을 이룬다.

팀원을 잃고 나서도 회복이 빠르다. 파벌로 구성된 팀은 특히 리더를 잃는 것에 취약하지만, 목적 지향적인 팀은 팀원과 리더를 잃고 나서도 회복이 빠르다. 이 팀은 조직의 사명에 충실하기 때문에 뭔가를 잃는 일이 생기더라도 앞으로 나아가야 할 길을 볼 수 있다.

목적을 달성하기 위해 더 나은 방법을 찾는다. 목적 지향적인 팀은 목적을 더 잘 이루기 위해 새로운 아이디어나 변화하는 가치에 더 개방적이다. 이 팀은 목표를 달성하기 위해 아이디어의 원천보다는 아이디어의 장점에 신경을 쓴다. 목적 지향적인 팀의 구성원은 자신의 직무 외에도 다른 팀원들에게서 배우고자 하고, 최상의 결과를 내기 위해 더욱 광범위하게 협력할 기회를 적극적으로 찾는다.

최상위 팀에 집중한다. 팀플레이를 잘하는 리더는 자신의 부하 직원이 자기 팀의 전부가 아니라는 사실을 안다. 그들은 자신과 같은 직급의 다른 팀 리더들과 협력하는 것이 더 중요하다는 것을 안다. 최상위 팀에 집중하면 개별 팀에 필요한 부분보다 회사의 전반적인 요구에 부합하는 결정을 할 수 있다.

목적을 이루기 위해 변화를 개방적인 마음으로 받아들인다. 협력을 잘하는 리더는 더 큰 목적을 이루기 위해 변화가 필요하다는 것을 알고 있다. 팀은 구조를 바꾸고, 직원들은 비즈니스 요구사항에 따라 움직일 필요가 있다. 이 필요를 이해한다면, 리더는 좀 더 큰 비전을 위해서 잦은 변화를 예상하고 이에 유연히 대처하는 팀을 만든다.

팀과 회사의 목표를 분명히 하는 데에는 시간이 걸릴 수 있다. 특히 스타트업에서는 종종 현재 목표나 심지어 근본적인 사명 이해에 가끔 혼선이 생기곤 한다. 목표와 사명이 불분명하다면, 회사의 문화를 이해하고 그 문화 내에서 팀이 잘 운영될 수 있도록 최선을 다하자. 다양한 비즈니스 직무 팀이 협업하면 당신 팀은 더욱 큰 그림을 그릴 수 있고, 그 그림의 일부로서 사명을 인식할 수 있게 된다.

게으름과 성급함의 장점

나는 『Perl 프로그래밍』(한빛미디어, 1998)[8]에서 언급된 '게으름, 성급함, 자만심'이 개발자의 덕목이라는 래리 월의 아이디어를 좋아한다. 이 덕목은 리더십으로

---

8 이 책의 원서는 『Programming Perl, 4th edition』(O'Reilly, 2012)이다.

이어질 수 있고, 모든 매니저가 이 특징을 장점으로 승화하는 방법을 배웠으면 한다.

매니저로서, 직원들을 일대일로 마주해야 할 때 당연히 성급해지고 싶지 않을 것이다. 일대일 관계에서 성급함은 무례하다. 프로젝트를 완수하기 위해 엄청나게 희생하고 있는데 하나도 힘들어 보이지 않는 매니저를 위해 일하는 것을 좋아할 사람은 없기에, 매니저로서 게을러 보이고 싶지 않을 것이다. 하지만 '게으름과 함께하는 성급함'은 프로세스와 결정을 지시해야 할 때 아주 좋다. 프로세스에 적용되는 게으름과 성급함은 집중해야 할 핵심 요소다.

당신이 더 중요한 직책을 맡게 되면 직원들은 당신에게서 배우고자 한다. 직원들에게 가르치고 싶은 부분은 집중하는 방법이다. 그렇게 하기 위해서는, 지금 당장 솔선수범하기를 권장하는 두 가지가 있다. 무엇이 중요한지 살피기. 그리고 집에 가기.

나는 직원들이 별 생각 없이 막무가내로 문제에 접근하여 시간과 에너지를 낭비하는 것을 참을 수 없다. 그럼에도, 늘 많은 시간을 일하는 문화에서는 분명히 시간과 에너지가 낭비된다. 자동화가 당신의 일을 쉽게 만들어주지 않는다면, 그 자동화에 어떤 이점이 있는 것일까? 개발자는 재미있는 일에 집중하기 위해 자동화를 한다. 재미난 일은 보통 대개 며칠 동안 몇 시간이고 하는 일이 아니라 머리를 사용하는 일이다.

서둘러서 무엇이 중요한지 알아내자. 리더로서, 언제든 업무가 비효율적으로 진행된다고 느껴질 땐 질문하라. 이 업무가 왜 내게는 비효율적으로 느껴질까? 우리가 하고 있는 일의 가치는 무엇일까? 그 가치를 더 빨리 제품으로 만들 수 있을까? 이 프로젝트를 더 간단한 업무로 세분화해서 더 빨리 끝낼 수 있을까?

이런 질문에는 문제가 있다. 매니저가 일을 더 빨리 끝낼 수 있냐고 자주 묻는 건 팀이 더 짧은 시간 안에 끝내도록 더 열심히, 더 많이 일할 수 있는지가 궁금

하다는 뜻이다. 그렇기 때문에 게으름의 가치를 개발해서 보여줘야 한다. 왜냐하면, '더 빨리'는 '동일한 시간'이 아니라 '더 짧은 시간 내에' 업무를 진행하는 것이기 때문이다. '더 빨리'는 '더 짧은 시간이지만, 회사에는 똑같은 가치'다. 만약 팀이 일주일에 60시간씩 일해서 일주일 반이 걸릴 일을 진행한다면, 회사에 자신의 자유 시간을 더 반납한 것뿐이다.

바로 이때 퇴근을 생각해야 한다. 퇴근하라! 당신의 정신 건강을 위해서 욕심을 내려놓아야 한다. 믿어라. 번아웃은 요즘 노동자들의 진짜 문제이며, 내가 아는 거의 모든 사람은 초과근무를 어느 정도 경험해봤다. 초과근무는 개인에게도, 가족에게도, 팀에게도 끔찍하다. 제일 늦게까지 일할 때, 심지어 팀원이 이메일에 답장하거나 일하기를 기대하지 않는데도 항상 이메일을 보낸다면, 그 팀원은 당신의 이메일을 보고 중요한 일이라고 생각할 것이다. 특히 꼼꼼하게 지식 노동을 해야 하는 개발자에게 이런 일은 비효율적이다.

당신이 신입 매니저이고, 업무를 효과적으로 진행하는 요령을 모른다면, 모든 일에서 더 많은 시간을 쓰게 될 것이다. 잠시 동안은 그래도 괜찮다. 하지만 매니저처럼 일하라고 팀을 격려하지 말자. 매니저의 일정에 따라 팀이 일해야 한다고 생각하지 말자. 주말마다 밤새 쌓인 이메일을 당장 처리하지 말고 다가오는 업무일에 처리하자. 일과가 끝난 이후에는 채팅 상태를 '자리비움'으로 놓자. 휴가 기간에는 이메일에 답장하지 말자. 그리고 팀원에게 물어보는 질문을 똑같이 자신에게도 계속 물어보자. 내가 이 일을 더 빨리할 수 있을까? 내가 이 일을 해야 할까? 이 일을 통해 나는 어떤 가치를 부여할 수 있을까?

게으름과 성급함. 퇴근하기 위해 일에 집중하고, 집중력을 계속 높여주는 퇴근을 장려하자. 이 방법이야말로 훌륭한 팀이 성장하는 방법이다.

자신의 경험 평가하기

다음은 이 장에서 설명한 내용을 바탕으로 자신의 경력 개발에 유용하게 쓸 수 있는 질문들이다.

☐ 현재 진행하고 있지만, 당신이나 팀에 큰 의미가 없는 업무에 대한 스케줄을 마지막으로 언제 검토했는가? 지난 몇 주를 돌아보자. 앞으로 몇 주를 바라보자. 어떤 일을 성취했고, 어떤 일을 성취하고자 하는가?

☐ 아직 코딩을 하고 있다면, 다른 스케줄과 어떻게 조율하고 있는가? 야근 시간에 진행하고 있는가? 야근까지 하며 코딩하는 이유는 무엇인가?

☐ 팀원에게 마지막으로 위임한 업무는 무엇인가? 단순 업무였는가? 복잡한 업무였는가? 위임한 작업을 진행하는 팀원은 어떻게 지내고 있는가?

☐ 팀에서 떠오르는 리더는 누구인가? 더 큰 리더 역할을 맡도록 어떻게 교육할 계획인가? 더 큰 책임감을 맡을 수 있도록 어떤 업무를 주고 있는가?

☐ 코딩하고, 릴리스하고, 문제에 대응하는 프로세스가 팀에서 어떻게 원활하게 동작하는가? 프로세스에서 주목할 만한 문제는 마지막으로 언제 있었는가? 무슨 일이 일어났고, 팀은 어떻게 대응했는가? 프로세스는 이 같은 예외적인 상황을 얼마나 자주 마주했는가?

☐ 팀에 프로젝트 범위를 줄이도록 마지막으로 언제 강요했는가? 프로젝트 범위를 줄일 때 기능, 기술 품질, 혹은 두 가지 모두를 줄이는가? 어떻게 결정하는가?

☐ 저녁 8시 이후나 주말에 이메일을 마지막으로 언제 보냈는가? 수신자가 이메일에 답변했는가? 그 사람이 답변했어야 하는가?

매니저직은 개발자의 무덤인가

정도현

이 책의 출간에 맞추어 매니저에 대한 글을 써 달라는 요청을 받고 저는 단번에 승락했습니다. IT업계에서 매니저의 중요성을 개인적으로 그 어느 때보다 실감하고 있으면서 한국과 일본 그리고 미국의 기업에서 경험한 매니저라는 역할에 대해 하고 싶은 이야기가 많았기 때문입니다.

고령화 사회와 매니저

2000년대 초반, 외환위기가 할퀴고 간 한국 사회엔 정리해고라는 단어가 생겨났습니다. 열심히 공부해서 좋은 대학 들어가고 졸업해서 이름 있는 기업에 들어가면 평생 먹고살 걱정은 없을 줄 알았는데 아무것도 잘못한 것이 없는데도 경영자의 실패를 책임지고 직장을 잃을 수 있다는 현실에 사람들은 경악하게 됩니다. 이런 당시 분위기를 잘 반영한 단어가 사오정 오륙도입니다. 45세가 정년이고 56세까지 일하면 도둑놈이라는 뜻입니다. 2019년도의 대한민국 기대수명은 대략 82세가 넘는데 45세가 정년이라니 너무나도 끔찍한 일 입니다.

그리고 어느덧 20년이라는 세월이 흐른 오늘날 우리는 심각한 인구절벽을 마주하고 있습니다.

2018년 통계에 의하면 우리나라는 대한민국 건국 이래 최초, 아니 지구상의 모든 국가를 통틀어 최초로 합계출산율이 0.98명이 되었다고 합니다. 인류 역사상 유래가 없는 상황인 거죠. 이렇게 젊은 사람이 급속도로 줄어드는 상황에서는 앞으로 45세 정년을 걱정하는게 아니라 정년이 없어짐을 걱정해야 할지도 모릅니다. 자동화에 의해 대체되지 못하는 직종에 한정되기는 하지만 결국에는 일할 사람이 모자라기 때문에 자연스럽게 정년은 외환위기 이전보다 더 늦춰지지 않을까 하는 게 저의 생각입니다.

뜬금없이 고령화 이야기를 꺼낸 것은 이러한 역피라미드형 인구 구조 덕분에 매니저가 자신보다 더 나이 많은 팀원들과 함께 일해야 하는 경우가 점점 많아지기 때문입니다. 실제로 우리나라보다 고령화가 먼저 진행된 일본에서는 오래전부터 팀원이 매니저보다 나이가 많은 경우를 흔히 볼 수 있습니다. 나이 많은 팀원을 두면 뭐가 어떻게 다를까요?

매니저는 직급일까, 아니면 직책일까

일반적으로 조직 내에서는 직위에 의해 상하관계가 만들어집니다. 우리에게 친숙한 직위로는 선임, 주임, 대리, 과장, 차장, 부장 등이 있습니다. 반면 직책은 업무에서의 책임과 권한에 대한 이름입니다. 예를 들면 파트장, 팀장, 실장, 본부장, 사업부장 같은 것들이 대표적인 직책의 명칭입니다.

그러면 매니저는 직위일까요, 직책일까요? 많은 회사들이 매니저를 직책명인 팀장과 같은 의미로 사용하고 있습니다. 하지만 본래 외국계 기업에 있어서 매니저는 직급이나 직책이라기보다는 역할명에 해당됩니다.

수평적인 기업 문화 속에서 매니저는 상급자라기보다는 팀원들이 자신의 일을 원활하게 할 수 있도록 도와주는 집사에 가깝습니다. 매니저라는 역할의 주요 업무는 다음과 같습니다.

- 채용에 직접적으로 관여하며 팀 빌딩을 주도적으로 수행한다.
- 팀원들이 자신의 역할에 집중할 수 있는 환경을 만든다. 이는 역할에 집중할 수 없게 만드는 요인을 제거하는 활동이 포함된다.
- 팀을 대표하여 외부와의 커뮤니케이션이나 조율을 수행한다.
- 팀원들이 회사에서 올바로 실적을 평가받고 승진할 수 있도록 도와준다.
- 팀원들의 자기계발을 지원한다.

한마디로 테크 기업에서 매니저는 팀에 주어진 미션을 달성하기 위해 팀을 만들고 그 팀이 원활하게 기능하고 성장하도록 도움을 주는 책임을 지닌 자리라는 겁니다.

> 우리가 넘어지는 이유는, 일어서는 법을 배우기 위해서입니다.
>
> – 알프레드 페니워스

유교 문화와 고령화 시대의 매니저

어릴 때부터 나이에 따른 서열을 중시하는 이른바 유교 사상에 길들여진 대한민국 사회에서는 자신보다 나이가 어리거나 나중에 입사한 사람에게 명령을 받는 것은 자연스럽지 못하다는 인식이 뿌리깊게 박혀 있었습니다. 그러다 보니 직무에 대한 명령을 전달하거나 대리하는 상급 직위로서의 팀장 혹은 매니저에게 자신보다 나이가 많은 팀원이 존재하는 것은 무척 곤혹스러운 일로 여겨졌습니다. 그래서 그런 일이 벌어지지 않도록 신입 사원의 경우 나이 제한을 두거나 동기나 부하가 승진하는 경우 나이가 더 많은 팀장이 있는 부서로 이동시키거나 심지어 퇴직시키는 경우도 있었습니다.

하지만 지금은 사정이 달라졌습니다. 수평적인 문화가 IT기업 사이에서 점차 확산되면서 연장자에 대한 공경과 매니저 역할이 상충되지 않을 수 있는 토대가 마련되고 있습니다. 어려서부터 길들여져온 유교 사상에서 벗어나는것이 말처럼 쉬운 것일까요? 저는 기업 최고경영자의 의지와 몇가지 원칙만 잘 지켜진다면 한국 사회에서도 수평적인 기업 문화가 충분히 정착 가능하다고 생각하며 실제 그런 사례를 주변에서 목격하고 있습니다.

수평적 조직 문화와 매니저

그럼 수평적 조직 문화란 무엇일까요? 대표적인 예시들은 다음과 같은 경우일 겁니다.

- 상하 구분 없이 자유롭게 이견을 논할 수 있다.
- 상사의 눈치를 보지 않고 퇴근할 수 있다.
- 직위나 직급보다는 사안에 대한 전문성이 높은 사람의 의견이 우선시 된다.
- 회식이 강제되지 않는다.

수평적 조직 문화는 조직 내 구성원 모두가 같은 권한을 가진다는 것을 의미하지는 않습니다. 기업이나 조직은 특정한 목적을 달성하기 위해 존재하므로 이런 목적을 달성하기 위해 적합한 의사결정 구조를 지니게 되며 당연히 책임이나 전문성에 따라 다른 권한을 가질 수밖에 없습니다. 하지만 이런 권한은 합리적인 원칙에 의해 부여되며 단순히 직위가 높다고 해서 권한이 따라오는 구조는 아닙니다.

창의성을 극대화해야 하는 IT기업에게 수평적 조직 문화는 제품이나 프로젝트뿐만이 아닌 조직 자체에 대한 주인 의식을 고취시켜주는 중요한 장치이며, 이 주인의식이야말로 개개인의 창의성과 능력을 최대한 발휘할 수 있게 해주는 토대가 됩니다.

개발자의 경력 경로는 사다리가 아니라 정글짐

개발자의 커리어 패스에서 매니저는 필수일까요? 예전에는 경력이 많은 개발자는 관리직이 되거나 아니면 퇴직하는것이 일종의 관례처럼 되어 있습니다. 하지만 지금은 그런 모습이 점차 사라지고 있습니다. 나이가 든다고 해서 꼭 매니저를 한다기보다는 관리직이 적성에 맞는 사람이 한다는 인식이 점차 퍼지고 있습니다.

개발자로 통칭되는 기술 기반 직군은 코드를 직접 만드는 프로그래머 이외에도 세분화된 다양한 역할이 있는데 예를 들자면 프로그래머도 프론트엔드나 백엔드 개발자로 분류되고 품질을 책임지는 QA, DB를 유지 관리하는 DBA, 인프라를 포함해 시스템의 안정적인 운영을 책임지는 운영자, DevOps 파이프라인의 구성과 운영을 책임지는 DevOps 엔지니어 등 다양한 역할이 존재합니다. 매니저도 그런 역할 중 하나일 뿐입니다.

저는 개발자로서 일해 나가면서 꼭 한 가지 길만 고집할 필요는 없다고 봅니다. 개발자의 경력 관리 측면에서 여러 역할과 직책을 두루 경험해보는 것은 앞으로 맡게 될 직책이나 역할을 수행해 나가는 데 유리하게 작용하는 측면이 분명히 있기 때문입니다.

만약 매니저를 하다가 적성과 맞지 않는다고 판단되거나 아직 이르다고 판단되면 일반 개발자로 돌아올 수도 있어야 합니다. 이를 좌천으로 보아서는 안 됩니다. 매니저는 더 많은 권한을 가지는 만큼 스트레스도 큰 자리입니다. 기술만 다루면 되는 개발자에 비해 사람과 조직 그리고 비즈니스까지 시야에 넣어야 합니다. 기술과 관련해서 올바른 결정을 내리려면 최신 기술에 대한 꾸준한 학습도 필요합니다. 나이 많은 개발자가 매니저가 되는것은 더 높은 직책이어서가 아니라 이런 요구사항을 충족시키기 위해서는 오랜 기간이 필요하기 때문입니다.

매니저직은 개발자의 무덤인가

매니저에 대한 이야기를 마치기 전에 언급하고 싶은 것이 한 가지 있습니다. 앞서서 매니저 역할은 스트레스도 많고 요구되는 역량이나 책임도 크다고 이야기했습니다. 하지만 매니저가 기피되는 현실적인 이유가 한 가지 있습니다. 바로 이직의 불리함 때문입니다. 우선 인력 시장에서 수요가 개발자보다는 적습니다. 아무래도 조직의 인력 구조상 매니저는 그 수가 적을 뿐만 아니라 여러 가지 정치적, 외교적인 역량도 요구되는 자리인 만큼 외부에서 매니저를 채용하기보다는 가능한 한 내부에서 개발자를 매니저를 키우려는 욕구가 강하기 때문입니다.

그렇다고 다시 개발자로 돌아가려 해도 일단 매니저가 되고 나면 실무에서는 손을 떼게 되기 때문에 장기간 매니저를 하다 보면 요즘 채용 프로세스의 트렌드인 기술 면접이나 코딩 테스트에는 아무래도 불리할 수밖에 없습니다. 솔직히 이 부분에서는 뾰족한 해답이 없다고 생각합니다. 기술직 매니저로서의 전문성과 역량을 더욱 키울 것인가 아니면 개발 일선으로 언제든지 돌아갈 수 있게끔 기술을 손에서 놓지 않을 것인가는 개개인이 선택해야 할 문제인 것 같습니다.

다만 앞으로도 개발이나 IT기술과 관련된 일자리는 계속해서 늘어날 것이고 그만큼 기술 조직을 전문으로 하는 매니저의 수요는 꾸준히 늘어날 것이기 때문에 IT매니저직의 수요는 앞으로도 꾸준히 늘어날 것으로 생각합니다. 그때를 대비해서 이 책을 읽어두면 도움이 될 겁니다.

기고자 소개_**정도현**

일본과 한국에서 개발자, 아키텍트, IT 컨설턴트로서 20년 넘게 일해 오다 현재는 AWS 코리아에서 테크니컬 트레이너로 일하고 있다. 이전에는 프로그래머를 위한 팟캐스트 '나는 프로그래머다'에서 '정개발'이라는 별명으로 활동하기도 했다.

저서로는 『팟캐스트 나는 프로그래머다』, 공저, 역서로는 『실전 AWS 워크북』이 있다.

7장

매니저 관리

매니저를 관리하는 데 필요한 업무와 여러 팀을 관리하는 데 필요한 업무는 크게 다르지 않다. 당신은 여러 팀의 건강을 살피고 팀 목표를 설정하는 데 도움을 주고 있을 것이다. 업무의 차이라고 한다면 '관리 범위'가 다르다고 할 수 있다. 팀을 책임져야 하는 범위가 커져 실제 당신이 챙길 수 있는 프로젝트와 인원의 수를 넘겼을 것이다. 전공과 관련된 일부 팀만 밀접하게 관리하는 대신, 더 많은 범위를 관리해야 할 것이다. 이전에 관리해본 적이 없고 당신의 전문성과 관련이 없는 팀을 관리해야 할 수도 있다. 예를 들어, 소프트웨어 엔지니어링 매니저가 개발 부서의 운영 팀을 관리하는 경우가 그렇다.

여러 팀을 관리하는 일도 힘들고 부담스럽지만, 여러 매니저를 관리하는 일은 상상할 수 없을 만큼 더 복잡하다. 내가 리더십 코치에게 보낸 이메일을 여러분과 공유한다.

제 시간을 모두 쏟아붓지 않고 매니저를 관리하려면 어떻게 해야 하나요? 어떤 프로세스를 사용해야 매니저와 적절한 소통을 하면서 저 스스로도 성장할 수 있을까요? 직접 확인하지 못한 문제를 믿을 수 없는 증인 말만 듣고 어떻게 해결할 수 있나요? 사람들의 문제를 해결하고자 많은 시간을 들여 노력하고 있지만, 이제는 지쳤습니다.

해결하기가 예전만큼 쉽지 않다. 이런저런 추측으로 문제는 모호해졌고, 이제 더는 각 팀의 개발자와 정기적으로 만나지 않기 때문에 세부 사항들을 놓치기가 쉽다.

지금은 힘겨운 성장 과정 중에 있다. 당신은 여러 상황에 개입될 것이고, 팀 전반에 당신의 영향력을 극대화하기 위해서는 시간을 정확하게 사용할 줄 알아야 한다. 시간을 정확하게 사용하려면 얼마나 중요한지 잘 파악이 안 되는 일을 직접 해보며 직감을 키우는 연습이 필요하지만, 당신의 감각은 여전히 꺼져 있다.

당신의 전문성과는 관련이 없는 팀을 관리하는 경우를 살펴보자. 그 팀이 일을 알아서 진행했으면 좋겠고 문제가 생겼을 때만 개입하고 싶을 것이다. 하지만 이 역할을 처음 해보기 때문에 문제가 한참 진행되고 나서야 문제를 발견할 수 있을 것이다. 언제 어디서 어느 정도까지 개입해야 하는지 아직 그 규칙이나 직감을 알지 못하기 때문에 일이 잘 진행될 때보다 더 자주 개입해야 한다.

이 위치에서 일하다 보면 자신에게서 완전히 새로운 강점과 약점을 발견하게 될 것이다. 하나의 팀을 잘 운영하거나 자기 전문성과 관련된 한두 팀을 잘 운영하는 사람도 여러 명의 매니저를 관리해야 하거나 자기 전문성 밖의 팀을 운영하게 될 때 어려움을 겪는다. 이 사람들은 새 역할에서 요구되는, 애매한 부분을 균형 잡아야 하는 일을 어려워하고, 쉽게 할 수 있는 일만 하려고 한다. 때로는 너무 많은 시간을 개발자로 보내려고 한다. 가끔은 매니저가 프로젝트 관리를 할 수 있도록 가르치는 대신 본인이 프로젝트 관리를 하고 있기도 하다.

기술도 좋고 운도 따라서 이 직책까지 큰 힘을 들이지 않고 도달하는 사람도 있다. 하지만 이제는 새로운 게임이 시작되고, 팀을 직접 운영할 때 필요했던 규칙과는 아주 다른 수준의 규칙이 필요하다. 앞서, 불편해지는 것을 언급했지만, 바로 지금이야말로 당분간은 원하는 일을 위해 눈도 깜짝하지 말고 불편함을 감수해야 한다. 이제 챙기지 않아도 되는 일이 무엇인지 파악하게 될 때까지 모든 세부적인 일을 챙겨야 한다. 채용이 진행되고 있는가? 매니저가 팀을 코칭하고 있는가? 모두 분기 목표를 작성했는가? 목표를 검토했는가? 끝나야 하는 프로젝트의 진행 상황이 어떠한가? 며칠 전 발생한 생산 문제를 사후분석했는가? 보고서는 읽어보았는가?

이 직책이 예전에 하던 일과 비슷하다고 생각하고 임무를 맡기 쉽지만, 만약 그랬다면 실수다. 이 직책은 훨씬 더 큰 게임인 시니어 리더십과 고위 임원으로 가는 길의 첫 번째 단계이며, 많은 새로운 기술을 익혀야 한다.

이 장에서는 다음 내용을 포함하여 전체 부서를 성공적으로 감독하는 비결을 짚어볼 예정이다.

- 스킵 레벨 보고를 통해 정보를 얻는 방법
- 매니저에게 책임감을 심어준다는 것의 의미
- 신입 매니저와 숙련된 매니저 관리
- 신입 매니저 채용
- 조직의 근본적인 문제 파악
- 팀의 기술 전략 향상

오픈도어 정책[1]에 실패했어요!

저는 팀에 오픈도어 정책을 적용하겠다고 말했습니다. 문제를 상의하고 싶을 때는 언제든지 제게 찾아오라고 했습니다. 팀원들과 시간을 가지기 위해 근무시간을 늘리기도 했습니다! 하지만 팀원들은 찾아오지 않았고, 팀원들이 말하지 않는 문제들을 계속 찾아다녀야 했습니다. 우리 팀은 왜 저를 도와주지 않는 걸까요?

매니저가 명심해야 하는 한 가지는 사전에 문제를 찾아내야 한다는 점입니다. 팀원들이 자연스럽게 당신을 찾아오게 할 방법이 있습니다. 누구든 언제든 찾아올 수 있도록 당신의 근무시간을 늘리고, 필요하면 언제든 당신을 찾아도 좋다고 팀에 이야기하면, 팀원들은 당신이 문제를 찾아 나서기 전에 문제를 상의하러 찾아오는 겁니다.

하지만 이렇게 되기가 쉽지 않습니다. 오픈도어 정책이 이론적으로는 좋지만, 문제를 알리기 위해 상사(혹은 상사의 상사 등)를 찾아가는 위험을 기꺼이 감수하는 아주 용감한 개발자가 있어야 하죠. 심지어 개발자가 실제 문제가 무엇인지 아주 잘 설명할 것이라고 기대하고 있습니다! 당신을 신뢰하고 존경하는 팀도 어떤 문제들은 절대 당신에게 공유하지 않을 겁니다. 이런 문제들은 사람들이 그만두는 원인이 되며, 프로젝트가 지연되거나 실패가 폭발하는 원인이 되기도 합니다. 당신이 외면하면,

---

1 **역자주_** 오픈도어 정책(Open-Door Policy)은 CEO, 임원, 매니저 등 모든 상사들이 사무실 문을 열어두고 직원들과 투명하게 소통하려는 정책을 말한다.

꽤 괜찮아 보였던 팀이 무너지기 시작하죠.

오픈도어 정책에 의존하면 당신이 팀에서 멀어질수록 위험합니다. 팀과 직접 원온원 미팅을 하지 않고 근무 시간 동안 훌륭한 관리 직원이 왜 뛰어난 재능을 유지하지 못하는지 왜 일을 끝내지 못하는지 궁금해하기만 하는 가장 전형적이고 멍청한 경영진을 마주하게 되죠. 어떤 사람들은 조직에서 문제를 숨기는 일에 능하며, 당신이 시간을 들여 신경 쓰지 않으면 이런 문제를 전혀 알 수 없습니다.

매니저를 관리하면서 팀의 성과를 평가하게 됩니다. 만약 팀이 제대로 성과를 내고 있지 않다면 어떻게 해야 할까요? 팀워크가 좋지 않아 프로젝트를 제시간에 완수하지 못하는 팀이 있을 때, 문제를 예측하는 일은 당신의 일이기 때문에 이 팀이 마구 쏟아내는 문제들은 높은 직급에 있는 당신에게 안 좋은 영향을 줄 것입니다. 이런 문제들은 오래되면 될수록 바로잡는 비용이 올라가는데, 그 문제는 당신 앞에 모습을 드러내지 않을 것입니다.

그래서 앞서 언급했던 것처럼, 원온원 미팅에서 미팅 주제나 할 일 목록을 이야기하는 것을 넘어 진짜 소통을 할 수 있도록 해야 합니다. 하지만 그 이상으로, 당신에게 직접 보고하는 사람들과 스킵 레벨 미팅을 할 수 있도록 미리 시간을 할애해두어야겠죠.

스킵 레벨 미팅 진행하기

스킵 레벨 미팅[2]은 중간 매니저 없이 성공적으로 인력을 관리할 수 있는 중요한 비결 중 하나다. 그럼에도 아직 많은 사람이 스킵 레벨 미팅을 과소평가하거나 건너뛴다. 나 역시 그 마음을 알고 있다. 나도 그랬으니까. 아무도 자신의 스케줄에 회의를 추가하고 싶어 하지 않는다. 특히 논의 주제가 없는 회의는 더욱더 그러하다. 하지만 강력하게 관리되는 팀을 만들고 싶다면, 매니저에게 보고하는 사람들을 이해하고 그 사람들과 관계를 유지해야 한다.

스킵 레벨 미팅이란 무엇일까? 매니저를 제외하고 매니저에게 보고하는 직원들과 회의를 진행하는 것이다. 스킵 레벨 미팅을 잡는 데 여러 방법이 있지만, 결국 이 미팅은 팀이 얼마나 건강한지 살피고 팀에 집중하기 위해서 진행한다. 어떤 방법으로 스킵 레벨을 진행하더라도 이 목적을 잊지 말자.

스킵 레벨 미팅의 한 형태로 조직장과 직원이 분기별로 한 번씩 짧게 진행하는 원온원 미팅이 있다. 이 미팅으로 몇 가지 목표를 이룰 수 있다. 이 미팅을 통해서 피상적일지라도 직원들과 관계를 맺을 수 있다. 이 스킵 레벨 미팅을 진행하면 직원을 '부품'이 아닌 인격체로 볼 수 있다(큰 조직을 운영할 때 발생 가능한 위험요소이다). 직원은 무언가 당신에게 질문하기 위해서 미팅을 잡으려고 하지 않는다. 하지만 원온원 미팅을 진행하면 직원에게 질문할 시간이 주어진다. 당신이 적합한 주제를 떠올릴 수 있도록 해주고 이 미팅이 직원에게 이익이 된다는 것을 상기시켜주면 미팅은 가장 성공적으로 진행된다. 각 직원은 자신이 어떤 것에 관심이 있는지 잘 이야기하기 위해 미팅에 앞서 내용을 준비해야 한다.

원온원 스킵 레벨 미팅을 진행할 때 직원에게 무엇을 물어봐야 할까?

---

2 역자주_ 조직 체계의 단계를 건너뛰고 미팅하는 것을 말한다. CEO가 중간 매니저를 건너뛰고 직원과 직접 미팅하는 것을 예로 들 수 있다.

- 현재 진행하는 프로젝트에서 가장 마음에 드는 부분과 가장 마음에 들지 않는 부분은 무엇인가?
- 최근 팀에서 정말 일을 잘하는 직원은 누구였는가?
- 매니저에게 피드백할 것이 있는가? 잘 진행된 것과 잘 진행되지 않은 것은 무엇인가?
- 제품에 어떤 변화를 줄 수 있다고 생각하는가?
- 우리가 놓치고 있는 기회가 있지는 않은가?
- 전반적으로 조직이 어떻게 일하고 있다고 생각하는가? 우리가 더 잘하거나 더 많이 하거나 덜 일할 수 있을까?
- 당신이 이해하지 못하는 비즈니스 전략이 있는가?
- 현재 당신이 최선을 다하지 못하는 이유는 무엇인가?
- 회사에서 일하는 것이 얼마나 행복한가 또는 얼마나 행복하지 않은가?
- 회사에서 일하는 것이 즐거우려면 어떻게 해야 할까?

원온원 미팅이 무한히 늘어나지는 않는다. 만약 직원이 60명이고, 한 분기의 업무일 수가 60일이라면, 각 직원과 분기별 한 번씩 원온원 미팅을 하려면, 12주 동안 매일 한번씩 미팅하거나, 일주일에 5번 미팅을 진행해야 한다. 조직에 직원이 늘어날수록 상황은 더욱 안 좋아진다. 계속 늘어나다가 말도 안 되는 상황을 마주하게 된다. 일주일 동안 업무시간이 40시간이고 직원이 1,000명이라면, 아무 일도 하지 못하고 원온원 미팅만 진행해야 한다. 하지만 작은 조직이라면, 각 직원에게 시간을 할애하는 일은 가치 있는 일이다.

대규모 조직을 운영하고 있거나 원온원 미팅을 스케줄에 마구 추가하고 싶지 않다면, 다른 방법으로 스킵 레벨 미팅을 추가할 수 있다. 나는 전체 팀원과 스킵 레벨 점심을 먹고는 했다. 점심을 먹으며 현재 돌아가는 상황에 대해 이야기 나누었고, 점심은 내가 샀다. 각 팀과 분기별로 여러 번 진행하려고 했다. 이 방법은 팀원과 친해질 수 있다는 점에서 원온원 미팅의 많은 장점을 가지고 있다. 각 직원의 경력 성장에 대해 코칭해줄 수는 없지만, 팀 분위기를 이해하고 직접 팀의 피드백을 받을 수 있다.

물론 직원들은 팀 상황에 따라 다르게 행동한다. 팀원이 자신과 불편한 관계의 매니저가 그 자리에 함께 있지 않더라도, 당신이 최고 직위 상사라면 그 매니저와 관련된 문제를 다른 사람 앞에서 이야기하기 어려울 것이다. 수많은 점심 식사를 통해서 다양한 기술적인 문제에 대한 잡담 이상의 이야기도 나눌 수 있었다. 직원들이 어떤 일에 집중하고 싶어 하는지 감을 잡을 수 있었고, 회사가 주시하는 전략이 무엇인지 다른 분야의 일이 어떻게 돌아가는지 앞으로의 프로젝트는 어떤 것이 있는지 등 직원들이 관심 있어 하는 부분에 대한 상세한 질문에 답해줄 수 있었다.

팀이 함께 모이는 자리에서 정보를 이끌어낼 수 있는 질문은 다음과 같다.

- 당신 상사의 상사인 내가 당신과 팀을 위해 할 수 있는 일이 무엇인가? 혹시 내가 도와줄 부분이 있는가?
- 당신이 볼 때 우리 팀이 다른 팀과 협력을 잘하지 못하는가?
- 내가 대답해줄 수 있는 더 큰 조직에 대한 질문이 있는가?

나의 경우, 스킵 레벨 점심을 통해 직원들과 가까워졌고, 직원들도 좀 더 민감한 주제를 들고 내 사무실로 찾아와 원온원 미팅을 요청했다. 가끔은 내가 요청하기도 했다.

스킵 레벨 미팅을 진행하는 목적은 직원들의 신뢰와 참여를 유지하는 것뿐만 아니라, 어떤 매니저가 '직원들과 관계를 잘 형성하는 것처럼 비춰지는지' 알고 이 매니저가 이끄는 팀이 겪고 있는 어려움을 아는 것이다. 조직에 인간관계를 잘 관리하는 사람이 있으면 항상 어려운 상황을 감지하고 대응하기가 어려워진다. 이 매니저는 제일 먼저 당신을 찾아온다. 당신이 다른 상황을 알게 되기 전에 이 매니저의 입장을 듣게 되면, 아무래도 이 사람이 옳다고 생각하게 되고 그의 결정을 지지하게 된다. 스킵 레벨 미팅은 다른 이야기를 들을 수 있는 기회이고, 현장에서 실제 상황을 확인할 수 있는 기회다.

이 직급에서는 시간과 노력이 많이 들지만 그만큼 많은 정보를 알게 되는 원온원 미팅과 시간은 더 적게 들지만 그만큼 세부 정보를 얻을 수 없는 편안한 만남 사이에서 어떤 선택을 해야 할지 계속 고민하고 있을 것이다. 꼭 맞는 방법을 찾기는 어려울 것이다. 프로젝트가 악화된 상황, 팀을 망가뜨리는 매니저, 다른 직원들에게 피해를 주는 사람에 대하여 너무 늦게 알게 될 때도 있다. 이를 놓치지 않기 위해 간접적인 관계를 유지하는 방법을 배워야 한다.

스킵 레벨 보고를 잘 아는 경우라도 이 과정을 과소평가하지 않아야 한다. 팀을 직접 관리해왔다고 해서 팀과 가까운 사이를 유지한다는 보장은 없다. 흔히 매니저는 직원과 이미 개인적인 친분이 있거나 오랜 기간 함께 일해왔을 때 실수를 한다. 가까운 팀과 직접 연락하기 위해 노력하지 않아도 될 것이라고 느낀다. 나도 이 상황을 똑같이 마주했고, 같은 실수를 저질렀다. 이런 철학은 오래 가지 않는다. 서서히 팀이 변화함에 따라 관계도 변화한다. 팀원들이 변하지 않았더라도, 본인과 매니저 사이의 문제를 항상 당신에게 들고 오지는 않을 것이다. 226쪽에 나온 'CTO에게 묻는다 : 오픈도어 정책에 실패했어요!'를 참고해 그 이유를 알아볼 수 있다.

매니저에게 책임 일깨우는 법

당신에게 보고하는 숙련된 매니저가 있든 신입 매니저가 있든 상관없이, 이런 관계에는 일반적으로 한 가지 목표가 있다. 이 관계는 '당신의 삶을 편하게 만들어줘야 한다'는 것이다. 당신 밑에 있는 매니저는 당신이 팀원 각각의 세부사항을 챙기는 것보다 큰 그림을 그리는 데 시간을 할애할 수 있도록 해줘야 한다. 이것이 바로 그 매니저의 역할이다. 매니저는 그저 당신 대신 원온원 미팅을 하는 사람이 아니다. 매니저는 팀원을 챙기고 팀이 성공할 수 있도록 지원하는 책임을 져야 한다. 이 일에 계속 실패한다면, 그는 자신의 업무를 제대로 하지 못하는 것이다.

매니저가 업무를 제대로 못 할 수도 있다. 하지만 무책임해서는 안 된다. 어디서부터 잘못되었는지 당신이 궁금해하거나 몇 달이 지나서 문제가 발견될 때까지, 매니저는 가끔 문제를 숨기고 당신이 듣고 싶은 것만 말하여 당신의 삶을 편안하게 해준다. 매니저가 상황을 마법처럼 개선해주리라 기대하지 마라. 매니저가 책임감을 가질 수 있도록 만들어야 한다. 당신이 이 직급에서 일하면서 '매니저가 책임감을 느끼도록 하는 방법'을 전문적으로 배울 큰 기회라 할 수 있다.

복잡한 팀은 책임 소재가 분명하지 않기 때문에 매니저가 책임감을 느끼도록 하기가 어렵다. 당신 아래에 있는 매니저는 개발 방향과 품질을 책임지는 테크 리드와 함께 팀을 감독할 수 있다. 매니저는 기능 로드맵을 만드는 제품 매니저나 비즈니스 매니저와 함께 일할 수 있다. 팀이 홀로 떨어진 섬처럼 단독으로 일하는 경우가 드물어서 팀끼리 서로 영향을 미칠 수밖에 없다. 팀마다 역할도 달라 책임 소재도 복잡하다. 어떻게 해야 매니저의 책임을 명확히 할 수 있을까? 복잡하면서도 흔히 발생했던 상황을 몇 가지 소개한다.

제품 로드맵이 불안정한 상황

팀이 생산적으로 움직인다는 느낌이 들지 않고, 다소 갈등도 있으며, 시스템은 불안정하다. 게다가 제품 팀은 팀의 목표를 계속 수정해서 모든 일이 항상 긴급하게 처리되도록 만든다. 매니저가 이 상황을 책임질 의무가 있는가?

테크리드가 잘못된 판단을 하는 상황

테크리드가 코어 시스템 중 하나를 다시 설계해야 하는 문제에 봉착해 있다. 설계 문서는 아직도 시작 단계이고 업무는 쌓여 있는데, 테크리드는 이 문제를 빨리 해결할 수 없는 큰 문제라고 주장한다. 매니저가 이 상황을 책임질 의무가 있는가?

팀이 계속해서 장애 처리만 하게 되는 상황

매니저가 문제가 많고 규모가 큰 레거시 시스템(legacy system)[3]을 운영하는 팀을 맡게 되었다. 팀은 업무 시간 내내 불을 끄는 소방대원처럼 일한다. 이 팀은 같은 시스템을 사용하는 다른 팀을 지원하기도 하고, 다른 팀이 계속 지원해 달라고 요청하기 때문에 본업에 집중할 수 없다. 이 시스템에서 벗어날 수 있는 로드맵이 있기는 하지만, 이 로드맵이 어떻게 진행되고 있는지 보고를 받은 적이 없다. 팀은 시스템을 안정화하고 지원 요청에 대응하기 위해 기진맥진해 있을 것이다. 매니저가 이 상황을 책임질 의무가 있는가?

이 모든 질문에 대한 답은 '책임질 의무가 있다'이다. 각 경우의 상황이 나아지더라도, 이런 상황에서 팀을 구해내 앞으로 나아갈 수 있도록 할 책임이 궁극적

---

3 역자주_ 낡은 기술이나 오래된 시스템을 말한다.

으로 매니저에게 있다. 매니저가 팀의 건강과 생산성을 책임지기 때문이다.

제품 팀이 목표를 계속 수정한다면, 매니저는 이 수정으로 인해 팀에 문제가 될 일으킬 수 있는 부분을 파악하고, 제품 팀과 함께 소통하여 문제를 설명하고 무엇이 중요한지 논의한다. 만약 이렇게 하지 못했다면, 매니저는 당신에게 문제 해결을 도와 달라고 요청해야 한다.

테크리드가 곤경에 처해 있을 때, 매니저는 테크리드를 곤경에서 구해내 설계 프로세스가 더 투명해질 수 있는 방법을 함께 찾아야 한다. 필요하다면 다른 팀의 시니어를 멘토나 협력자로 데려와 문제를 분석하고 성과를 내야 한다.

로드맵이 다른 문제로 정체되어 있을 때 매니저는 당신을 찾아와야 할 책임이 있다. 만약 팀이 전력을 다해 문제를 해결하는 것 외에는 할 수 있는 일이 없다면, 매니저는 상황을 통제하기 위해서 시간을 내서 문제의 원인을 함께 따져보고, 필요하다면 추가 인력을 채용하거나 팀에 합류시켜 달라고 요청해야 한다. 팀이 너무 많은 요청 사항을 받아서 처리하고 있을 때 매니저는 팀의 업무 부담을 조정하기 위해 문제를 우선순위에 따라 분류해 어떤 요청을 거절할지, 몇 명의 사람이 더 필요한지 파악할 책임이 있다.

이런 경우에는 매니저를 도와주어야 한다. 매니저는 때때로 제품 팀 지원을 거절할 영향력이 없어 당신의 도움이 필요할 수 있다. 테크리드와 협업할 시니어 인력을 찾을 때도 당신의 도움이 필요할 수 있다. 문제 대응을 위해 인력을 추가하겠다는 요청에 승인해야 하거나, 다른 팀을 지원해야 하는 부담이 여러 팀에 분배되도록 승인해야 한다. 매니저가 팀 속도를 저하하는 문제를 파악하기 위해 많은 노력을 기울였어도, 해결 방안이나 향후 대책을 찾는 일을 도와주어야 한다. 이렇게 하면 문제가 더 커지기 전에 투명하게 당신에게 보고되고 당신이 일하기가 좀 더 수월해진다.

팀원에게 코칭과 가이드가 필요한 것처럼, 매니저도 코칭과 가이드가 필요하다. 매니저를 한 사람으로서 알아가기 위해 매니저의 강점과 개발되어야 할 부분을 알아가기 위해 함께 시간을 보내야 한다. 원온원 미팅에서 업무 일정과 계획 이야기만으로도, 시간이 모자라겠지만 피드백과 코칭도 해야 한다. 매니저는 전체 조직의 성공과 실패에 큰 영향을 미치며, 결국 매니저가 얼마나 잘 하는지에 따라 당신이 좋아 보이거나 나빠 보이게 되므로 매니저의 성과를 적극적으로 관리해야 한다.

좋은 매니저, 나쁜 매니저 : 사람들의 기분을 살피는 사람

마커스는 만인의 가장 좋은 친구다. 그가 이끄는 팀의 팀원들은 그를 이 세상에서 제일 좋은 매니저라고 생각하는 헌신적인 팀원들이다. 마커스는 대부분의 일과를 직접 보고하는 후배부터 새로 채용된 부하직원까지 모두와 원온원 미팅으로 보낸다. 마커스가 모두를 위해 시간을 내고 필요하다면 계속 이야기를 들어줄 것이라는 점은 누구나 동의한다. 마커스에게 문제를 가져가면, 마커스는 문제를 바로잡겠다고 약속한다. 마커스가 팀을 처음 맡았을 때는 다들 우려했던 많은 문제를 신경 쓸 것이라고 생각했다. 하지만 그 문제를 해결하려고 마커스가 동분서주하는 것 같지 않았다. 내가 불만을 제기했던 동료가 여전히 승진했다. 제품 팀은 아직도 나를 서두르게 만든다. 목표는 여전히 말이 안되는 것 같지만, 마커스가 바빠 보여서 그를 탓할 수가 없다. 결국에는 마커스가 해결해야 할 문제가 너무나 많아졌다.

팀원들은 마리아를 마커스만큼 좋아하지는 않는다. 요청하면 시간을 내겠지만 마리아에게 직접 보고하는 사람이 아닌 이상 마리아는 거리를 유지한다. 마리아는 가끔 퉁명스러워 보이고, 수다 떨기나 시간 낭비를 참지 못한다. 하지만 마리아가 팀을 맡은 후 상황이 달라졌다. 로드맵의 목표는 타당하고 목표의 수도 적어졌다. 당신이 불만을 제기했던 동료가 피드백을 받은 것 같고, 당신의 아이디어도 반영된 것 같다. 미팅이 더 수월하게 진행되었고 팀원 모두 오랫동안 미팅에 집중했다. 여전히 문제가 있지만, 당신이 정말로 일을 하고 있기 때문에 그 문제는 별로 중요하지 않아 보인다. 가장 놀라운 점은 마리아는 매일 늦은 밤에 퇴근하지 않는다는 점이다.

여러분은 이 두 매니저를 어떻게 생각하는가? 마커스는 예스를 남발하는 사람이다. 그는 자기 팀원이 불행해지는 상황을 아주 싫어한다. 만약 당신이 마커스의 팀이라면 마커스에게 무언가 부탁했을 때 마커스는 무조건 "네"라고 말할 것이다. 일이 너무 많아 모든 것을 처리할 수 없을 때조차.

예스를 남발하는 사람이 당신 곁에 있다는 신호 :

- 예스를 남발하는 사람이 매니저인 팀은 팀원들이 매니저를 개인적으로 좋아할지 모르지만, 매니저 역할에 대한 불만이 크다. 예스를 남발하는 사람은 문제를 숨기고 투명하게 공유하지 않기 때문이다.

- 예스를 남발하는 사람은 팀이 아주 뛰어나게 잘할 수 있도록 지원하기보다 팀이 실수 없이 원활히 운영되는 것에 더 관심이 있다.

- 예스를 남발하는 사람은 기분이 좋지 않을 때 팀에도 내색해서 모든 팀원이 자신감을 잃게 만든다.

- 예스를 남발하는 사람은 일을 미루지는 않지만 아직 일이 마무리되지 않은 이유를 휘황찬란하게 변명한다.

- 예스를 남발하는 사람은 약속을 과하게 하고 잘 지키지 못하며, 이런 경험을 하고도 향후 필요한 약속만 해야한다는 것을 배우지 못한다.

- 예스를 남발하는 사람은 모든 사람에게 "네"라고 말하고, 상당한 혼란을 야기할 수 있는 문제가 마무리될 수 있다며 팀과 외부 파트너에 모순된 메

시지를 전달한다.

- 예스를 남발하는 사람은 회사에서 일어나는 모든 문제를 아는 것 같지만, 그중 어떤 문제도 직접 언급한 적은 없다.

나는 지난 몇 년 동안 사람들의 기분을 살피는 사람을 다양한 유형으로 보아왔다. 한 명은 마커스처럼 팀의 기분을 살피는 사람이었다. 팀원들은 마커스가 자신들과 시간을 많이 보내기 때문에 좋아했다. 마커스는 팀원이 행복한지 확신하기 위해 팀원을 깊이 이해하고자 했고, 팀원이 힘들어하는 일을 바로잡기 위해 무엇이든 들으려고 했다. 마커스는 편애하지 않았지만 마커스에게 속내를 들어내는 사람들이 마커스와 대부분의 시간을 보냈다. 심리 치료사처럼 사람들의 기분을 살피는 사람은 당신이 왜 힘들어하는지 듣고자 하고 당신의 감정 상태를 진심으로 걱정하기 때문에 팀원들이 팀에 큰 충성심이 생길 수 있다. 경청은 매니저의 덕목이지만 회사가 추구하는 방향과 프로젝트의 목표를 잊어버린 채 자신의 이미지만을 위한 경청은 불행하게도, 극적이고 부정적인 감정만 증폭시키고, 지킬 수 없는 약속으로 팀을 실망시킬 수 있다.

또 다른 유형으로는, 팀이 아닌 외부 사람들의 기분을 살피는 사람이 있다. 이들은 자신의 상사와 외부 파트너를 기쁘게 만들려고 하고, 문제를 팀에 드러내는 것을 두려워한다. 그래서 상사와 외부 파트너를 관리하느라 상당히 많은 에너지를 쓰며 특히 자기 팀을 지나치게 감독하려는 경향이 있다. 이들은 외부 사람들에게는 좋은 말을 하지만, 팀 내부에 칭찬이나 피드백을 자주 하지 않는다. 놀랍게도, 이런 사람들은 팀원들과 내부적으로 어려운 대화를 하는 것을 꺼린다. 팀과 함께 심각한 문제를 이야기하기를 꺼려하고, 이렇게 되면 실제 문제뿐만 아니라 좋은 일 또한 인정할 수 없게 된다. 자신의 매니저와 문제를 절대 공유하고 싶어 하지 않으며, 프로젝트로 들어오는 모든 요청에 기꺼이 동의한다.

이 두 유형 모두 거절을 어려워하며 팀과 외부 파트너에 모순된 메시지를 전달한다. 어떤 매니저는 팀에 할당된 모든 문제에 뛰어들어 수정해야 한다고 팀을 밀어붙이고 제품 버그 때문에 발생하는 데이터 문제를 모두 해결하라고 강요하기도 한다. 매니저가 실제로 이 업무에 관심이 없기 때문에 문제는 천천히 해결된다. 게다가 고객이 겪고 있는 문제가 팀에 투명하게 공유되지 않아 해결해야 할 문제의 우선순위를 정하는 데 애를 먹는다. 달갑지 않은 일을 팀에 주고 싶지 않은 마음에 일을 오래 묵혀두어 결국 팀이 문제 해결 능력을 영원히 잃게 만든다.

사람들의 기분을 살피는 사람이 외부를 신경 쓰는 경우에는 자신의 매니저에게 커다란 맹점이 될 수 있다. 본인에게 주어지는 모든 문제에 "네"라고 답하고 좋은 이야기만 하려고 하기때문에, 팀의 문제나 프로젝트 문제가 아주 악화하기 전까지도 매니저가 알기 힘들다. 이들은 당신이 걱정이 아닌 다른 데로 주의를 돌리게 하는 데 아주 능숙하다. 일단 변명이 많다. 다음에 더 잘할 것이라고 약속한다. 이들은 당신이 올바른 피드백을 줄 때 진심으로 뉘우치기도 하지만, 다른 사람을 불쾌하게 만드는 일은 정말 못한다. 아마 당신은 그들을 사람으로는 매우 좋아할 것이다. 왜냐하면 친절한 사람이니까.

사람들의 기분을 살피는 사람은 실패해도 안전하다고 느끼는 팀을 만드는 것 같지만, 실은 그 반대다. 이런 사람들은 실패와 거절에 대한 두려움 때문에 팀이 건강한 방향으로 실패하지 못하도록 만든다. 팀이 아닌 외부 사람의 기분을 살피는 사람은 요리조리 피하거나 감정을 조작하여 솔직한 대화를 하지 않는다. 팀의 기분을 살피는 사람은 팀이 지키지 못할 약속을 하게하여 팀을 실패로 이끌고, 종국에는 큰 기대에 부응하지 못한 팀이 매니저나 회사에 극도로 억울해하는 것으로 끝이 난다.

사람들의 기분을 살피는 사람을 관리해야 하는 사람이 나라면 어떻게 해야 할까? 이들이 "아니요"라고 말해도 안전하다고 느낄 수 있도록 돕고, 더 많은 결정을 외부로 공유하여 실패를 개인적으로 받아들이지 않도록 돕는다. 업무 로드맵을 확정지을 수 있는 강력한 파트너를 찾아 함께 일할 수 있도록 하는 것도 좋은 방법이다. 때로는 팀원 스스로가 업무 계획에 대한 권한이 있는 애자일 프레임워크에서 일을 잘하곤 한다. 매니저의 재량에만 전적으로 의존하지 않는 업무 스케줄을 짤 수 있도록 개선된 프로세스를 만들어라. 승진이나 다른 기회를 잡기 위해 필요한 사항을 명시하는 프로세스를 갖추는 것도 좋은 방법이다. 예를 들어, 승진하려면 매니저의 재량 이상이 필요한 것처럼, 어떤 일이 자신의 권한을 벗어날 때, 사람들의 기분을 살피는 사람은 당연하게 프로세스를 강조하고 따르려고 한다.

이들을 어떻게 관리해야 할까? 비슷한 행동을 하는 사람을 예로 들어 그 행동이 가져올 수 있는 좋지 않은 점을 알려주는 방법이 가장 좋은 방법이 될 수 있다. 늘 "네"라고 말하는 습관이 팀에 문제를 안길 수 있다는 점을 인지할 수 있으면 된다. 이들은 보통 이타적이고 남을 염려하는 개인적 신념을 바탕으로 행동하기 때문에, 이들의 비정상적인 행동을 고치려고 할 때에도 그 신념은 존중해야 한다. 결국 사람들의 기분을 살피는 사람이 하는 모든 행동은 당신을 기쁘게 하기 위해 하는 행동이다.

신입 매니저 관리하기

개발자였던 사람이 매니저가 되는 상황을 이야기하고 있기 때문에, 처음으로 매니저 역할을 맡은 사람에게 많은 코칭이 필요하다는 것은 그리 놀랄 일이 아니다. 당신이 팀을 처음 관리해야 했던 때처럼, 매니저를 처음 하는 사람은 본인이 무엇을 모르는지 모른다. 과거에 함께했던 좋은 매니저가 했던 대로 팀을 관리할 것이다. 아마 교육을 받거나 이런 책을 읽기도 했을 것이다. 요령을 익힐 수 있도록 도와주는 좋은 매니저가 곁에 없는 한, 길을 헤쳐나가려고 애쓰고 있을 것이다.

신입 매니저와 의미 있는 시간을 함께 보내는 것이 중요하고, 이를 조직의 장기적인 이익을 위한 투자라고 생각해야 한다. 당신은 신입 매니저가 대인관계 기술이 좋아서 곧바로 일을 잘할 것이라 기대할 것이다. 신입 매니저도 아마 그렇게 생각하고 있을 것이다. 하지만 좋은 매니저가 되기 위해서는 다양한 기술이 필요하고, 아주 좋은 대인 관계 기술을 가지고 있는 사람도 좋은 매니저가 되기 위해 몇 가지 훈련을 받아야 한다.

신입 매니저를 고용하거나 승진시킬 때 매니저에게 팀의 전권을 주고 싶을 것이다. 마침내 직접 팀에 대해 고민하지 않아도 된다! 안타깝게도 신입 매니저는 충격적일 정도로 기본조차 모르는 사람일 수도 있다. 예를 들어 원온원 미팅을 처음 진행하려면 겁이 난다. 무엇을 이야기해야 하지? 피드백을 어떻게 줄까? 이야기 나눈 중요한 사항들을 어떻게 다 기억하지? 그 어떤 책이나 트레이닝도, 신입 매니저에게 원온원 미팅이 어떻게 진행되고 있는지, 도움이 필요한 부분이나 궁금한 사항은 없는지 물어보는 시간을 대신할 수는 없다. 가끔은 매니저에게 가장 먼저 원온원 미팅부터 챙기라고 말해줘야 한다.

어떤 사람들은 새롭고 벅차게 느껴지는 업무를 아예 외면하기도 한다. 신입 매니저가 상당히 많은 팀 세부사항을 간과하고 제대로 관리하지 않으면, 그 팀은 고통을 겪기 시작한다. 당신이 고통을 겪을 것이라는 의미이기도 하다. 매니저가 앞으로 쌓을 경력 경로를 보여주지 못하거나 사람들이 일할 수 있도록 고무시키지 못해서 사람들이 그만두기 시작한다면, 이는 근본적으로 당신 책임이다. 신입 매니저를 도와줄 부분이 어떤 것인지 파악하기 위해 스킵 레벨 미팅을 진행하자. 그리고 가장 효율적으로 돕기 위해 자주 스킵 레벨 미팅을 할 예정이라고 매니저에 알려주자.

처음으로 매니저 업무를 맡아 힘들어하고 있다는 일반적인 신호 중 하나는 과로다. 과로하는 매니저는 다른 팀원에게 자신의 기존 업무를 인계하지 못한 채 새로 맡은 매니저 업무까지 두 가지 일을 모두 한 번에 하고 있을 것이다. 특히 매니저가 새로 맡은 직무에 감을 잡으면 좀 더 바빠지게 되는 것과, 일찍 출근하고 늦게 퇴근하고 주말 내내 이메일을 쓰는 것은 다른 이야기다. 얼마나 많은 사람이 업무에서 손을 떼는 방법을 배우지 못해서 계속 업무를 끌어안고 오래도록 일하는지 알게 된다면 아마 놀랄 것이다. 기존 업무를 인수인계하고 새로운 기회를 발견하기를 바란다고 신입 매니저에게 명확히 알려야 한다.

과로는 종종 신입 매니저가 위험하다는 신호이기도 하다. 자신이 통제광, 팀에 일을 시키는 사람이라고 생각하는 매니저는 모든 결정을 자신이 내리려고 한다. 업무에 소홀한 매니저도 나쁘지만, 때로는 권력을 행사하고 싶어서 열심히 일하는 매니저가 더 나쁘다. 팀에 권력을 과시하고 싶어 하는 매니저는 팀이 자신보다 직급이 높은 사람과 스킵 레벨 미팅을 진행할 때 좌절한다. 자신이 힘을 행사할 수 없기 때문이다. 항상 모든 팀원에게서 상세한 보고를 받으려고 하는 마이크로매니저와 비슷하지만 살짝 다르다. 마이크로매니저는 불필요한 세부 사항을 요구하기 때문에 팀을 극도로 짜증나게 만든다. 통제광은 팀 스스로 결정할 수 있는 능력을 빼앗고 직원에게 업무를 할당하는 일이 자기 일이라고 생각한다. 통제광은 협업하기보다 혼자 결정하겠다고 자주 싸우기 때문에, 일반적으로 제품 관리 팀과 다른 기술 팀 동료들과 사이가 좋지 않다. 심지어 통제권을 빼앗길까 염려해 매니저에게 본인이 하는 일을 숨기고 싶어 한다. 새로 온 매니저가 원온원 미팅을 건너뛰거나 팀이 무엇을 하는지 물어볼 때 답을 피한다면, 그 신입 매니저는 통제광일 가능성이 높다.

당신이 교육하고 있는 신입 매니저는 당신 어깨 위에 얹힌 수많은 원온원 미팅 진행은 물론 그 이상으로 당신의 업무를 근본적으로 수월하게 만들어야 한다. 신입 매니저는 팀이 목표에 집중하여 좋은 결과를 낼 수 있도록 이끌어 팀의 성과와 결과도 잘 관리해야 한다. 가끔은 신입 매니저가 목표나 제품 로드맵에 대해 본인이 아무것도 할 수 없다고 생각하여, 본인이 결과에 책임을 져야 한다는 사실을 모를 수도 있다. 신입 매니저가 무엇을 해야 하는지, 팀 계획을 짤 때마다 기본 항목부터 일일이 붙들고 잔소리를 하는 것이 당신의 일은 아니지만, 이 과정을 처음 겪는 매니저는 코치가 필요할 수 있다. 팀에 대한 책임을 매니저에 물을 것이라고 미리 기대를 확실히 해두고, 매니저가 그것을 달성할 수 있는 능력을 쌓도록 도와라.

매니저 역할을 처음 해보는 사람이 좋은 매니저가 되기 위한 자세도, 배울 의지도 없다면 곤란하다. 적합하지 않은 사람을 매니저로 앉히는 것은 실수지만, 그 사람이 적합하지 않다는 것을 알고나서도 그 자리에 그냥 두는 것은 큰 문제다. 매니저가 되려는 개발자가 아주 작은 팀을 맡아 멘토링과 관리를 해볼 수 있도록 걸음마 교육을 시키는 방법에 크게 찬성한다. 하지만 이 방법이 늘 가능하지는 않으며 규모에 따른 문제를 늘 해결해주지 않는다. 예를 들어, 통제광 매니저는 진정한 권력을 느낄 수 있는 직위에 오를 때까지는 팀을 제어하려는 충동을 억제하기 때문에, 소규모 팀을 관리해야 하는 상황에서는 눈에 띄지 않을 수 있다. 신입 매니저를 잘 지켜보자. 처음 6개월 동안은 이 매니저를 코칭하는 것뿐만 아니라 교정할 수 있도록 강한 피드백을 주어야 할 수 있다.

신입 매니저는 당신에게 받아야 하는 코칭 외에도 추가로 외부 교육을 받게 하는 것이 좋다. 인사 팀이 신입 매니저를 위한 커리큘럼을 가지고 있다면, 반드시 참여시키자. 사외에서 진행되는 추가적인 교육 기회, 이를테면 기술 리더십 컨퍼런스나 전현직 엔지니어링 매니저가 기술 리더십을 주제로 진행하는 프로그램 등도 찾아보면 좋다. 신입 매니저는 대부분의 경우 관리 노하우를 너무나 배우고 싶어하고, 전문적인 프로그램에서 배우면 더 빨리 배울 수 있다.

숙련된 매니저 관리하기

이번에는 경험이 많은 매니저를 관리하는 방법에 대해 이야기해보자. 숙련된 매니저 관리에서는 색다른 도전 상황을 마주하게 된다. 우선 숙련된 매니저는 훌륭한 경우가 많다. 올바른 경험을 한 매니저는 무엇을 해야하는 지 알고, 당신의 도움 없이도 일을 해낸다. 숙련된 매니저는 관리의 기본을 잘 알고, 자신만의 독특한 요령도 가지고 있다. 모두 좋아 보인다.

하지만 큰 단점도 있을 수 있다. 관리 업무는 회사 문화에 따라 상당히 달라지는 경향이 있다. 회사 문화에 맞게 관리를 잘하는 사례도 많지만 회사 문화에 적합하지 않은 매니저를 고용하거나 당신이 그런 매니저로 일하고 있다면, 문제가 생길 것이다. 많은 젊은 기업이 관리 팀을 회사 DNA를 이해하고 있는 초창기 멤버로 구성하는 이유다. 이 사람들은 회사 문화를 받아들이고, 무엇이 중요한지 깊이 알고, 이미 내부 네트워크를 가지고 있어서 일을 완성할 수 있다.

첫 번째 난관은 숙련된 매니저가 당신의 팀 문화에 잘 맞는지 확인하는 것이다. 모든 채용에서 팀 문화 적합성을 많이 이야기한다. 매니저는 팀 문화를 만들어내기 때문에 팀이 협업을 잘하기를 바란다면 기존 문화와 공존하기 어려운 팀 문화를 만드는 매니저는 문제가 될 수 있다. 어떤 사람이 특정 제품을 만들 수 있는 전문성을 가지고 있고, 당신 회사에서 이 전문성을 가진 사람이 필요하여 매니저를 뽑는다고 가정해보자. 이런 채용은 회사가 이 분야의 전문 지식과 안목을 보완하는 데 아주 좋을 수 있지만, 종종 제품 분야에 대한 전문성을 과대

평가하기 쉽고, 회사와 팀의 문화와 프로세스에 어울리는지를 놓칠 수 있다. 대기업 물류 창고 소프트웨어 구축에 깊은 전문성을 가진 사람은 이력서로만 보면 당신 스타트업의 물류 창고 기술 업무를 진행하기에 훌륭해 보인다. 하지만 이 사람이 6개월에 한 번씩 소프트웨어를 릴리스했고 제품 아이디어화 과정에 참여하지 않는 개발 팀과 원격으로만 일해보았다면, 스타트업 물류 현장 팀과 애자일 방식으로 일하기는 어려울 것이다.

역동적이고 제품 중심적인 개발 팀을 만들 때는, 소프트웨어 릴리스를 자주 해야하는 팀과 일하는 방법을 알고, 최신 개발 프로세스에 익숙하며, 창의적인 개발자를 고무할 줄 아는 매니저가 필요하다. 이러한 기술은 특정 업계 지식보다 훨씬 중요하다. 당신 문화에서 어떻게 일해야 하는지 모르는 사람을 훈련시키는 것보다 업계 정보를 찾아서 배우는 것이 더 쉽다. 특히 매니저를 채용할 때는, 문화적 적합성을 양보하면 안 된다.

숙련된 매니저는 관리에 관해 당신과 다르게 생각할 수 있다. 이 차이를 해결해야 하는데, 매니저가 자신이 생각하는 최선의 방법으로 진행하도록 내버려두는 것과는 다르다. 매니저가 당신보다 더 많은 경력을 쌓았더라도, 매니저에게 배우려는 자세를 갖추고 당신의 피드백을 전달하는 것을 두려워하지 말자. 다른 분야의 직원들과 협업하고, 매니저에게 배우고, 프로세스에서 적극적인 역할을 맡자.

이것은 문화의 문제이기도 하다. 당신은 조직 문화를 잘 조성해야 할 책임이 있다. 특히 조직에 오래 몸담고 있었다면 모든 매니저가 당신이 추구하고 가장 좋다고 생각하는 팀 문화를 존중하고 만들어 나갈 수 있어야 한다. 팀이 투명하게 운영되기를 바란다면, 매니저가 정보를 공유하도록 하라. 새로운 시도를 장려하는 팀을 원한다면, 팀이 아이디어를 탐구할 수 있도록 매니저가 시간과 공간을 계획하라. 조직 문화의 가치를 생각해보라. 모든 팀이 조금씩은 다르고 모든 매니저에게는 장단점이 있다는 점을 존중하면서 가치를 구체화할 수 있도록 매니저를 돕자.

숙련된 매니저에게 어떻게 영감을 주고 있는가? 숙련된 매니저는 관리를 독립적으로 할 수 있다는 점에서 신입 매니저와 차이가 있다. 당신이 숙련된 매니저에게 관리의 기본적인 부분이 아닌 자기 분야의 전략과 방향 설정에 큰 영향을 미칠 수 있는 방법을 코칭해야 한다는 의미다. 당신이 매니저에게 위임할 수 있는 업무가 무엇인지 생각해보고, 조직 방향을 정할 때 매니저가 중요한 조언자가 될 수 있도록 만들자. 숙련된 매니저는 신입 매니저처럼 많은 교육이 필요하지 않지만, 이따금씩 회사 내부와 외부에서 본인의 네트워크를 넓히는 데 도움이 필요하기 때문에, 매니저가 새로운 동료를 만날 프로그램을 찾아보아야 한다.

매니저 채용 시 고려할 점

당신의 조직은 어려움을 겪고 있다. 3년 미만의 경력이 있는 개발자를 10명 고용했다. 당신이 들인 노력에도 불구하고, 자격을 갖춘 기존 개발자 어느 누구도 매니저 역할을 맡지 않으려고 한다. 모두 관리 경험이 많지 않아서 속도를 내기 위해서는 당신이 개발자들에게 많은 교육을 진행해야 한다. 사람들 속에 허우적거리게 되면서, 지금이 여러 팀을 맡아줄 신입 매니저를 채용할 때라고 결심한다. 하지만 어떻게 채용할 것인가?

많은 사람들이 여러가지 이유를 대며 외부에서 매니저를 채용하는 것을 매우 꺼린다. 다른 팀과 싸우지 않으면서 좋은 코드를 짜는 개발자를 채용하기도 쉽지 않다. 하지만 코딩은 적어도 시연해 달라고 요청할 수 있는 기술이다. 관리란,

도대체 무엇일까? 면접을 어떻게 해야 할까? 매니저 채용 과정에서 주의해야 할 사항은 무엇일까?

매니저를 채용해보면서 시행착오를 겪으며 무엇을 신경 써야 하는지 알게 된다. 이 부분들은 사실 훌륭한 개발자 면접 과정에서 신경 써야 하는 부분과도 매우 흡사하다. 먼저, 필요한 자질을 가지고 있는 사람인지 확인하라. 둘째, 조직 문화에 잘 맞는 사람인지 확인하라.

매니저 면접과 개발자 면접의 가장 큰 차이는 이론적으로 매니저가 당신을 쉽게 속일 수 있다는 점이다. 앞서 계속 언급된 매니저의 능력은 거의 전적으로 소통에 기반을 두고 있다. 면접에서 그럴듯한 말을 잘하는 사람은 채용될 수 있지만 실전에서 일을 잘하지 못할 수도 있다. 하지만 면접에서 코딩을 잘 해낸 개발자도 가끔씩은 팀에 합류하고 나서 아무것도 만들지 못하기도 한다. 매니저를 채용하고 나서 어떤 일이 벌어질지에 대한 두려움과 매니저 면접을 진행할 때 면접자의 어떤 부분을 평가하고 싶은지를 구분해야 한다. 매니저 면접에서 면접자에게서 가치 있는 정보를 얻을 수 있고 평가할 수 있다. 어떻게 그렇게 할 수 있을까? 매니저에게 기대하는 능력을 살펴보고, 그 능력을 면접자에게 질문하자.

원온원 미팅부터 시작해보자. 매니저가 팀의 건강도를 파악하고 팀에 대한 귀한 정보를 주고받으려면 원온원 미팅이 꼭 필요하다. 매니저에 지원한 사람은 모두 면접 때 원온원 미팅 역할극을 수행해야 한다. 앞으로 채용될 신입 매니저에게 보고해야 하는 팀원이 직접 면접에 함께 참여하여 지금 가지고 있는 문제나 최근에 있었던 문제를 면접자에게 도와 달라고 물어보는 방법이 가장 좋다. 마치 시니어 개발자에게 방금 해결한 문제를 어떻게 디버깅해야 하는지 물어보는 것과 비슷하다. 훌륭한 매니저는 아직 프로젝트나 그 프로젝트에 참여하고 있는 사람에 대한 완전한 이해가 없는 경우에도, 어떤 질문을 해야 하는지에 대한 직감과 상황을 개선할 수 있는 바람직한 방법에 대한 직감을 가지고 있어야 한다. 더 나아가, 성과가 안 나오는 직원을 다루어야 하거나 좋지 않은 성과 평가 결과를 전달해야 하는 어려운 상황을 역할극으로 진행해도 좋다.

중요한 것은, 매니저가 팀을 디버깅할 줄 알아야 한다는 것이다. 예정보다 늦어진 프로젝트를 진행했던 때가 언제였는지, 그 상황에 어떻게 대응했는지 설명해 달라고 하자. 아니면 그만두려는 직원과의 역할극을 요청해보자. 고군분투하고 있는 직원을 어떻게 지도했고 훌륭한 직원의 성장을 어떻게 도왔는지 설명해 달라는 것도 좋다.

면접자에게 관리 철학을 물어보자. 관리 철학이 하나도 없다면, 그것은 주의 신호다. 신입 매니저는 이 질문에 좋은 대답을 못할 수 있지만, 숙련된 매니저가 명확한 철학을 대답하지 못한다면 우려스럽다. 면접자는 매니저의 직무가 무엇이라고 생각하는가? 면접자는 일을 어떻게 직접 처리하고 있고, 어떻게 위임하고 있는가?

직무 연차에 따라, 면접자가 여러 사람 앞에서 발표해볼 수도 있다. 핵심은 발표의 내용을 판단하기 위한 것이 아니라, 사람들이 물어보는 질문에 어떻게 대답하는지, 회의실 분위기를 어떻게 장악하는지, 생각을 어떻게 정리하는지, 사람들 앞에서 어떻게 서 있는지를 보기 위해서다. 이 능력은 시니어 매니저가 갖춰야 하는 능력이며, 매니저가 그런 능력이 부족하다면 채용 여부에서 참고해야 한다. 하지만 이 단계를 과대평가는 하지 않았으면 한다. 나는 발표를 꽤 능숙하게 하는 편인데, 말하는 능력이 특정 리더십 유형에는 유용할 수 있지만 전부는 아니라고 생각한다. 많은 사람 앞에서 얼마나 자신을 잘 표현할 수 있는지 배우는 데에는 한계가 있다. 많은 낯선 청중 앞에서 말하는 것을 불편해하지만 리더십 능력은 훌륭한 매니저가 많다.

기술 능력은 어떠한가? 면접자가 관리하게 될 팀에 신뢰를 쌓을 수 있는 기술 능력을 가지고 있는지 충분히 알아보고 확인해야 한다. 코딩을 해야 하는 매니저의 경우, 일반적인 기술 면접을 간단한 버전으로 진행해보자. 코딩을 하지 않아도 되는 매니저의 경우, 본인의 경험을 바탕으로 알고 있어야 할 기술 질문을 해보자. 면접자가 구축했거나 관리했던 시스템 유형을 바탕으로 질문을 준비하는 것은 좋은 방법이다. 면접자가 과거에 다룬 시스템의 장단점과 그 이유를 논의할 수 있는지 확인하자. 문제 해결책에 동의하지 않는 여러 개발자와 기술적인 논쟁을 중재해보라고 할 수도 있다. 훌륭한 기술 매니저는 핵심 이슈를 분류하는 질문을 할 줄 알고, 팀을 확고한 합의로 이끌어낸다.

지금까지 매니저의 자질을 알아볼 수 있는 몇 가지 방법을 살펴보았다. 두 번째로 확인할 부분은 문화 적합성이다. 살펴본 바와 같이, 문화 적합성은 팀 전체에 매우 중요한 부분이지만, 역시나 가장 어려운 부분은 매니저 채용에 있다. 회사의 문화나 환경을 이해하지 못하는 매니저와 일해본 적이 있는가? 대기업 출신 사람이 스타트업에 왔다고 하자. 이 사람은 스타트업의 진행 속도나 자유로운 분위기를 받아들이지 못하는 것 같다. 아니면 합의를 이끌어낼 줄 모르는 스타트업 출신 사람이 대기업에 가는 경우다. 대기업 출신 직원이 훌륭한 스타트업 매니저가 될 수 없다는 이야기가 아니다(예를 들어, 나를 보라). 스타트업 출신 직원이 더 큰 환경에서 성공하지 못한다고 이야기하는 것도 아니다. 하지만 회사 문화를 이해하고 이 문화에 잘 맞는지 매니저의 능력을 평가하고 싶지 않은가.

문화 적합성은 어떻게 확인하는가? 9장에서 자세히 다루는 부분이지만 요약하자면, 문화 적합성을 확인하려면 무엇보다 회사의 가치를 먼저 이해해야 한다. 회사가 직급에 큰 의미를 두지 않는 비공식적인 직급 체계를 가지고 있는가? 아니면 직급 체계를 중요하게 여기는가? 두 가지 문화 모두, 기존 문화와 다른 문화에 익숙해져 있는 사람에게 문제가 될 수 있다. 동료에게 잘하는 대기업 출신 매니저를 보았는데, 이 사람은 부하 직원이나 하급 직원들을 비인간적으로 대우해 스타트업에서 큰 마찰을 일으켰다. 다른 관계자의 승인도 많이 필요한 환경에서 본인이 가장 중요하다고 생각하는 부분이라면 무엇이든 추진하는 스타트업 출신 매니저도 여럿 만나봤다. 문화가 확연하게 다르다. 서번트 리더십(servant-leadership)[4]에 가치를 두는데, 팀에 확실한 명령을 내리려는 매니저를 고용한다면 잘 맞지 않을 것이다. 마찬가지로 협업에 가치를 두는데, 가장 목소리 큰 사람이 이긴다고 생각하는 매니저를 뽑는다면 당연히 문제가 생길 것이다.

매니저는 본인의 문화로 팀을 만들어 나가고 그 문화를 바탕으로 새 직원을 뽑기 때문에, 매니저에게는 문화 적합성이 아주 중요하다. 팀 문화와 맞지 않는 사람을 매니저로 채용한 경우, 다음 둘 중 하나의 문제가 발생할 수 있다. 매니저가 적응에 실패하여 해고된다. 아니면 팀원 대부분이 퇴사하고 그 매니저도 해고된다. 때로는 조직 문화를 바꾸는 것이 불가피하며, 새로 매니저를 채용해 이 변화를 촉진할 수 있다. 이런 방식으로 매니저를 교체함으로써 당신에게 유리하게 만들 수 있다. 사실 이런 상황은 부족한 팀원을 숙련된 매니저와 임원을 고용하여 보완하는 스타트업에서 자주 볼 수 있다. 가끔 이 방식은 믿을 수 없을 정도로 잘 동작하며, 때로는 대실패가 되기도 한다. 어찌되었든 다른 새로운 문화를 가진 사람을 채용하면 그 주변의 팀 사기가 떨어지는 것이 잘 보인다. 그래서 이 방식은 조심해서 진행해야 한다.

앤디 그로브(Andy Grove)의 저서 『하이 아웃풋 매니지먼트』(청림출판, 2018)[5]

---

4 역자주_ 사람을 존중하는 신념을 바탕으로 팀원을 섬기고 지지하여 팀의 성장을 도모하고 조직의 목표를 달성하는 리더십이다.

5 이 책의 원제는 『High Output Management』(Vintage Books, 1983)이다.

에서는 매우 복잡하고 모호하고 불확실한 상황에서 팀이 개인의 이익보다 팀의 이익을 더 가치 있게 생각할 때 '문화적 가치'를 사용하여 의사 결정을 한다고 소개한다. 이 통찰은 아주 강력하다. 저자의 관찰에 따르면 새로 채용된 대부분의 사람은 동료를 알게 되기 전까지는 본인의 이익에 따라 행동하고, 그 이후엔 팀의 이익을 따라 움직인다고 한다. 새로 채용된 사람이 아주 복잡하고 불확실한 업무를 맡아야 할 때, 이 사람이 빨리 문화에 적응하지 못하고 의사 결정을 내릴 때 문화적 가치를 사용하지 못하면 실패할 수 있다. 회사가 가지고 있는 문화적 가치에 자연스럽게 끌리는 사람을 매니저로 찾아낼 수 있다면 개인 신념이 아주 다른 매니저보다 더 빨리 변화를 이루어낼 수 있다.

마지막으로, 새 매니저를 채용하는 데 빠뜨릴 수 없는 한 가지 요소가 또 있다. 바로 레퍼런스 체크다. 면접자와 일을 함께 해보았더라도, 채용하는 모든 사람에 대하여 레퍼런스 체크를 하라. 그 사람이 성공하는 방법과 실패하는 방법을 모두 설명해 달라고 하자. 그 사람과 다시 일하고 싶은지 물어보자. 면접자에 대한 어떤 부분을 좋아하고, 어떤 부분이 관계를 힘들게 만드는지 물어보라. 매니저를 채용할 때 레퍼런스 체크를 하지 않는다면, 팀에 큰 민폐가 될 수 있다. 레퍼런스 체크를 하면, 면접자가 신중하게 선택한 사람이라 할지라도 그 면접자를 채용했을 때 어떤 상황이 발생할 수 있는지 알게 되는 경우가 많으므로 레퍼런스 체크를 절대 빠뜨리지 말자.

해본 적이 없는 팀을 맡게 되었어요!

이제 저는 우리 부서의 소프트웨어 개발 팀뿐만 아니라 운영 팀과 QA 팀도 관리하게 되었습니다. 한 번도 운영 팀이나 QA 팀을 운영해본 적이 없는데, 잘할 수 있도록 조언 부탁드립니다.

조심해야 합니다! 이 일을 개발자를 관리하는 업무보다 한 단계 더 높은 업무라고 생각하기 쉽지만, 제 경험에 비추어보면 개발 분야에서 주로 신경 썼던 사항보다는 다른 세부 사항들을 중요하게 살펴보아야 합니다. 한 번도 이런 팀을 관리해보지 않았다면, 어떤 세부 사항에 초점을 맞추어야 할지 알기 어려울 겁니다. 안타깝게도 경험이 없는 분야의 문제는 막판까지도 알기 어렵습니다.

　상황이 안 좋아지면 어떻게 될까요? 제 개인적인 경험으로는 문제가 커질 수 있습니다. 당신이 잘 모르는 업무를 진행하는 팀을 관리할 매니저를 뽑는다면, 당신이 문제를 알아차리기 전까지 매니저는 한동안 잘못된 방향으로 팀을 이끌 수 있습니다. 업무 진척이 잘 보이지 않는 장기 프로젝트인 경우 특히 더 어려워요.

　멘토링을 다룰 때 조언한 "강한 호기심을 가지라"는 마음가짐을 가지면 문제를 해결할 수 있습니다. 매니저이기 때문에 모든 것을 다 알아야 할 필요는 없다는 사실을 기억합시다. 이 점을 당신에게 유리하게 사용해봅시다. 팀원에게 본인이 하고 있는 일을 가르쳐 달라고 물어보는 겁니다. 팀원과 함께 앉아 그 팀원을 당신에게 일을 가르쳐주는 멘토로 대우합시다. QA, 디자인, 제품 관리, 기술 운영 중 그 어떤 것이라도, 열린 질문을 많이 던져봅니다. 당신의 목표는 팀원이 어떤 일을 하는지 이해하는 것이고, 팀원이 하는 일에 더 감사하기 위해서 임을 잊지맙시다.

여기서 또 다른 조언을 하나 드립니다. 당신이 가장 편안하게 느끼는 분야에 시간을 많이 쓰고 싶겠지만, 처음에는 새롭게 접하는 분야에 특히 더 시간을 할애해야 합니다. 팀원을 신뢰하고 팀원에게 위임하고 싶어 하는 매니저는 팀원이 올바르게 일하며 알아서 하도록 내버려 두기를 원한다고 믿고 싶을 겁니다. 하지만 신뢰하고 위임해버리면 너무 오랫동안 문제를 놓칠 수 있습니다. 설상가상으로 당신이 이 분야에 흥미가 없고 시간이 아깝다고 느끼게 되면, 팀원이 당신에게 분명하게 문제를 공유해도 해결을 꺼릴 수 있습니다. 초반에 이 부분을 간과한 것에 당신은 죄책감을 느끼게 되고, 당연히 느껴지는 반감 때문에 문제를 훨씬 오래 마주하기 어려울 겁니다. 각 분야에 익숙해질 때까지 이를 악물고 시간을 냅시다. 팀 매니저와 팀원을 알아가기 위해 시간을 할애하고, 그 분야에 대해 자세히 정보를 물어보는 연습을 합시다. 그렇게 하면 실제로 각 팀원이 무엇을 하고 있는지 알 수 있는 감각을 익히고 발전시킬 수 있습니다.

제대로 작동하지 않는 조직을 디버깅하기

나는 최고의 개발 매니저가 훌륭한 디버거[6]인 경우가 많다고 생각한다. 왜 그럴까? 개발 업무와 관리 업무에서 모두 디버깅 능력이 필요하다는 의미는 무엇일까?

훌륭한 디버거는 버그를 고치기 위해 끈질기게 '왜'를 추적한다. 어플리케이션 로직에서 오류를 찾는 건 간단하다. 하지만 특히 복잡한 시스템에서는 버그가 수많은 레이어에 걸쳐 영향을 미칠 수 있다는 점을 모두가 알고 있다. 실력 없는 디버거는 멀티스레드 코드에 로그문을 추가해서 에러를 찾으며 에러가 재현되지 않으면 문제를 고쳤다고 생각하는 사람이다. 게으른 습관이지만, 흔한 습관이기도 하다. 때로는 결정이 불가능해 보이는 문제가 있고, 많은 사람이 (자신의 그리고 다른 사람의) 코드 레이어, 로그 파일, 시스템 설정, 재현이 되지 않는 근본적인 이유를 파헤쳐볼 인내심이 부족하다. 그 사람들을 탓할 수는 없다. 일회성 문제를 지나치게 디버깅한다는 건 시간을 잘 활용한다고 볼 수 없지만, 왜 에러가 나는지 꼭 찾고야 말겠다는 마음을 엿볼 수 있다. 일회성이지만 이 에러 때문에 새벽 2시에 호출될 수 있다.

훌륭한 디버깅이 관리와 무슨 관련이 있을까? 팀 관리는 서로 연동되는 여러 개의 복잡한 블랙박스라고 할 수 있다. 이 블랙박스는 눈으로 확인 가능한 입력과 출력이 있지만, 출력이 예상과 다를 때 그 이유를 살펴보려면 블랙박스를 열어 내부적으로 어떤 일이 벌어지고 있는지 보아야 한다. 가끔은 디버깅을 하려는데 소스 코드가 없거나, 잘 모르는 언어로 코딩되어 있거나, 로그 파일을 읽을 수 없는 경우처럼, 팀의 블랙박스가 내부 작업을 보여주지 못할 수 있다.

---

6 역자주_ 디버깅을 하는 사람

예를 들어 업무 진행이 느린 팀이 있다고 하자. 비즈니스 파트너와 제품 매니저가 그 팀이 업무 처리가 느리다고 불만을 토로했다. 당신도 이 팀이 다른 팀만큼 에너지가 충분하지 않다는 데에 동의한다. 이것을 어떻게 해결할 수 있을까?

가설 세우기

시스템을 제대로 디버깅하기 위해서는 어떻게 시스템이 실패하게 되었는지 설명하는 합리적인 가설이 필요하다. 버그를 수정하려면 재현할 수 있는 가설이 좋다. 팀을 디버깅하기 위해, 왜 팀에 문제가 생겼는지 가설을 찾아보는 것도 좋다. 당신이 너무 적극적으로 찾으려고 하면 문제가 모호해질 수 있으니 가능한 한 참여는 최소한으로 자제하자. 또 다른 어려움은 보통 문제가 각각의 문제들이 아니라 팀의 성과와 연결된 문제들이라는 점이다. 시스템이 돌아가고 있지만 때때로 느려지는 문제, 가끔 고장나는 경우를 제외하고는 괜찮아 보이는 기계의 문제, 사람들이 행복해 보이지만 실제로 사기는 많이 떨어져 있는 문제처럼 말이다.

기록 확인하기

팀 디버깅에는 심각한 시스템 문제를 디버깅할 때처럼 엄격한 규칙이 적용된다. 시스템 문제를 디버깅할 때, 내가 제일 먼저 하는 것은 로그 파일과 문제 상황 당시 시스템의 상태에 대한 기록을 살펴보는 것이다. 업무 처리를 빨리 하지 못하는 팀을 보면, 기록을 살펴보자. 팀 채팅과 이메일을 살펴보고, 티켓을 살펴보고, 리포지터리 코드 리뷰와 체크인을 살펴보자. 무엇을 발견했는가? 시간을 많이 잡아먹는 사고가 발생하였는가? 많은 사람이 아픈가? 여러 팀원이 코딩 스타일을 가지고 코드 리뷰 커멘트를 달며 싸우고 있는가? 작성된 티켓이 모호하거나, 너무 크거나, 너무 작은가? 팀이 업무도 공유하고 재미난 것도 공유하며 긍정적인 소통을 하고 있는가? 아니면 순전히 업무적으로만 소통하고 있는가? 팀원의 달력을 살펴보자. 일주일 중 많은 시간을 회의에 사용하고 있는가? 매니저가 원온원 미팅을 하지 않는가? 이 중 어느 것도 명백한 증거라고 할 수는 없지만, 문제가 있는 부분을 알려줄 수 있다.

팀 관찰하기

이 모든 팀의 지표가 괜찮아 보이겠지만 팀은 여전히 당신의 기대만큼 잘하고 있지는 않다. 팀에 유능한 사람도 있고 팀원 모두가 행복해 하고 있다. 팀이 제품 팀을 지원하는 데에도 부담을 가지지 않는다. 그런데 무슨 일일까? 지금이야말로 잠재적으로 문제가 될 수 있는 부분을 찾기 위해 조사를 시작할 때다. 팀 미팅에 참여하라. 회의가 지루하게 느껴지는가? 팀이 회의를 지루하게 느끼는가? 누가 회의 시간 내내 이야기하고 있는가? 전체 팀원이 모이는 정기 회의지만 대부분 매니저나 제품 리드만 이야기를 하는가?

지루한 회의는 잠재적 문제의 신호다. 지루한 회의는 주최자가 비효율적으로 준비했다는 의미일 수 있다. 이미 짚고 넘어간 주제로 너무 많이 회의하는 것일 수 있다. 팀원들은 팀 방향을 정하는 데 자신이 실제 도움이 되지 못한다고 느끼고 있거나, 향후 업무도 스스로 선택할 수 없다고 느낀다. 팀원은 팀 내 건강한 갈등이 부족하다는 신호를 보낸다. 좋은 회의에는 팀의 아이디어와 의견을 이끌어낼 굵직한 토론 요소가 있다. 회의가 너무 복잡해서 진짜 대화가 되고 있지 않다면, 창조적인 토론이 되기가 어렵다. 갈등이 두려워서 팀원이 문제를 제기하기를 어려워하거나 반대 의견 내기를 꺼린다면, 혹은 매니저가 늘 논쟁이 진행될 여지를 주지 않고 갈등 상황을 종료시켜버린다면, 팀 문화가 건강하지 않다는 신호다.

팀이 블랙박스가 될 수 있지만, 다른 유명한(슈뢰딩거의 고양이가 들어 있는!) 박스의 특징도 가지고 있다는 것을 명심하라. 슈뢰딩거 실험의 핵심은 관찰이 결과를 달라지게 하거나 오히려 결과를 유도한다는 점이다. 마찬가지로 당신은 팀에 들어갈 수 없으며, 팀 주위에 있거나 회의에 함께 참석하거나 팀원의 발표를 보고 있는 것만으로 팀 행동이 바뀔 수도 있다. 적어도 당분간은 로그문이 동시성 문제(concurrency issue)를 마법처럼 안 보이게 하는 것처럼 당신의 존재가 팀의 행동에 영향을 미치고 당신이 찾으려는 문제를 가릴 수 있다.

질문하기

팀에 목표가 무엇인지 물어보라. 팀원들이 대답할 수 있는가? 팀원들은 그 목표가 설정된 이유를 이해하는가? 만약 팀원들이 업무 목표를 이해하지 못하고 있다면, 매니저나 테크리드, 제품 매니저와 같은 팀 리더가 팀이 업무 목표에 따라 참여할 수 있도록 제 역할을 하지 못하고 있다는 의미다. 대부분의 동기 부여 모델에서는 사람은 자신이 하는 업무의 목적을 이해하고 그 목적과 연결되어 있다고 느껴야 몰입하여 일할 수 있다고 설명한다. 누구를 위해 이 시스템을 만들고 있는지도 알아야 한다. 이 일은 고객과 비즈니스와 팀에 어떤 잠재적인 영향을 미칠 수 있을까? 팀은 목표와 목표를 달성하기 위해 진행하는 프로젝트를 결정하는 데 어떤 역할을 했는가? 아무 역할을 하지 못했다면 그 이유는 무엇일까? 팀이 제품 프로젝트와 비즈니스 프로젝트의 가치를 이해하지 못하거나 받아들이지 못하면 그 일을 해야 하는 동기가 부족해져서 제품 프로젝트와 비즈니스 프로젝트에 소홀해지고 개발 지원 프로젝트에 거의 모든 시간을 쏟게 된다.

팀 내부의 역학 확인하기

마지막으로, 실제 팀원 간의 역학을 살펴보자. 팀원들은 서로 좋아하는가? 친절한가? 프로젝트를 협업하여 진행하는가? 모든 사람이 독립적으로 무언가를 위해 일하고 있는가? 채팅방이나 이메일에서 농담이 보이는가? 팀원들은 다른 관련 부서 및 제품 매니저와 업무 관계가 좋은가? 심지어 매우 전문적인 팀도 팀원들 사이에 어느 정도 개인적인 친분이 작게나마 있곤 한다. 서로 대화하지 않고 늘 독립적인 프로젝트만 수행하는 팀들은 진짜 팀으로서 일하는 것이 아니다. 만약 팀이 좋은 성적을 내고 있다면 그건 잘못된 것이 아니지만, 좋은 성적을 내고 있지 못하다면, 이런 분위기가 문제를 키우고 있을지도 모른다.

돕기 위해 뛰어들기

팀 매니저가 그냥 수정하면 되는 문제를 가끔은 매니저의 매니저가 해결하려 든다. 팀 성과에 따라 매니저를 평가하기 때문에 일이 잘 진행되지 않으면 결국 매니저의 책임이 된다. 그게 사실이다. 현재 내가 코딩을 거의 하고 있지 않지만 가끔은 복잡한 시스템 중단 문제에 뛰어들어 디버깅을 돕는 것처럼, 특히 매니저가 팀 문제로 고군분투하고 있을 때 팀 디버깅을 돕기 위해 뛰어들어도 괜찮다. 매니저가 배우고 성장할 수 있는 기회가 되기도 하니까 말이다. 능력이 가장 뛰어난 매니저도 혼자서 파악하거나 해결할 수 없는 문제인 시니어 비즈니스 리더십이 없는 상황과 같은 근본적인 조직 문제를 밝혀낼 수 있는 기회가 되기도 한다.

호기심 가지기

조직에서 발생하는 문제의 원인을 찾아보면, 문제의 패턴이 보이고 앞으로 적용할 수 있는 교훈을 얻을 수 있다. 디버깅은 하면 할수록 실력이 늘고, 어떤 부분이 제일 먼저 문제가 되는지, 어떤 지표가 문제를 이해하는 데 필요한 부분인지 배울 수 있다. 자신과 관리 팀이 조직의 근본적인 문제를 찾을 수 있도록 강조하고, 문제의 원인을 찾아 향후에 비슷한 문제를 빨리 해결할 수 있도록 할 때 더 나은 리더가 될 수 있다. '왜'를 이해하지 않고서는 관리 경력을 제대로 쌓아갈 수 없고 채용과 해고도 운에 맡기는 리더가 된다. 그렇게 되면, 실수에서 진정 배워야 할 때 교훈을 놓쳐버리고 깨달을 수 없게 된다.

예측치 설정하기와 스케줄에 맞게 진행하기

개발 매니저가 주기적으로 받지만 가장 받기 싫은 질문이 있다. 바로 "일이 왜 그렇게 오래 걸리는가"이다. 우리는 모두 예전에 이런 질문을 받아본 적이 있다. 우리는 개발자, 테크리드, 작은 팀의 매니저로 직급이 바뀌는 내내 이 질문을 받아왔다. 하지만 당신이 팀 매니저들을 관리하고 있는데 이 질문을 받는다면, 이 질문의 강도는 완전히 새롭게 변한다. 업무에 깊이 관여하고 있지 않다면 이 질문에 답변하기가 상당히 어렵기 때문이다.

프로젝트의 진행 상황이 실제 계획과는 상당한 차이가 있기 때문에 이 질문을 받았을 것이다. 이 시점이야말로 질문이 필요한 때이고, 시나리오와 답변을 이해하기 위해 당신이 최선을 다해야 하는 때다.

그런데 슬프게도, 일이 계획했던 것보다 오래 걸리지 않을 때도 이런 질문을 흔히 받는다. 어떤 이유로든 대표가 기존 계획을 탐탁지 않아했거나 아예 계획조차 요구하지 않았을 때 이런 질문을 받게 된다. 이제는 아무 문제가 없는데 대표가 화를 내기도 한다.

따라서 특히 프로젝트가 아주 중요하거나 몇 주 이상 걸릴 것으로 예상된다면, 사람들이 궁금해하지 않더라도 프로젝트 예측치를 항상 적극적으로 업데이트하고 공유해야 한다. 이 의미는 예측치를 산출하는 일에 적극적이어야 한다는 의미다. 모두 알다시피 소프트웨어 예측치를 산출하기란 아주 어렵다. 당신 직급이 되면 어떤 프로젝트를 위해 어떤 일정에 따라 진행할지, 어떤 프로세스로 예측치를 산출할지를 두고 팀과 협상해야 한다.

개발자는 아예 예측하고 싶지 않아 하거나 애자일 스프린트(보통 2주)의 범주를 넘어서는 예측을 하고 싶어 하지 않는다. 예측치가 정확해야 한다고 생각하는 경우, 요구사항을 알 수 없거나 요구사항이 자주 바뀌는 경우, 대부분의 업무가 한두 번의 스프린트만으로 가장 적합한 기능을 갖추어야 한다고 생각하는 경우에는 매우 합리적인 태도라고 할 수 있다. 그렇지만 일부 예측은 늘 맞다. 예측치는 아주 정확하지 않더라도 팀 전체가 프로젝트가 어떻게 진행되는지 복잡도를 예상할 수 있기 때문에 자주 유용하게 쓰인다. 모든 프로젝트가 불가피하게 작업 사항을 자주 바꾸어 달라는 요청을 받는 것은 아니며, 소프트웨어 예측을 어렵게 만드는 불확실성을 대폭 줄이기 위해 사전 작업도 가능하다. 때로는 예측치를 위한 사전 작업이 스프린트별로 간단하게 프로젝트를 살피는 것보다 모든 프로세스를 느리게 만든다고 주장할 수 있다. 틀린 말은 아니지만, 여기서는 개발 팀에 대해서만 이야기하는 것은 아니다. 얼마만큼의 노력이 필요한지 계획하고 알아야 하는 비즈니스에 대해서 이야기하는 것이다. 어떤 의미에서는, 목표 설정과 소프트웨어 복잡성 및 시스템의 복잡성을 더 잘 이해하는 방법이 무엇인지 이야기하는 것이다. 미래를 정확하게 예측할 수 없지만 복잡성과 기회에 대한 직감을 키우는 방법을 팀에 가르치는 것은 가치 있는 목표다.

그러니 어느 정도 예측이 필요하다는 사실을 받아들여야 한다. 예측을 여러 가지 방법으로 적용해보고 어떤 방법이 이 회사에 맞는지 보고 팀 전체가 이 방법을 늘 사용할 수 있도록 하자.

애자일 소프트웨어 개발에서 강조하는 또 다른 핵심 요소는 과거에서 배우자는 것이다. 예측치가 틀렸을 때, 미지의 복잡도에서 무엇을 배울 수 있는가? 무엇이, 언제 예측할 만한 가치가 있는지 배웠는가? 그 예측치를 전달하는 방법에서 또 그 예측치를 놓쳤다고 실망하는 사람에게서 무엇을 배울 수 있는가?

당신은 프로젝트 전체 일정을 잘 예측해야 하고, 특히 프로젝트가 지연될 때 수정사항에 따라 변경되는 일정을 예측하고 바로 업데이트하여 '얼마나 긴 기간'이 실제 프로젝트 기간인지 명확히해야 한다.

프로젝트 진행을 위해 최선을 다해 노력하고 소통해왔는데 통제 영역 밖에서 예상치 못한 문제가 발생해서 일정이 지연되었을 때, 얼마나 더 지연될지 동분서주하며 알아보는 중이라고 해보자. 이때 질문이 들어온다. "프로젝트 일정이 얼마나 더 길어지나요? 알아보는 데 왜 이렇게 오래 걸리나요?" 이러면 자연히 짜증이 난다. 누군가 이 일로 스트레스를 받고 있거나, 당신이 완료할 수 있다고 공유했던 일정보다 더 빨리 완료하라고 누군가에게 압력을 받고 있기 때문에 나올 법한 질문이다. 이런 상황에서는 쉬운 답이 없다. 가끔은 사람들에게 모든 것이 예정대로 최대한 빨리 진행되고 있다고 침착하게 알려주는 것만이 유일한 해결책이다. 스트레스를 피하고 싶을 때 남을 비난하는 방법은 보통 합리적이지 않다. 압박을 주는 사람에게 공감하는 모습을 보여주고 여러 방법으로 문제를 해결하려고 하면 비난이 행동으로 바뀌는 데 상당한 효과가 있다.

마지막으로, 중요한 데드라인을 맞추고 프로젝트 종료 일정을 앞당기기 위해 매니저, 테크리드, 비즈니스 부서와 일하는 것을 두려워하지 말자. 시니어 매니저로서, 프로젝트 성공을 위해 어떤 기능이 빠져야 하는지 어떤 기능이 중요한지는 연장전을 치러가며 결정을 내려야 한다. 팀이 이 기능들을 살필 수 있도록 돕자. 그리고 더 큰 프로젝트를 완수하기 위해서라면, 누군가의 아이디어를 자르는 것에도 책임질 수 있어야 한다. 무엇을 줄이고 말지 똑똑해져라. 기술 품질에 관련된 문제만 제시하게 되면, 프로젝트가 시작된 후 진행 속도가 느려질 수 있다. 기술적으로 이상적인 기능뿐만 아니라 제품 기능도 살펴보아야 한다.

도전 상황 : 불확실한 로드맵 다루기

모든 단계에서 매니저가 겪는 아주 흔한 문제는 제품 로드맵과 비즈니스 로드맵이 변경되면서 겪게 되는 어려움이다. 특히 작은 기업에서는, 내년 할 일을 1년 전에 미리 계획하는 것이 어렵다. 대기업에서도 시장의 변화에 따라 전략을 갑자기 변경할 수 있으며 프로젝트가 중단되거나 계획된 업무가 취소되기도 한다.

개발 매니저는 이런 문제를 다루기가 정말 어렵다. 전략이 변경되면 '중간 매니저'는 이러지도 저러지도 못하며 너무 난감하다. 전략을 변경하라는 윗선의 요구를 막아낼 능력이 정말 조금밖에 없을 수 있고, 어떤 프로젝트가 진행될 거라고 팀에 약속했더라도 가끔은 예상치 못한 변경사항으로 취소해야 할 수도 있다. 이런 상황은 팀을 불행하게 만들고, 팀은 당신에게 불평할 것이다. 이때 할 수 있는 일이 많지 않기 때문에, 당신이 무능력해 보일 수 있고 팀원들도 그저 기업이라는 기계 속의 톱니바퀴마냥 부품 취급을 받는다고 느낄 수 있다.

중요한 업무가 아니라서 겪는 어려움도 있다. 업무 우선순위를 명확히 정하는 프로세스가 없을 때, 팀이 기술 부채를 해결하고 다른 개발 중심 프로젝트를 진행하기 위해 당신은 어떻게 시간을 내고 있는가? 당신이 기술 부채를 해결하기 위해 시간을 내지 않는다면, 제품 기능을 담당하는 팀의 능력은 지지부진해질 것이다. 제품 팀은 기술 부채를 고려해가며 제품 로드맵을 만들지 않는다. 계획 단계에서 이런 종류의 업무를 할 시간을 할당하지 않는다는 의미다.

불확실한 로드맵을 다루는 전략

로드맵을 만들 때 내가 배운 몇 가지 전략이 있어서 소개한다.

계획은 회사의 규모와 단계를 고려하여 현실적으로 변경해야 한다. 당신의 스타트 업이 매년 여름에 상반기 결과를 반영하여 연간 계획을 수정해왔다면, 다가오 는 여름에 진행될 연간 계획 수정을 준비하고 그 시점 이후에 계속 진행되어야 하는 업무를 팀과 약속하지 않는 것이 좋다.

큰 비전을 완성하는 것이 아니더라도 어떤 결과를 달성할 수 있도록, 대규모 프로젝 트를 작은 단위로 어떻게 나누면 좋을지 생각해보라. 기술 업무를 세분화할 때 업 무 우선순위를 정하기 위해 제품 매니저와 비즈니스 매니저와 긴밀하게 협력 해야 한다. 지금쯤이면 상황이 빠르게 변한다는 것을 우리 모두가 알아야 하 며, 현재 가장 중요한 것을 기준으로 모든 것을 재검토해야 한다.

향후 개발 프로젝트 약속을 남발하지 말라. '나중에' 재미있는 개발 프로젝트를 할 것이라고 팀과 약속하지 말라. 나중을 위한 제품 로드맵은 아직 작성되지 않았 기 때문이다. 이런 방식은 희망고문이기도 하고 결국 서운함을 낳게 된다. 이 프로젝트가 중요하다면, 바로 계획에 착수하자. 바로 착수하기 힘들면, 가장 빠른 시일 내로 착수하자. 이 프로젝트가 절박한 프로젝트가 아니라면 '나중' 으로 미룰 수 있지만, 그 나중이 도래하면 다른 비즈니스 팀에게서 우선순위를 다투는 업무 목록을 받게 될 것이기 때문에 현실적으로 직시할 수 있어야 한 다. 이 프로젝트의 가치를 분명하게 알아보기 위해 노력하지 않았다면, 이 프 로젝트는 더 분명한 가치를 지닌 업무 뒤로 밀려날 것이다.

팀 업무의 20%를 개발 유지보수에 할당하라. 리팩토링, 미해결 버그 수정, 개발 프로세스 개선, 소소한 정리, 지속적인 지원 제공에 시간을 할애하라는 의미 다. 모든 계획에서 유지보수를 고려해야 한다. 안타깝게도 20%는 대규모 프로젝트를 하기에 충분하지 않다. 주요 코드를 다시 작성하거나 대규모 기술 개선 은 계획을 따로 추가해야 한다. 하지만 이 20%가 할당되지 않는다면, 목표 미 달성이라는 나쁜 결과와 계획에 없는 불필요한 작업을 초래할 것이다.

다양한 개발 프로젝트가 얼마나 중요한지 이해하라. 제품 및 비즈니스 프로젝 트는 보통 프로젝트가 얼마나 중요한지 설명하는 가치제안서(value proposition)[7]를 가지고 있다. 하지만 개발 프로젝트에는 이와 같은 척도가 늘 적용 되지 않는다. 개발자가 본인이 진행하고자 하는 개발 프로젝트를 제안한다면, 다음 질문을 통해 프로젝트를 어떻게 구성할지 생각해볼 수 있다.

- 이 프로젝트의 규모는 얼마나 큰가?
- 이 프로젝트는 얼마나 중요한가?
- 이 프로젝트의 가치를 누구에게나 명확하게 설명할 수 있는가?
- 이 프로젝트를 성공적으로 완료하면 팀에 어떤 의미가 있는가?

이 질문들은 대규모 개발 프로젝트를 제품을 기획할 때처럼 처리하기 시작 했다는 점에서 가치가 있다. 이 프로젝트는 지지하는 사람들이 있고, 목표가 있 고, 스케줄이 있으며, 다른 큰 기획처럼 관리된다. 무언가가 중요하다는 것을 '알고'는 있지만 비즈니스 가치 측면에서 설명하는 방법을 모르기 때문에 이 과 정이 좀 두려울 수 있다. 특히 비전공자 파트너에게 개발 프로젝트의 복잡성과 효율성을 측정하는 문제를 설명해도 파트너가 당신이 무슨 이야기를 하고 있는 지 이 일을 왜 해야 하는지 전혀 알아듣지 못하면 프로젝트는 진행되기 어렵다. 내가 할 수 있는 조언은, 최선을 다해 근거 자료를 수집하고 정리하여 어떤 것이

---

7 역자주_ 가치제안 : 고객의 욕구를 만족시키기 위해 회사가 전달하기로 약속한 이익과 가치를 말한다.

가능한지 설명하라는 것이다. 개발 프로젝트를 살펴보다가 수정이나 핵심 개선 사항이 거의 필요 없는 시스템에 많은 작업을 제안하고 있다는 것을 깨달았다면, 더 이상 노력할 가치를 못 느낄 것이다. 안타깝게도 팀이 하고자 하는 연구 개발과 레거시 코드 정리, 기술 품질 향상을 위한 시간은 늘 부족하다. 이 프로세스는 당신이 어떤 전투를 할지 선택하는 데 도움을 준다.

자, 이제 불분명한 로드맵으로 돌아가보자. 프로젝트는 변한다. 팀은 당신이 이해하기 힘들거나 동의하기 힘든 방향으로 해체되거나 움직일 수 있다. 매니저로서 할 수 있는 최선은, 팀원들이 업무를 마무리할 수 있도록 돕고, 현재 진행 중인 프로젝트를 안정화할 수 있도록 도우며, 통제된 방식으로 새로운 업무에 임할 수 있도록 돕는 것이다. 이 부분이야말로 당신이 독려할 수 있고, 독려해야 하는 부분이다. 팀원들이 현재 작업을 끝낼 수 있는 충분한 시간을 가질 수 있도록 한다. 또한, 프로젝트를 계획하는 초기 단계에 팀원들의 참여를 독려해 새롭게 시작하는 프로젝트에 관심을 가질 수 있도록 한다. 스스로도 새 프로젝트를 진행하는 이유를 생각해야 한다. 만약 당신이 신규 프로젝트 진행에 전적으로 동의할 수 없다면, 팀에 그 이유를 명확히 설명하고 팀원들이 새로운 목표를 이해할 수 있도록 도와야 한다. 당신이 이런 변화를 차분하게 직면할수록, 새로운 방향에 대한 열의를 보일수록, 팀 전체가 더 쉽게 신규 프로젝트에 참여할 수 있다. 심지어 가짜 열의도 도움이 된다!

파도가 다가올 때, 파도가 당신을 집어삼키도록 놔둘 수도 있고 어떻게 서핑하는지 배울 수도 있다. Hang 10![8]

---

8 **역자주_** Hang 10은 서핑 롱보드 기술 중 하나로서 파도에 무사히 올라탄 뒤 보드에 한 발 또는 양 발의 발가락을 모두 구부려서 걸친다는 뜻으로 어떤 역경에서도 살아남는다는 의미다.

나의 기술 능력을 유지하는 법

나는 매니저에게서 "기술 지식을 어떻게 유지하고 있습니까"라는 질문을 많이 받는다. 기술 능력에 투자하고 있지 않다면, 기술 분야 트렌드를 따라가지 못하고 기존 능력도 쓸모없어질 수 있다는 사실을 잘 알고 있다. 하지만 당신에게 기술 능력을 유지한다는 것은 어떤 의미일까? 이 질문에 답하기 위해 당신이 기술적으로 무엇을 책임져야 하는지 명확히 정리해보자.

기술 투자를 감독하라

시스템이 앞으로 나아가려면, 지속적인 기술 작업(새로운 언어, 프레임워크, 인프라스트럭처, 피처)이 필요하다. 시스템을 개선할 수 있는 개발 시간과 노력은 한정되어 있다. 당신은 팀 기술을 적재적소에 잘 배치시켜야 한다. 제안된 개발 프로젝트와 향후에 제품과 고객에 필요한 개선사항을 맞추어보면서 이 투자를 감독할 수 있다. 프로젝트 포트폴리오를 전반적으로 살펴보면, 가장 필요한 부분이 무엇인지 기회가 많은 부분은 어디인지 확인할 수 있고 팀이 어디에 집중해야 하는지 알 수 있다.

잘 아는 것에 대해 질문하라

당신은 모든 개발 프로젝트를 확인하는 사람이 아니다. 팀의 기술 투자를 책임을 진다는 것은 잠재적으로 투자할 곳을 개인적으로 찾아본다는 의미가 아니다. 그 대신, 질문을 해서 기술 투자를 이끌어야 한다. 현재 진행되는 프로젝트는 무엇인가? 예상하지 못했는데 발견한 부분은 어떤 부분이며 어디가 병목인가? 시스템의 미래를 팀원들은 어떻게 생각하는가? 어떤 팀이 개발자를 더 필요로 하는가? 왜 더 필요하다고 생각하는가? 어떤 팀이 업무 진행속도가 느려도 결과 개선을 위한 인력 충원을 더 요청하지 않는가? 왜 팀원들은 지금 이 특정 프로젝트를 시시하는가? 이 부분을 충분히 파악하여 필요 이상으로 노력이 들어가는 부분을 찾아내고 제안된 투자를 평가할 수 있어야 한다.

개발 및 비즈니스 트레이드-오프를 분석하고 설명하라

팀이 어떤 부분에 흥미를 가지는지 어디에 가치를 두는지 안다면, 팀원들을 제품 기획에 참여시킬 수 있다. 당신은 제품 기능 아이디어가 기술적으로 개발되기 어려운 경우, 개발 아이디어가 비즈니스적으로 예기치 못한 영향을 미칠 수 있는 경우 우려를 제기할 만큼 많은 것을 알고 있다. 개발자가 비즈니스 관점과 향후 제품 로드맵에 대한 이해를 가지고 결정을 내릴 수 있도록 해야 한다. 개발 작업에 불분명한 연구와 개발이 필요한 경우, 비전공자 파트너에게 이 부분이 왜 필요한지 설명할 수 있어야 한다. 비즈니스 목표와 고객 목표를 이해하고, 어떤 개발 프로젝트가 합리적인 일정 내에 목표를 달성할 수 있는지 알려줄 수 있어야 한다.

구체적으로 요청하라

디렉터급 매니저로서 조직 내 기술에 대한 이해가 충분해야 수석 개발자에게 많은 질문을 하지 않고도 구체적인 요청사항을 준비할 수 있다. 팀의 진행 상황, 프로젝트, 병목 현상을 많이 알고 있다면, 기술적으로 불가능한 아이디어를 걸러낼 수 있고, 새로운 기획을 현재 진행 중인 프로젝트에 연관시킬 수 있다. 이런 구체적인 요청을 통해 팀의 생산성을 유지하고, 기술적 위험과 조직의 목표 사이에서 균형을 유지할 수 있다. 구체적인 요청을 어떻게 할 수 있는지 살펴보자.

당신의 부사장이 다음 분기까지 검색 환경을 개선하여 활성화된 사용자 비율을 성장시키기를 원하고, 이 작업을 빨리 진행할 수 있도록 개발자를 더 지원해 줄 수 있다고 말한다. 당신은 팀이 해당 코드를 다시 짜고 있어 개발자를 쉽게 추가할 수 없다는 사실을 알고 있다. 그 대신, 제품 팀에서 요청한 테스트를 일부 실행해볼 수 있도록, 신규 API를 좀 더 빨리 공개할 수 있는 방향으로 우선순위를 조정하여 팀원에게 작업을 지시한다. 부사장에게 무엇이 가능한지 설명하고, 팀이 높은 수준의 목표를 달성할 수 있도록 작업을 완료하는 데 집중한다.

기술 지식이 부족한 매니저는 가끔 경영진과 팀 사이에서 중개자 역할만 하는 나쁜 습관에 물들기도 한다. 경영진의 요청을 거르는 대신 팀에게 전달하고, 팀의 답변을 경영진에게 그대로 전달한다. 이렇게 일하면 일하는 의미가 없다.

당신의 경험을 활용하여 진행 상황을 확인하라

이 업무는 소프트웨어 공학과 기술의 트레이드-오프를 이해하지 못하고 여기서 오는 어려움을 받아들이지 못하는 사람이 할 수 없는 매우 기술적인 업무다. 당신의 팀이 시간 투자를 잘하지 못하면 당신에게 영향을 미칠 것이다. 팀이 더 나은 결정을 할 수 있도록 돕지 않았다는 평가를 받을 수 있다. 시간과 관심을 쏟아야 하는 부분은 당신의 본능을 따르자. 당신이 사람 관리로 바쁘고 조직 문제를 다루느라 바쁘다고 당신의 기술적 본능을 무시하지 말자.

기술 책임 수준을 고려할 때, 당신이 기술 지식을 유지하기 위해 어떻게 시간을 투자해야 할까?

코드를 읽자. 시스템 코드를 읽는 데에 시간을 할애하면 그 코드에 대한 감을 잃지 않을 수 있다. 가끔은 어떤 부분이 이상하고 어떤 부분에 집중해야 하는지 보이기도 한다. 코드 리뷰와 풀 요청(pull request)을 검토하면 현재 진행 중인 변경 사항을 파악할 수 있다.

잘 모르는 부분을 하나 골라 개발자에게 설명해 달라고 해보자. 당신이 잘 모르는 부분을 작업하는 개발자와 시간을 보내며 그 분야를 가르쳐 달라고 해보자. 화이트보드 앞으로 가거나 스크린을 함께 보며 작은 변경사항을 가르쳐 달라고 하자.

사후 분석에 참석하라. 문제가 발생하면 사후 보고 회의에 우선적으로 참여하라. 매일 코딩하는 것이 아니기 때문에 당신이 놓칠 수 있는 소프트웨어 개발에 대한 정보와 배포 과정에 관한 많은 세부 정보를 이 회의에서 얻을 수 있다. 당신이 분명하다고 생각했던 표준은 거부당했거나 무시되어 왔다. 팀과의 소통이 부족했고, 개발 업무를 도와주는 도구 프로그램을 사용했지만 득보다 실이 많았다. 문제가 발생하면 당신은 어디서부터 문제가 되었는지 가장 명확히 볼 수 있고 어디에 관심을 가져야 하는지 배울 수 있다.

소프트웨어 개발 과정에 대한 업계 동향을 파악하라. 매니저의 주요 취약점 중 하나는 실제 개발과 테스트, 코드 배포와 모니터링에 필요한 도구와 과정에 대한 감을 잃는다는 점이다. 지금이야말로 당신의 팀을 신규 아이디어로 훨씬 효과적으로 만들 수 있는 때이다. 모든 동향이 추구할 가치가 있는 것은 아니지만, 팀이 계속 발전할 수 있도록 다른 팀이 어떻게 소프트웨어를 구현하는지 자세히 알아보는 시간을 마련해야 한다.

회사 외부의 기술 인력 네트워크를 육성하라. 당신이 믿는 사람들이 해주는 이야기가 가장 좋은 이야기다. 개발 및 개발 관리 분야의 동료 네트워크를 유지하면 새로운 동향에 대한 의견을 구할 수 있다. 이 네트워크를 통해 블로그 포스팅이나 잡담, 광고 뒤에 숨겨진 신규 기술에 대한 실제 경험을 얻을 수 있다.

배움을 멈추지 마라. 기술 관련 블로그 포스팅과 기사를 찾아 읽자. 대화를 지켜보는 것도 좋다. 팀이나 회사와 직접 관련이 없는 부분이더라도 당신이 정말 궁금한 부분을 좀 더 깊게 살펴보자. 당신 팀에 질문하는 것을 두려워하지 말고 팀원에게 배울 기회를 찾아보자. 배움은 당신을 영민하게 유지시켜준다.

자신의 경험 평가하기

이 장에서 설명한 내용을 바탕으로 매니저를 관리하는 매니저로 일할 때에 유용한 질문을 정리했다. 자세히 답을 달아보자.

☐ 얼마나 자주 스킵 레벨 미팅을 진행하는가? 원온원 미팅으로 진행하는가, 아니면 그룹 미팅으로 진행하는가? 팀원들과 어떠한 방법으로 적극적으로 소통하는가? 얼마나 적극적으로 정보를 찾기 위해 노력하는가? 팀 회의에 마지막으로 참석했던 때는 언제였는가?

☐ 문서를 보지 않고, 당신에게 보고하고 있는 개발 매니저의 직무에 대해 당신의 견해를 적어보자.

- 개발 매니저는 무엇을 책임지는가?

- 개발 매니저를 어떻게 평가하는가?

- 성공을 위해 가장 중요한 분야는 어떤 분야라고 생각하는가?

☐ 자, 이제 회사가 사용하는 직무 설명서를 살펴보자. 당신이 작성한 직무 설명서와 회사의 직무 설명서가 상이한가? 아니면 비슷한가? 직무 설명서와 비교해봤을 때, 개발 매니저를 평가하는 과정에서 당신이 잠재적으로 간과하고 있는 부분은 무엇일까?

☐ 마지막으로, 현재 성과를 마음속으로 빠르게 리뷰해보라. 코칭과 개발이 필요한 부분은 어떤 부분인가? 다음 원온원 미팅에서 이 부분을 이야기해보자.

□ 관리해야 하는 분야가 당신이 익숙해하는 기술 영역을 벗어날 때, 업무 진행 상황을 얼마나 자주 확인하는가? 이 분야에서 당신 역할을 잘 해내기 위해 해당 분야의 매니저한테 조금 배워볼 수 있는 시간을 가졌는가? 지난 3개월 동안 새롭게 배워 팀을 이해하는 데 도움이 된 부분이 있는가?

□ 다른 팀보다 더 원활하게 운영되는 팀이 있다면, 그 팀의 운영 과정에는 어떤 차이가 있는가? 팀원 간의 상호작용에 차이가 있는가? 매니저가 다른 매니저와는 다른 방법으로 업무를 진행하는가? 팀은 매니저와 어떻게 상호작용하는가? 매니저는 당신과 어떻게 상호작용하는가?

□ 매니저를 채용하는 면접 절차는 어떠한가? 매니저의 개인적 가치와 관리 철학으로 이야기해보았는가? 팀원들이 본인의 매니저가 될 사람을 면접하도록 하는가? 아니면 팀을 면접 과정에서 제외하는가? 후보자에 대한 추천서를 받는가?

□ 이번 분기의 조직 목표는 무엇인가? 올해 목표는 무엇인가? 제품 목표와 기술 목표를 어떻게 융합되도록 했는가? 조직은 팀이 잘 이해할 수 있는 권한을 가지고 있는가?

8장

빅 리그

시니어 매니저의 일상적인 업무는 현재 다니고 있는 회사의 규모에 따라 크게 달라진다. 70명짜리 스타트업의 개발 조직을 운영하는 것은 수천 명이 넘는 포춘지 선정 500대 기업의 고위 경영자가 하는 업무와 같다고 말할 수 없으니까 말이다. 대기업 고위 경영에 관해 일반적인 관점으로 쓰인 책이 아주 많다. 이 장의 마지막 부분에 시니어 리더십에 대한 일반적인 조언이 담긴 도서 목록을 소개한다. 소개된 책들은 모두 시니어 리더에게 핵심 안내서이다.

하지만 우리는 다양한 업무를 맡은 시니어 리더가 아니다. 우리는 기술 시니어 리더다. 매니저이면서 개발자로서 기술 시니어 리더에게 주어지는 개발과 이에 관련된 책임, 지속적으로 변화하는 환경 변화에서 팀원의 성장을 돕는 책임을 진다. 이 책은 어느 정도 코딩을 하다가 관리 업무 경력을 쌓으며 성공적으로 성장한 개발자를 위한 책이다.

기술 시니어 매니저로서 조직에 특별한 기술을 도입할 수 있다. 특히 필요에 따라 변화를 수용하고 추진할 수 있다. 현재 진행되는 업무 방식에 의문을 품을 수 있고, 지금 방식이 작동하지 않는다면 다른 방법을 시도해볼 수 있다. 기술이 빠르게 진화한다는 것을 알고 있으며, 조직이 변화에 발맞추어 진화하기를 원한다. 기술적 역할을 맡고 있지만, 일반 시니어 매니저가 하는 역할도 잘 수행해야 한다. 변화를 주도하기에는 아직 충분치 않지만, 추진하고자 하는 변화를 성공적으로 일궈낼 수 있는 조직을 만들어야 한다.

당신의 첫 번째 임무는 리더 되기다. 회사가 무엇을 해야 하는지, 어디로 가야 하는지, 어떻게 행동해야 하는지, 어떻게 생각해야 하는지, 무엇을 소중히 여겨야 하는지를 당신이 지도하기를 기대한다. 당신은 사람들이 상호작용할 수 있도록 분위기를 조성한다. 사람들은 당신을 믿고, 당신이 뽑은 사람들을 믿고, 당신이 세운 임무를 믿기 때문에 회사에 입사한다. 다음은 리더가 갖춰야 할 사항이다.

- 당신은 완벽한 정보 없이 어려운 결정을 내릴 수 있고, 그런 결정의 결과를 기꺼이 마주할 수 있다.
- 당신은 일어날 법한 여러 미래를 보는 것뿐만 아니라 현재의 비즈니스 상황을 이해할 수 있다. 당신은 몇 달 몇 년을 앞서 계획을 세우는 방법을 알고 있다. 그렇게 계획을 세워 그런 미래에 잘 대응하고 다가오는 기회를 잘 잡을 수 있는 조직이 될 수 있도록 만든다.
- 당신은 조직의 구조를 이해하고 그 구조가 어떻게 팀 작업에 영향을 미치는지 알고 있다. 이 구조를 약화시키기보다 강화시킬 수 있는 관리의 유용성에 대해 알고 있다.
- 당신은 조직과 비즈니스를 발전시키기 위해 생산적인 방식으로 정치를 할 수 있다. 개발 부서가 아닌 동료들과도 잘 지내고 다양한 범위의 문제를 해결하는 데 방법을 모색한다.
- 당신은 결정에 어떻게 반대해야 하는지 알고, 반대하더라도 어떻게 이행해야 하는지 안다.
- 당신은 개인과 조직이 자신의 결과에 책임지도록 하는 방법을 알고 있다.

앤디 그로브의 저서 『하이 아웃풋 매니지먼트』에서 관리 업무를 네 가지 일반적인 범주로 나눈다.

정보를 수집하고 공유하기. 회의에 참석하고, 이메일을 읽고 쓰고, 원온원 미팅을 하고, 의견을 모은다. 유능한 시니어 리더는 많은 정보를 빠르게 종합하고, 그중에서 중요한 것을 확인하고, 다른 사람이 이해할 수 있는 방법으로 정보를 공유할 수 있다.

살짝 찔러보기. 지시하기보다는 질문을 던져 사람들이 해야 할 일을 상기시킨다. 리더라고 해서 큰 팀을 어떤 한 방향으로 강제로 끌고 가기는 어렵기 때문에 전체 조직이 앞으로 나아가도록 팀원들을 살짝 찔러보는 기술에 의존한다.

결정하기. 부딪히는 의견과 불완전한 정보를 토대로 방향을 정할 때, 결정을 잘 못 내리면 당신에게도 팀 전체에도 나쁜 영향이 미칠 것이라는 것을 예상할 수 있다. 결정을 내리기가 쉽다면, 매니저와 리더의 필요성은 훨씬 줄어들 것이다. 하지만 관리를 많이 해본 사람이라면 알겠지만, 결정을 내리는 업무는 너무 지치고 스트레스 받는 일이다.

롤 모델 되기. 사람들에게 회사의 가치가 무엇인지 보여주자. 당신의 약속을 지키자. 별로 내키지 않아도 팀에 가장 좋은 모범을 보이자.

당신은 CTO일 수도 있고, 개발 부사장일 수도 있고, 총괄 매니저일 수도 있다. 당신의 현재 직급과 상관없이 당신의 하루는 위의 네 가지 관리 업무로 채워져 있을 것이다.

자신의 업무를 대하는 바람직한 자세

나는 개발 업계가 아닌 소위 말하는 '다른 업계 출신'이다. 나는 개발 업계에서 오래 일한 사람들과 만날 때면 가면 증후군을 심하게 겪었고 힘들었다(여전히 힘들다). 특히 나보다 전문성이 있다고 느껴지는 사람들을 이끌어야 할 때 더 어려웠다.

다른 업계 출신으로 똑똑하고 '옳은' 것처럼 보이고 싶은 마음 때문에 가끔은 개발 방향에 대해 회의할 때 비생산적인 대화를 이끌기도 했다. 이를테면 언어나 기술을 선택할 때 순전히 기술적 장점만을 근거로 들며 논의했다. 이럴 때마다 나는 개발자들 사이에서 언쟁하는 또 다른 개발자가 되어 있었다.

내 업무가 그 방에서 가장 똑똑한 사람이 되는 것이 아니라는 사실을 깨닫기까지 오랜 시간이 걸렸다. '내가 옳다'를 정당화하는 것이 내가 할 일이 아니었다. 오히려 내 일은 팀이 가장 좋은 결정을 할 수 있게 하고 지속 가능하고 효율적인 방식으로 결정을 내릴 수 있도록 돕는 것이었다.

나는 기술에 신경을 쓴다. 기술은 팀으로서 내려야 하는 모든 결정에 영향을 미치기 때문이다. 하지만 기술만으로 생산적이고 행복한 팀을 만들 수 없다. 좋은 리더는 전략 목표를 공유하고 기술 결정이 영향을 미칠 수 있는 다른 영역도 고려하는 개발 회의를 준비한다. 리드 개발자가 된다거나, 최신 언어나 최신 프레임워크를 알아야 한다거나, 멋진 기술을 알아야 한다는 이야기가 아니다. 우리 고객을 위해 가장 좋은 제품을 만들기 위한 기술과 성격을 가진 팀을 만들자는 이야기다.

– 제임스 턴불

개발 시니어 리더십에 대한 모델

나는 CTO라는 직무에 대해 (특히 제품 중심적인 스타트업에서) 매우 완고한 관점을 가지고 있지만, 내 관점이 모든 회사의 CTO가 갖추어야 하는 보편적 모델이 아니라는 것을 깨달았다. 고위 경영진에서도 혼란이 많다는 것을 알고 있다. 개발 담당 부사장은 어떤 사람이 적합할까? 최고정보책임자(CIO)는 어떤가? 우리가 해야 하는 역할인가? 제품 팀은 어떠한가?

시니어 리더십의 다양한 역할을 설명하는 대신, 시니어 경영진이 할 수 있는 가장 보편적인 역할들과 그 역할이 서로 어떻게 맞물리는지 먼저 설명하겠다. 이 설명은 당신의 회사에 적합할 수도 있고 그렇지 않을 수도 있다. 어떤 사람들은 여러 역할을 할 수 있고, 어떤 사람들은 한두 역할만 할 수 있으며, 어떤 회사에는 모든 역할을 하는 사람이 필요 없을 수도 있다. 이런 역할을 부서별로 찾아야 하는 대기업의 경우에는 이 모든 역할이 의미가 없어진다. 도움이 되고자 다양한 시니어 리더십 자리에서 성공하기 위한 기술들을 분류하여 소개하겠다. 시니어 리더십의 일반적인 역할은 다음과 같다.

연구 개발(R&D) 리더

어떤 기업은 최첨단 기술 확보에 초점을 두고 실험, 연구, 신기술 개발에 주력하는 개발 조직에 시니어 리더를 두기도 한다. 이 시니어 리더는 개발 전략을 가지고 있거나, 오로지 새로운 아이디어를 찾는 역할을 한다.

기술 전략/비전 리더

기술 전략 리더는 제품 개발을 다루어야 하기도 하고 때로는 제품 팀을 관리하기도 한다. 기술 전략 리더는 기술이 어떻게 비즈니스 성장에 도움이 되는지, 기술이 회사의 제조에 어떻게 적용되어 진화된 기술이 될지 예측하는 데 주력한다.

보통 연구 가능성에만 촛점을 두고 예측하지 않고 비즈니스 동향과 기술 동향을 사용해 결정한다는 점에서 연구 개발과는 다르다.

조직 리더

조직 리더는 조직에서 사람과 조직 구조를 담당한다. 조직 구조는 물론 팀을 구성하는 권한도 있어서 프로젝트에 인력이 적절하게 배정되었는지 확인한다. 조직 리더의 역할은 바로 다음에 소개되는 '실행 리더'와 자주 짝을 이룬다.

실행 리더

대부분 '실행 리더'는 앞서 소개된 '조직 리더'와 짝을 이루는데, 매니저는 작업이 실제 완료되었는지 확인한다. 로드맵을 조정하고, 업무를 계획하고, 많은 노력을 조율하는 것을 돕는다. 프로젝트 우선순위가 정해졌는지 확인한다. 팀을 발전시킬 수 있도록 장애물을 제거하고 갈등을 해결하며 결정을 내린다.

기술을 대외적으로 대표하는 리더

소프트웨어 제품을 다른 회사에 판매할 때 보통 시니어 개발 리더 중 한 명이 영업 사이클에 참여한다. 시니어 개발 리더는 제품 사용을 권장하기 위해 고객사 미팅에 참석하고 컨퍼런스에서 연설한다. 채용을 하기 위해 개발 브랜드 구축에 투자하는 회사에는 컨퍼런스나 채용 박람회에서 연설하는 역할을 하는 시니어 리더가 필요할 수 있다.

인프라 및 개발 운영 매니저

인프라 및 개발 운영 매니저는 모든 개발 인프라와 그에 대한 운영을 책임진다. 회사의 성장 단계에 따라 고려해야 하는 비용, 보안, 확장성에 집중한다.

비즈니스 경영자

비즈니스 경영자는 사업 자체에 초점을 맞추는 사람이다. 그는 업계와 비즈니스의 필수적인 기능을 높은 수준으로 이해한다. 고위급 임원의 관점으로 내부 개발의 필요성과 비즈니스 성장의 필요성 사이에서 균형을 잘 맞추고 프로젝트 우선순위를 설정한다.

위의 역할이 합쳐진 형태도 보았는데 개인적으로 관찰하고 파악해볼 수 있었던 역할을 소개한다.

- 비즈니스 경영, 개발 전략, 조직, 실행 : CTO 혹은 개발 헤드(부사장/상무)
- R&D, 개발 전략, 개발실의 얼굴 : 보통 소프트웨어 기반 제품을 판매하는 회사의 CTO, 수석 과학자, 수석 아키텍트, 때로는 최고 제품 책임자
- 조직, 실행, 비즈니스 경영자 : 개발 부사장, 총괄 매니저
- 인프라 매니저, 조직, 실행 : CTO/CIO, 아마도 개발 운영 부사장
- 개발 전략, 비즈니스 경영, 실행 : 제품 책임자(혹은 최고 제품 책임자), 때로는 CTO
- R&D, 비즈니스 경영: CTO 혹은 수석 과학자, 공동창업자
- 조직 및 실행 : 개발 부사장, 때로는 수석 임원

이와 같이 조직은 비즈니스 요구사항에 따라 다양한 방식으로 역할을 조합하고 정의할 수 있다. 유능한 CTO는 대부분 비즈니스 중심이나 개발 전략 중심, 아니면 비즈니스와 개발 전략 모두에 초점을 맞추어 지휘를 하지만, CTO의 역할은 회사에 따라 크게 달라진다.

개발 부사장의 역할

CTO가 모든 개발의 총괄 매니저(executive manager) 역할을 하고 전략 리더십과 감독을 해야 하는 조직이라면, 개발 부사장의 역할은 무엇일까? 훌륭한 개발 부사장은 어떤 모습일까?

개발 부사장의 역할은 CTO의 역할만큼이나 조직의 요구사항에 따라 달라진다. 하지만 부사장 역할과 CTO 역할이 분명하게 구분되는 점이 있다. 개발 부사장은 보통 개발자가 거치게 되는 경력에서 최고의 직급이다. 다시 말하면 개발 부사장이라고 하면 일반적으로 인력, 프로젝트, 팀, 부서를 잘 관리할 수 있는 숙련된 매니저이기를 기대한다.

회사가 성장하면서 개발 부사장의 역할은 보통 조직 관리에서 기술 전략 수립으로 바뀐다. 이 사람들은 종종 부서의 미니 CTO 역할을 하며 관리와 전략 수립의 균형을 맞춘다. 결과적으로 개발 팀 일부를 책임지는 '개발 부사장'은 여러 명일 수 있다. 시간이 지남에 따라 개발 부사장의 역할은 좀 더 전략 수립에 가까워지고, 조직 관리 업무는 고위 임원으로 옮겨가게 된다. 복잡한 대기업은 제외하고, 개발 부사장이 단 한 명인 회사의 개발 부사장에 대해 이야기해보자.

훌륭한 개발 부사장은 팀의 일상 업무를 담당하는 사람으로서 업무 처리와 세부 사항을 능숙하게 처리한다. 진행 중인 여러 중요 계획들을 한번에 추적할 수 있고 각 계획이 잘 진행되는지 파악할 수 있다. 종종 훌륭한 개발 부사장은 '지상 사냥(ground game)'[1]을 잘하는 사람으로 묘사된다. 개발 부사장은 말단에서 세부 사항을 챙겨서 일이 진행되게 한다. 일부 CTO는 이렇게 하지만, CTO와 개발 부사장이 모두 있는 경우에는, 보통 개발 부사장이 아이디어를 진행하고,

---

1 역자주_ 지상 사냥 : 공중 사냥에 비해 바닥을 꼼꼼하게 훑어야 하는 사냥이다. 여기서는 말단부터 잘 챙겨야 하는 사람에 비유하는 표현으로 사용되었다.

CTO가 더 큰 전략과 회사 내 기술 영향력에 주력한다.

개발 부사장은 상당한 양의 관리 업무를 책임지고 처리해야 한다. 이를테면 팀의 예상 성장률을 고려하여 팀이 어떻게 발전되어야 하는지 계획하고 채용 계획에 맞추어 개발 로드맵을 조정한다. 채용 팀과 긴밀히 협력하여 이력서 심사와 면접이 원활하게 진행되도록 채용을 진행한다. 개발 관리 팀의 코치가 되어 현재 역량을 찾아 강화하고 인사 부서와 협업하여 리더들을 위한 트레이닝과 개발 리소스를 제공해야 한다.

개발 부사장은 숲도 볼 줄 알아야 하고 나무도 볼 줄 알아야 한다. 대부분의 회사가 이 직무의 사람을 외부에서도 채용하는 것을 고려하는 데도 불구하고 채용이 아주 어려운 이유가 여기에 있다. 개발 부사장은 조직이 어떻게 돌아가는지 빨리 알아챌 수 있어야 한다. 사람들의 신뢰를 얻어야 하고 관리와 리더십에서 지혜를 보여주어야 한다. 안타깝게도 개발자 대부분은 기술 지식이 없는 사람을 잘 신뢰하지 않지만, 이 직급의 많은 매니저는 조직 관리가 주력인 역할에 힘든 기술 면접까지 봐야 한다는 것을 별로 달가워 않는다.

개발 부사장은 조직 전략에도 일정 부분 관여해야 하며 때로 전적으로 담당하기도 한다. 사업 목표를 달성하기 위해 팀 목표를 수립하도록 적극 도울 것이며, 이는 제품 팀과도 긴밀하게 협력한다는 의미다. 기술 조직 입장에서 로드맵이 현실적이고 비즈니스 목표가 달성 가능한 목표인지 확인해야 한다. 개발 부사장은 비즈니스와 제품에 대한 강한 직감을 가지고 큰 프로젝트를 완수하기 위해 팀의 진행 상황을 챙겨야 하며, 결과물을 협상하는 능력도 갖추어야 한다.

내가 본 바로는 이 역할에 뛰어난 사람들은 고성과 조직을 만들기 위해 팀에 깊은 관심을 두지만 주목받고 싶지 않은 유능한 개발자들이다. 이들은 사람들이 효과적으로 협력할 수 있는 복잡성에 관심을 가지고 있다. 팀이 행복하기를 바라지만, 그 행복을 성취감과 결부시키는 것이 중요하다는 것을 알고 있다.

이들은 다른 임원들에게 팀의 건강을 대변하고 건강하고 협력적인 문화를 만든다. 프로세스 격자를 쉽게 파악하고, 지치지 않고도 아주 복잡하고 세부적인 업무를 관리하는 데 익숙하다.

CTO가 하는 일

스타트업이나 작은 규모의 회사에서 시니어 매니지먼트라고 하면 보통은 CTO라는 뜻이다. 그럼에도 CTO는 개발 분야에서 가장 정의되어 있지 않은 직무이다. 당신이 CTO라면, 무엇을 해야 할까? 또는 CTO가 되고 싶다면, 어떻게 해야 할까?

우선 CTO에 해당하지 않는 것들을 먼저 짚어보자. CTO는 개발자가 아니다. CTO는 기술 경력의 최상위에 위치하는 직업이 아니다. 천생 개발자인 사람들이 경력 목표로 삼아야 하는 역할이 아니다. 코딩과 설계와 심화된 기술 디자인을 즐기는 사람들이 맡는 역할이 아니다. CTO는 회사에서 가장 능력 있는 개발자여야 할 필요가 없다.

이제 CTO에 해당하는 것을 살펴보자. 제일 코딩을 잘하는 사람도 아니고 개발 경력에서 자연스러운 목표가 되는 직책도 아니라면, CTO란 무엇인가?

CTO 역할을 정의하기 어려운 이유는 CTO 직함을 가진 사람들이 다양한 역할을 하는 것처럼 보이기 때문이다. 어떤 경우, 기술을 담당하는 공동창립자이기도 하고, 어떤 경우는 회사 초기에 최고의 개발자이기도 하다. 일부는 회사를 설립할 때 직함을 달았고, 또 다른 사람들은 시간이 지나면서 승진했으며 나도 이같은 경우에 속한다. 일부는 개발 부사장을 한 후 CTO가 된다. 어떤 CTO는 인력, 개발 과정, 채용에 중점을 둔다. 또 다른 CTO는 개발 설계나 제품 로드맵에 중점을 둔다. 어떤 CTO는 외부의 기술 분야에서 보는 회사의 얼굴이 된다. 다른 CTO가 개발 조직 전체를 관리하는 데 반해 어떤 CTO는 직접 보고도 받지 않는다.

이런 모든 사례를 살펴보았을 때, CTO에 대한 가장 좋은 정의는 회사의 현재 발전 단계에 맞는 기술 리더라 할 수 있다. 사실 나는 이런 정의에 CTO의 가장 어려운 업무를 함축하는 단어가 포함되지 않아 불만이었다. 이를 포함해 다시 정의해보자면, 'CTO는 현재 회사 발전 단계에 필요한 전략 기술 임원(strategic technical executive)'이라고 정의할 수 있다.

이게 무슨 뜻인지 따져보자. '전략적'이란 의미는 무엇일까? CTO는 장기적으로 볼 수 있어야 하고 비즈니스의 미래와 이를 가능하게 만드는 요소를 계획할 수 있도록 도와야 한다.

그러면 '임원'이라는 의미는 무엇일까? CTO는 전략적으로 사고하고 문제를 세분화하고 어떻게 해결할지 지시하여 업무를 운영한다.

그러면 CTO는 실제 무엇을 할까? 무엇보다도 CTO는 비즈니스에 대해 관심을 가지고 이해해야 하며, 기술적인 측면에서 비즈니스 전략을 수립해야 한다. CTO는 먼저 임원이고, 그다음이 기술자다. CTO가 경영진 회의에 참석할 수 없고, 회사가 당면한 사업적 어려움을 이해하지 못한다면, 그 어려움을 해결할 기술적 가이드를 제공할 방법이 없다. CTO는 회사의 전반적인 전략에 부합하는 신규 혹은 대규모 비즈니스 라인을 창출하기 위한 기술 분야를 알아볼 수 있어야 한다. 비즈니스 로드맵 및 제품 로드맵의 잠재적 미래를 예측하고 실현하기 위해 개발이 잘 진행될 수 있음을 확신할 수 있어야 한다.

어떤 경우에도, CTO는 가장 큰 개발 기회가 어디 있는지 비즈니스 위험이 어디 있는지 파악하고 이를 기회로 삼을 수 있도록 집중해야 한다. CTO가 채용, 근속, 프로세스, 인력 관리에 신경 쓰고 있다면, 그 이유는 현재 개발 팀에 이 부분이 필요하기 때문이다. 나는 CTO가 오롯이 개발 이슈만 신경 써야 한다는 생각과는 달리 '최고 괴짜(chief nerd)'가 되어야 한다고 말하고 싶다.

유능한 CTO는 경영에 미치는 책임과 영향력이 크다. CTO가 늘 경영 업무에 깊이 관여되어 있다는 의미는 아니다. 하지만 당신이 비즈니스 방향과 전략을 세우기 위해서는 개발자를 뒷순위에 두고 결정을 내리기도 할 것이다. CTO는 개발 팀이 자신의 요구사항과 아이디어가 아닌 임원들의 요구사항이나 기술 아이디어만 구현하는 팀이 되지 않도록 보호해야 한다.

팀이 커지면 다루기가 더 힘들어지고, CTO는 모든 사람을 관리하기 위해 개발 부사장을 고용하기 시작한다. 많은 CTO가 자신의 관리 책임을 개발 부사장에게 넘기고, 심지어 자신에게 보고하는 부사장이 없는 극단적인 경우도 있다. 보고 권한이 없는 임원으로서 영향력과 효율성을 유지하는 것은 매우 어렵다.

나는 이런 상황을 겪어보았다. 대기업의 기술직 임원들은 각자 분야의 CTO 직함을 달고 있었다. 이들은 항상 높이 존경받고 있었고 기술적 능력도 상당했다. 비즈니스와 기술적 어려움을 이해했으며, 개발 팀을 고무하고 채용을 도와달라는 요청도 종종 받았다. 하지만 이 CTO들은 팀을 직접 관리하거나 감독을 할 수 없었고 개발 부서가 빈번히 '실행 부서'로만 여겨졌기 때문에 전략적으로 영향력을 크게 가질 수 없어서 성공하는 데 어려움을 겪었다.

당신이 비즈니스 전략에 대한 권한이 없고 중요한 업무에 인력을 배치할 수 없는 리더라면, 기껏해야 다른 임원이나 매니저에 영향력을 행사하는 정도이고, 최악의 경우에는 그저 허수아비일 뿐이다. 관리 책임에 따른 권한을 포기하지 않으면 관리 책임도 포기할 수 없다.

관리 권한이 없는 CTO는 조직에 영향을 주는 방법으로만 일을 완수할 수 있어야 한다. 만약 매니저들이 CTO가 중요하다고 생각하는 분야에 실제로 사람과 시간을 배정해주지 않는다면, CTO는 사실상 무력해진다. 관리를 포기한다는 것은 비즈니스 전략에 있어 가장 중요한 권한을 포기하는 것이고 당신에게는 애사심과 당신의 두 손만 남게 된다.

CTO가 되기 위해서는 CTO가 비즈니스 전략 직무라는 사실을 제일 먼저 기억하라고 조언하고 싶다. 그리고 CTO는 관리 직무이기도 하다. 회사의 비즈니스에 관심이 없다면, 다시 말해 그 비즈니스에 적극적으로 달려들 대규모 팀에 대한 모든 책임을 지고 싶지 않다면, CTO는 당신에게 맞는 직무가 아니다.

CTO에게 묻는다

CTO와 개발 부사장의 차이는 무엇인가요?

개발 리더십에는 다양한 직함이 있는데 매우 헷갈립니다. CTO와 개발 부사장의 차이는 무엇인가요? 어떤 직무를 하고 싶은지 어떻게 알 수 있나요?

혼란스러울 것입니다. 이해가 갑니다. 역할 차이를 다룬 유명한 글이 많죠. 역할에 대해 구체적으로 설명하기는 어렵습니다. '상황에 따라' 다르기 때문입니다. 물론, 이 두 직무를 할 수 있는 많은 다양한 방법이 있습니다.

원하는 직무를 결정하기 위해 스스로에게 몇 가지 질문을 던져봅시다. 언젠가 회사를 설립할 것인가? 기술 아키텍처 감독을 돕고, 이를 발전시키기 위해 프로세스와 가이드라인을 세우고 싶은가? 회사 성장에 필요한 기술 아키텍처의 기반을 다지기 위해 비즈니스 업무를 깊이 이해할 의향이 있는가? 외부 이벤트 참석, 발표, 고객에 판매, 시니어 매니저 및 개발자 채용을 기꺼이 할 수 있는가? 시니어 직원을 관리하고 멘토링하는 일을 기꺼이 할 수 있는가? 그렇다면 당신은 훌륭한 CTO가 될 수 있을 것입니다.

관리는 어떠한가요? 인력 관리 업무를 즐기고 있습니까? 개발 프로세스를 효율적으로 개선하는 업무를 즐기고 있나요? 팀이 진행하는 업무를 폭넓게 파악하고 업무 우선순위를 지정하는 데 도움이 되고 싶습니까? 당신이 보기에 조직 구조가 매력적입니까? 제품 매니저와 좋은 파트너 관계를 유지하고 있습니까? 전체 팀의 효율성에 초점을 두기 위해 개발 세부 사항에 대한 초점의 깊이를 조정할 의향이 있나요? 아키텍처 리뷰보다 로드맵 계획 회의에 참여할 생각입니까? 그렇다면 당신은 개발 팀의 개발 부사장이 되는 것에 더 관심이 있는 것입니다.

어떤 사람들은 CTO의 업무에도 개발 부사장의 업무에도 관심이 있습니다. 나는 승진을 통해 개발 부사장과 CTO가 되었습니다. 나는 늘 기술적인 아키텍처를 생각했지만 필요하다면 조직 관리에도 집중할 수 있었죠. 하지만 조직 관리에만 집중하는 업무는 별로 하고 싶지 않았습니다. 조직 구조에 대해 생각하는 것을 좋아하지만, 프로세스와 로드맵 계획을 상세하게 작업하는 일은 싫증이 났죠. 일할 의욕이 나려면 기술 및 비즈니스 전략 감독 업무를 해야 했습니다.

CTO가 되는 가장 빠른 방법은 기술 공동 설립자가 되는 것이지만, 당신과 스타트업이 함께 성장하는 동안에만 가능합니다. 개발 부사장이 되는 가장 빠른 방법은 대규모 조직에서 관리 경험을 쌓고 성장하는 스타트업에 합류하는 것입니다.

> 개발 부사장이 내게 건네주었던 조언을 당신에게 공유합니다. "CTO 가 되고자 하는 것은 결혼을 원하는 것과 같다. 직함만이 아니라, 그와 관련된 회사와 사람도 중요하다는 것을 명심하라." 확실히 직함이 전부는 아닙니다.

우선순위 변경 시 유의할 점

어느 날 아침, 잠에서 깬 CEO가 문득 깨달았다. 회사 비즈니스를 새로운 성장으로 이끌어낼 신제품 아이디어가 생각났다. 아이디어를 정리하여 다른 시니어 리더십 팀에 발표한다. 아이디어를 실현시키기 위해 움직이기 시작한다. 하지만 변화는 빨리 일어나지 않는다. 당장 진행 중인 프로젝트를 걱정해야 한다. 몇몇 프로젝트는 거의 끝나가기에 중단되는 것을 원치 않을 것이다. 팀이 새로운 아이디어를 위해 함께 모여 일을 시작하는 데 시간이 오래 걸린다는 의미다. 갑자기 궁금해진다. 왜 당신은 가장 우선순위가 높은 업무를 하고 있지 않는가?

임원진이 업무 우선순위를 예고 없이 변경하는 경우가 있다. 더 이상 일일 업무를 하지 않는 리더는 오래전에 만들어둔 우선순위 목록의 업무를 끝내는 데 몇 주 혹은 몇 달 걸릴 수 있다는 사실을 잊어버린다. 리더가 조직의 우선순위가 바뀔 필요가 있다고 느낄 때 현재 진행 중인 업무의 현실을 고려하지 못한 채 바로 변화가 일어나기를 기대하기도 한다.

왜 우선순위가 제일 높은 업무를 하지 않는지라는 질문은 대부분 임원진이 던지는 질문이고 매니저라면 모두 받을 수 있는 질문이다. 당신의 상사도 이렇게 물어볼 수 있다. 팀에 이 질문을 하고 싶을 때, 먼저 자신에게 왜 팀원들이 우선순위를 파악하지 못하고 있는지 우선순위에 따라 일하려면 어떤 일들을 줄여야 하는지 물어보자.

최우선으로 무엇을 챙겨야 하는지 알고 있는가? 팀은 알고 있는가? 개발자는? 때로는 단순한 의사소통 문제가 이 질문에 대한 답이 될 수 있다. 당신이 최우선 과제를 모르고 있었을 수 있고, 관리 팀과 최우선 과제에 대해 분명하고 신속하게 의견을 나누지 않았거나 팀원들이 개발 팀과 명확하고 빠르게 소통하지 않았을 수 있다. 당신이 현재 진행 중인 업무 목록을 명확하게 검토하지 않았거나 이 우선순위를 챙기기 위해 진행 중인 업무를 중단시키거나 연기하지 않았을 수 있다. 이 일이 정말 급하다면 진행 중인 업무를 중단하거나 연기해야 한다. 이 업무가 최우선순위로 진행되어야 한다고 말하는 것과 실제로 사람들이 이 업무에 참여하도록 계획을 직접 수정하는 것은 완전히 다르다.

윗사람이나 다른 조직의 사람들은 우리 팀이 지금 어떤 업무를 하고 있는지 왜 하고 있는지 자세히 이해하지 못한다. 사내 모든 팀 매니저와 동료에게 업무 세부 사항을 계속 공유할 필요는 없다. 하지만 우선순위에 집중하지 못한다고 질책을 받는다면, 이 의미는 당신과 CEO가 현실을 잘못 이해하고 있다는 신호이고 제대로 파악하기 위해 노력해야 한다는 의미다. 당신 팀이 빈번히 중단되는 시스템을 안정화하기 위해 전력으로 질주하고 있을 수 있고, 오랫동안 진행된 주요 프로젝트를 마무리하기 위해 노력하고 있을 수 있다. 팀이 최우선 업무를 하기 전에 현재 진행 중인 업무를 끝내야 한다고 생각한다면, 이 부분에 대해 팀과 명확하게 이야기 나누어야 한다.

집중하고 있는 것을 유지하거나 바꾸려면 위아래로 설득할 준비가 되어야 한다. 신규 프로젝트를 할당하기 전에 진행 중인 큰 프로젝트가 완료되어야 한다고 생각한다면, 그 프로젝트의 가치와 현재 진행 상황, 예상 일정에 대해 최대한 많은 자료를 수집하자, 현실적으로 바라보아야 한다. 윗사람 중 누군가가 주력해야 하는 비즈니스를 긴급히 수정하고 이 부분에 대해 이야기를 나누고 싶어한다면, 당신은 현재 진행 중인 프로젝트에 대해 타협하여 일을 줄이거나 인력을 줄여야 할 것이다. 팀은 변화를 좋아하지 않을 수 있다. 사람들은 단지 새로운 임원의 기분을 맞추어주기 위해 자신이 중요하다고 생각하는 현재 진행 중인 업무에서 제외되는 것을 보통 달가워하지 않는다.

회사에서 더 높은 관리 직책과 리더십 직책을 맡게 될수록, 조직을 필요한 방향으로 움직여야 하는 업무가 늘어난다. 필요한 경우 방향을 수정하는 것도 업무에 포함된다. 팀에 방향을 명확히 공유하고, 팀이 방향을 제대로 이해했는지 확인하고, 방향을 바꿀 때 필요한 수정 사항을 잘 챙기고 있는지 확인한다. 수정 사항 때문에 영향을 받는 프로젝트 목록을 팀에 물어보고, 상사에게 보고할 수 있도록 한다. 이렇게 하면 관리 팀이 새로운 이니셔티브에 대해 생각해볼 수 있고 계획을 세울 수 있다. 이니셔티브를 제안한 사람에게 목표를 요청하고, 현재 진행 중인 업무와 이 목표를 어떻게 통합시킬지 고려하자.

마지막으로, 사람들이 충분히 이해할 수 있도록 하기 위해 얼마나 자주 다양한 방법으로 이야기해야 하는지 쉽게 생각하지 말자. 큰 조직에서 소통한다는 것은 어려운 일이다. 내 경험으로는 대부분의 사람들이 실제로 이해하기까지 최소한 세 번은 들어야 했다. 임원진에 이야기하고 전체 회의를 소집해야 한다. 수정 사항에 대해 상세히 설명하는 메일을 보내야 한다. 이런 상황에서는 어떻게 이야기를 전달할지 준비하는 것이 큰 도움이 된다. 예상 질의와 답변을 준비한다. 수정될 프로젝트와 구조에 대해 최대한 명확하게 전달하여 혼선을 줄여야 한다. 그리고 이 수정 사항을 좋은 쪽으로 이야기해야 된다는 것을 잊지 말자!

전달할 때 정보를 반복해서 이야기해야 한다. 상사가 해주었으면 하는 일이 있다면 상사에게 최소한 세 번은 이야기해야 한다. 처음 한두 번 이야기로 업무가 자체적으로 해결되기도 하지만 세 번이나 이야기했는데도 처리되지 않는다면 더 강력한 무언가가 필요하다는 의미다. 당신 자신도 팀에 이렇게 행동하고 있다는 것을 깨닫고 놀랄지도 모른다. 많은 문제가 당신에게 제기된 후에 자체적으로 해결되기도 해서 당신이 실제 문제에 개입하기 전에 팀이 문제에 대해 더 고민하는 것이 필요하다고 생각할 수 있다. '세 번 법칙'을 적용하라는 것은 아니지만, 당신이 계획하든 계획하지 않든 세 번 법칙은 나타날 수 있다.

조직이 커질수록 우선순위를 신속하게 변경하기가 어려워진다. 창업 CEO와 함께 성장하는 스타트업에서 우선순위를 신속히 변경할 수 없다면 CEO는 좌절할 것이다. 이 상황을 관리할 수 있는 가장 좋은 방법은 CEO에게 현재 어떤 상황인지, 왜 그런 상황인지 사전에 알리는 방법이다. 당신이 CEO의 우선순위를 이해하고 있고 이 우선순위를 지키기 위해 어떤 노력을 하고 있는지 최선을 다해 알려야 한다.

기술 전략 수립 노하우

렌트더런웨이에서 개발 상무로 일하던 2014년 여름, 나는 큰 어려움을 겪었다. CEO는 다음 이사회 회의에서 나를 CTO로 승진시키고 싶다고 이야기하면서, 회의에서 기술 전략을 발표해 달라고 요청했다. 내가 준비한 기술 전략은 CEO의 기준에 맞을 때까지 계속 반려되었다. 참 쉽지 않았다.

내가 볼 땐 CEO가 나를 승진시키기 위해 이렇게까지 연습을 시킬 필요는 없었다고 생각한다. 이사회는 내가 팀을 성장시키고 안정적으로 많은 업무를 처리하며 기술을 개발한 사실에 대해 매우 흡족해했다. 결과적으로 이런 과정을 겪을 수 있도록 해준 CEO에 너무 감사하다. 이 과정을 겪으면서 기술적 아키텍처와 개발 팀 구조를 모두 고려하는 전략을 설정하는 것이 왜 필요한지도 알았고 실제 구현으로 이어지는 구체적이고 미래 지향적인 전략을 세우는 경험도 할 수 있었다. 이 전략은 회사가 전반적인 회사 구조에 대해서 생각하는 방식에 영향을 미쳤다.

시니어 리더십에 대해서 이야기해야 할 때 나는 전략을 중요한 요소라고 강조한다. 대부분의 사람들이 시니어 직급이 되면 전략 수립에 대해 어디서부터 어떻게 시작해야 할지 잘 모른다. 나도 몰랐다. 함께 일하는 CEO와 CTO가 나를 코칭해주었다. 경영진에게도 의견을 구했다. 개발 팀의 시니어 직원들에게 이론적인 질문을 던져 세부적인 문제를 살필 수 있도록 했다. 확실히 나 혼자 전략을 수립한 것은 아니다. 이런 점을 염두에 둔 기술 전략 수립은 어떤 모습일까?

많은 연구 진행하기

우선 현재 개발되어 있는 기술과 팀과 회사를 고려하는 것으로 시작했다. 개발 팀에 어떤 부분이 가장 힘든지 물어보았다. 각 분야의 임원들에게 미래 성장은 어디서 시작될지 물어보았다. 그리고 나 자신에게도 여러 가지 질문을 던졌다. 현재 성장의 어려움은 어디에 있는지, 미래에는 이 어려움이 어디서 발생할지를 생각해 보았다. 개발 팀을 살펴보고 생산성 병목 현상이 일어나는 부분을 발견했다. 기술 전반적인 부분을 공부했고 가까운 미래에 어떻게 변할지 특히 개인화와 모바일 기술이 어떻게 발전할지 고민했다.

연구와 아이디어를 통합하기

기존의 시스템, 팀, 병목 현상에 대해 철저히 연구하여 결론을 도출했다. 업무를 더욱 효율적으로 진행할 수 있도록 하고 제품 기능도 확장하며 비즈니스를 개선할 수 있는 회사를 상상해 보았다. 실현 가능한 미래를 위해 이 모든 노력을 담아 대략적인 아이디어를 그려 보았다. 나는 혼자 방에 앉아 화이트보드와 종이에 회사 시스템을 그려보고, 회사 시스템과 팀을 다양한 공통적 특성으로 나누고 조합해보며 시간을 보냈다. 예를 들어, 고객 대응 시스템 대비 내부 운영 대응 시스템(창고 및 고객 서비스 도구와 같은 시스템), 백엔드 대비 프런트엔드로 나누어 살펴보았다. 운영을 위해 거의 모든 비즈니스 데이터를 모델링해보면서 내가 데이터의 흐름을 읽을 수 있다는 것을 깨달았다.

전략 초안 잡기

데이터를 매핑하고 나서는 운영 효율을 높일 수 있고 사업을 키울 수 있는 아이디어를 계획할 수 있었다. 시스템 사이에 공유되는 정보를 잠재적으로 제한하거나 확장할 수 있는 부분을 고려했다. 언제나 실시간으로 동작하는 개인화된 시스템을 원했는가? 아니면 일부 데이터 뷰를 조정하는 개인화된 시스템을 원했는가? 어떻게 하면 고객의 개인적인 경험뿐만 아니라 상품 운영에 관련한 경험도 데이터로 쌓아 다양한 제품과 운영 속성으로 활용할 수 있을까? 이 모든 생각은 내가 비즈니스 구조와 고객의 요구(내부 고객과 외부 고객 모두)와 미래의 변화를 생각할 수밖에 없도록 만들었다. 이러한 연구와 예측을 통해, 향후 이런 요소들을 지원하는 기술 전략을 설계할 수 있었다.

이사회의 소통 방식 고려하기

이미 이야기했던 것처럼 CEO는 내가 이 일을 완수하기 위해 준비해온 많은 결과물을 계속 반려했다. 실제로 두 가지가 반려되었다. 첫 번째로 반려된 것은 완성되지 않은 전략 계획서였다. 이 계획서는 시스템과 아키텍처 세부 사항에 대한 내용이 대부분이었고 향후 6개월에서 12개월까지에 대한 미래 지향적 아이디어는 거의 담고 있지 않았다. 당연히 이 계획서는 팀의 성공에 결정적인 비즈니스 요인을 다룰 수 없었다. 두 번째 반려 사항은 나의 발표자료였다. 그동안 발표자로서 청중이 집중해 들을 수 있도록 발표 자료를 간결하게 만들어야 한다고 알고 있었다. 이사회는 정보가 빽빽히 들어간 발표자료를 원했다. 발표자료보다 실제 발표 세부 사항에 집중하기 위해서는 사전에 슬라이드를 읽고 들어와야 하는데 이사회에 참석하는 사람들은 읽고 들어오는 경우가 많지 않았다. 당시에는 이런 상황을 잘 몰라서 쓸데없는 정보를 보고서에 작성하느라 많은 에너지를 낭비했다. 좋은 교훈을 얻을 수 있었다.

이 이야기에서 알 수 있듯이 좋은 기술 전략이란 여러 가지를 의미했다. 기술 전략은 기술 아키텍처를 의미했고, 팀 구조를 의미했고, 비즈니스의 기초와 방향을 이해하는 것을 의미했다. 제품 중심의 회사 기술 전략은 '미래의 많은 잠재 비즈니스를 가능하게 만드는 것'이라고 설명하고 싶다. 그저 현재 문제를 설명하려고 노력한 문서가 아니다. 미래의 성장을 예측하고 가능하게 하는 계획서다. 당신이 제품 중심 비즈니스에서 일하고 있다면, 기술 전략의 핵심은 실제로 제품 방향을 결정하는 것이 아니라 성공적으로 실행하기 위한 더 큰 로드맵을 활성화하는 것이다.

여러모로 가장 어려웠던 부분은 '시작하기'였다. 두 번째로 어려웠던 부분은 상당히 불완전한 정보를 가지고 '미래를 예측하는 일에 편안해지기'였다. 이 훈련을 통해 기존 환경에 맞게 계획을 수정하며 이끌 수 있는 나의 능력과 미래지향적인 방식으로 이끌 수 있는 나의 능력의 차이를 알 수 있었다. 이제 아키텍처로서, 팀으로서 그리고 회사로서 우리가 어디로 가야 하는지에 대한 아이디어가 생겼다.

나 스스로를 위해 이 아키텍처 문서를 명확하게 정리하고 나니 팀을 이끌기가 여러 면에서 훨씬 수월해졌다. 개발 팀에 제품 로드맵이 어떻게 생겼는지 보여주는 것이 아니라 기술 플랫폼으로서 앞으로 나아가야 할 방향을 보여줄 수 있었다. 기술이 제대로 돌아가도록 하는 것을 넘어 회사를 앞으로 나아가게 하는 일에 대한 아이디어가 있었다. 이 아키텍처가 기술 조직 전략을 이끌었고 결국 회사 조직 전략을 이끌었다. 내가 영향을 줄 수 있다는 것이 꽤 자랑스러웠다.

도전 상황 : 나쁜 뉴스 전하기

팀에 나쁜 소식을 전해야 할 때가 있다. 회사가 해고를 준비할 수 있다. 다른 프로젝트에 더 힘을 싣기 위해 팀원들이 다른 팀으로 흩어질 수 있다. 인기 없는 정책에 대한 수정 사항이 생길 수 있다. 우리가 방금 이야기 나눈 로드맵도 수정 사항이 생길 수 있다. 매니저인 당신은 이 소식을 전해야 하고 팀이 기뻐하지 않을 것을 이미 알고 있다.

이 상황에서 당신은 무엇을 하겠는가? 의사소통이 핵심이다. 시니어 리더에 속하는 한 사람으로서 많은 사람들에게 민감한 내용을 아주 잘 전달해야 한다. 다음은 해야 할 것과 하지 말아야 할 것이다.

많은 사람을 모아놓고 나쁜 소식을 공지하면 안 된다. 나쁜 소식을 전달하는 가장 나쁜 방법은 이메일과 채팅을 통해서 전달하는 방법이다. 특히 답글을 달 수 있는 매체가 제일 좋지 않다. 당신의 팀은 당신이 직접 전달해주는 걸 들을 자격이 있고, 직접 메시지를 전달하지 않으면 사람들의 오해와 분노가 커질 수 있다. 나쁜 소식을 전달하는 두 번째로 좋지 않은 방법은, 소식이 반갑지 않을 많은 사람을 모두 한 방에 모아놓고 메시지를 전달하는 방법이다. 차라리 소문이 나기 전에 한 번에 모두에게 나쁜 소식을 전하는 방법이 가장 좋다고 생각하겠지만, 이 방법 역시 비인간적이다. 모든 사람들의 반응을 볼 수는 없지만,

메시지가 제대로 전달되기도 전에 매우 상심한 한두 명의 직원이 순식간에 모든 팀을 화나게 만들 수 있다.

가능한 한 개인별로 이야기해야 한다. 비인간적인 소통이나 팀 단위의 소통 방식 대신 개인적으로 소식을 전할 수 있도록 최대한 노력하라. 가장 큰 반응을 보일 사람들을 생각하여 그들에 맞게 소식을 전할 수 있도록 하라. 이 사람들이 당신에게 질문하고 당신에게 직접 이야기를 들을 수 있도록 원온원 미팅으로 여유를 주도록 하라. 필요하다면 이것이 지시 사항임을 명확히해야 하며, 사람들이 이 변화를 달가워하지 않더라도 받아들여야 한다는 것을 분명히히해야 한다. 전체 조직에 이 메시지를 이해시켜야 하는 경우, 당신의 팀 매니저들에게 먼저 메시지 요점을 전달한 다음, 전체 팀에 이야기하기 전 메시지가 각 팀에 공유될 수 있도록 한다.

당신이 감당할 수 없는 메시지를 억지로 전달하려고 하지 마라. 당신도 달갑지 않은 소식을 전하는 게 힘들 수 있다. 아마 당신은 정책 변경에 완전히 동의하지 않을 것이다. 팀이 나뉜다면 아마 당신은 그 사실을 받아들이기 힘들 것이다. 당신이 강하게 반감을 가지는 결정을 직접 전하기 어렵다면, 메시지를 전해줄 당신을 도울 누군가가 필요하다. 임원이나 인사 팀 직원에게 부탁할 수도 있다. 팀의 규모에 따라, 신뢰할 수 있는 부서장에게 메시지를 전달하여 팀과 공유될 수 있도록 도움을 받는다. 현재 시니어 리더급에 있다면 당신이 동의하지 않는 결정을 성숙하게 처리하는 방법을 배워야 한다. 하지만 그 일을 혼자서 해야 한다는 의미는 아니다.

가능한 한 결과에 솔직해져야 한다. 전달할 소식을 스스로 납득할수록 더 쉬워진다. 해고가 진행되고 있다면, 이 과정이 달갑지 않지만 살아남기 위해서는 회사가 필요하다는 것을 인정하자. 팀이 해체되어야 한다면 여기까지 힘든 과정을 이겨내 준 팀에게 칭찬하고 올바른 방향으로 나아가려면 계획을 변경해야 한다는 사실을 허심탄회하게 이야기 해야 한다. 팀이 바뀌면 성장하고 배울 기회가 더 많아진다고 강조하자. 솔직하게 이야기할수록 사람들은 당신을 더 신뢰할 것이고 나쁜 소식을 이겨낼 수 있다.

그 소식을 어떻게 듣고 싶을지 상상해보자. 언젠가 당신이 전달해야 하는 소식은 당신이 떠난다는 소식이다. 사실 이미 회사를 그만두었거나 다른 회사로 이직을 해본 경험이 있을 것이다. 이 소식을 어떻게 전달했는가? 메모를 남겼는가? 아마 인사 팀에는 그렇게 할 수 있었겠지만, 당신 팀원들에게는 공식적으로 알려지기 전에 일대일로 따로 불러 직접 얼굴을 보며 이야기했을 것이다. 송별회를 열었거나, 작별 편지를 썼을 수도 있고, 회사에서 당신이 무엇을 배웠는지 팀에게 마지막 강의를 했을 수도 있다. 당신이 담담하게 받아들일 수 있다면 이런 슬픈 소식을 축하해도 괜찮은 경우도 있다. 팀에 전달하기 어려운 소식을 공유할 때 이 모든 방법들을 적용할 수 있다.

CTO에게 묻는다

개발 비전공 상사와 일하는 것이 힘들어요!

개발 비전공 상사와 함께 일하는 것은 처음이라 굉장히 힘듭니다. 이 관계를 어떻게 효율적으로 관리할 수 있을까요?

렌트더런웨이에서 난생처음으로 기술에 대해 전혀 모르는 비전공자 CEO에게 보고해야 했던 때가 있었습니다. 비전공자 상사에게 보고하는 것은 문화충격이 될 수 있습니다. 다행히도 여기에 도움이 될 몇 가지 좋은 사례가 있습니다.

전문 용어를 명확히 설명하고, 세부 사항에 유의하라. 당신의 새로운 상사는 아마 매우 똑똑한 사람일 겁니다. 하지만 기술 용어를 받아들이기 힘들어할 수 있고, 기술적 결정의 세세한 내용을 듣고 싶어하지 않을 수 있습니다. 여기서 알 수 있는 것은 의사소통할 때 가치가 있는 정보와 가치가 없는 정보를 구분할 필요가 있다는 것입니다.

새로운 상사와 원온원 미팅 전에는 논의할 주제 목록을 미리 준비하자. 바쁜 임원들은 좌절감이 들 정도로 이해시키기가 힘듭니다. 원온원 미팅을 잡는 것도 힘들기 때문에 당신의 시간을 낭비하지 않는 것이 좋습니다. 지금까지는 미팅에 참여하는 양측이 세부 논의 주제를 준비해왔겠지만, 이제부터는 그렇지 않으므로 이런 상황에 언제나 마음의 준비가 되어 있어야 합니다. 원온원 미팅을 여는 데 어려움을 겪고 있다면 상사에게 주제를 미리 공유하여 상사의 관심이 필요하다는 것을 상기시키는 게 좋습니다. 그리고 스케줄을 관리하는 임원의 비서와 사이좋게 지내는 것은 언제나 유익하죠.

해결할 문제가 아닌 해결책을 제시해보자. CEO는 대개 일이 악화되고 있다는 사실을 듣고 싶어 하지 않고 당신이 마주하는 동료들과의 의견 차이나 어려움도 듣고 싶어 하지 않습니다. 문제를 듣고 싶어 하지 않는 CEO와 함께 일해야 하는 경우, 관리의 영역에 대해서는 CEO에게 많이 배울 수 없다는 점을 받아들이고 그 코칭을 받을 수 있는 다른 사람을 찾아야 합니다. 나쁜 소식을 전하는 것을 부끄러워하지 마세요.

조언을 구하라. 해결책을 제시하라는 바로 앞 조언에 반하는 것처럼 들리겠지만, 누군가의 조언을 구하는 것만큼이나 존경심을 표현할 수 있는 좋은 방법은 없습니다. 당신이 가진 문제와 엮이는 것을 싫어할 수 있지만, 당신이 이 문제를 조언을 구하는 방식으로 표현한다면 상사는 기꺼이 피드백을 줄 것입니다.

스스로 반복하는 것을 두려워 말라. 잊힌 듯 보이는 중요한 문제를 당신이 제기했는데 진짜 중요한 사안인 경우 다시 제기합시다. 실제로 이 문제가 주목받기까지 몇번 더 다시 언급해야 할 수 있습니다. 3이라는 숫자는 종종 마법의 숫자가 됩니다.

협조하는 자세를 취하라. 당신이 도울 수 있는 일이 있는지 항상 물어봅시다. 상사와 회사를 돕기 위해 당신이 있다고 가능한 한 많이 어필해야 합니다.

다른 부분에서 적극적으로 코칭과 능력 개발을 모색하라. 당신은 이제 매니저가 없습니다. 그 대신 상사가 있죠. 아마 시니어 리더십 직위가 처음이라면, 몇 가지 능력을 개발해야 할 겁니다. 용감하게 새로운 세상을 마주할 수 있도록 지지해줄 코치를 구하고, 트레이닝을 요청하고, 회사 밖 동료와 만나세요.

다른 역할의 시니어 동료들과 잘 지내는 법

내 경우 시니어 리더급으로 자리를 옮기면서 임원진과 리더십 팀 사람들과 관계를 만들어 나가야 했다. 존경할 수 있는 다양한 역할의 사람들과 일할 수 있었고 큰 규모의 리더십 팀을 꾸리고 있었기 때문에 다양한 유형의 시니어 리더를 만날 수 있었다. 내가 잘 어울릴 수 있는 유형의 리더가 있었고 잘 어울리기 어려운 리더가 있었다. 두 유형의 리더를 겪으며 깨달은 바가 있었고 나의 관점을 발전시킬 수 있었다.

회사의 그 어떤 그룹보다도 시니어 리더는 '최상위 팀에 집중하기'를 적극적으로 연습해야 한다(6장 참조). 비즈니스가 전반적으로 성공할 수 있도록, 가장 먼저 가장 중요하게 비즈니스와 비즈니스 성공에 전념해야 하고, 두 번째로는 이 비즈니스 공헌을 통해 부서가 성공할 수 있도록 전력을 다해야 한다. 패트릭 렌시오니(Patrick Lencioni)의 『탁월한 조직이 빠지기 쉬운 5가지 함정 탈출법』(다산북스, 2007)[2]과 같은 리더십 책에서 이런 관계를 소개한다. 우리 중 다수가 개발 매니저들을 '최상위 팀'으로 두고 이런 리더십 유형을 연습하기 시작하지만, 당신이 시니어 리더십을 처음 해보거나, 시니어 리더십 동료들이 모두 당신이 해왔던 방식과는 아주 다른 방식으로 운영하고 있다거나 혹은 당신의 최상위 팀에 개발자 동료가 몇 명 없거나 아예 없다면, 아마도 굉장히 외로워질 것이다.

다른 성격의 업무를 하는 동료들과 협업을 잘 진행한다는 것은 어떤 의미일까? 우선, 각자의 아이디어를 서로 존중할 수 있어야 한다. 우리 중 다수가 회사에 막 들어왔을 때, 시니어 디자이너, 제품 매니저, 다른 비즈니스 팀과 함께

---

2 역자주_ 이 책의 원서는 『The Five Dysfunctions of a Team: A Leadership Fable』(Jossey-Bass, 2002)이다.

일해보며 협업을 어떻게 하는지 배운다. 하지만 동료의 전문성을 인정하며 협업하는 방법을 배우지 못했다면 지금이 기회다. 동료의 전문 분야에 대해 존경심을 가지는 것은 기본이다. 동료의 관리 방식이나 능력에는 동의할 수 없지만 당신의 팀에 영향을 미치는 사람이 아니라면, 별로 좋아하지 않는 사람을 좋은 친구로 대하듯 대하라. 동료가 당신의 조언을 구하지 않는 한 거리를 두고, 의견 차이가 있는 부분을 논의하고자 한다면 꼭 친절하게 다가가라. 기꺼이 서로 간의 차이점을 그대로 받아들이자.

물론 동료와 의견이 충돌할 수 있다. 보통 원온원 미팅이나 리더십 팀 미팅에서 의견이 충돌한다. 이 미팅은 전략에 대해 서로 다른 의견을 나누고, 회사가 직면한 어려움과 방향 설정에 대한 세부 사항을 이야기하는 자리다. 만약 숫자가 이상하다면 이 미팅에 참석한 최고재무책임자(CFO)에게 물어보자. 이 같은 환경에서는 당신만의 기술적 결론과 로드맵을 방어할 수 있도록 하자.

사실 이것은 누군가의 능력을 인정하는 것을 넘어 신뢰의 문제다. 『탁월한 조직이 빠지기 쉬운 5가지 함정 탈출법』에서 렌시오니는 신뢰의 부재는 핵심적인 기능 장애라고 언급했다. 지금과 같은 경우는 동료가 조직을 위해 최선을 다하며 노력하고 있다는 믿음과 동료가 상황을 조작하거나 당신을 깎아내리려고 하지 않을 것이라는 믿음이 없다는 의미다. 동료의 전문 영역과 전문 능력은 당연히 존중해야 하며 그가 당신과 의견이 다르다거나 내키지 않는 일을 하더라도 비이성적인 사람이나 이기적인 사람으로 생각하지 않아야 한다.

이런 근본적인 신뢰를 구축하는 것은 정말 어렵다. 아마 모두는 아닐지라도 일부 동료와는 문화적으로 맞지 않을 것이다. 훌륭한 CTO를 만드는 가치는 훌륭한 CFO, 최고마케팅책임자(CMO), 부사장(VP of Operations)을 만드는 가치와 약간 다르다. 아주 분석적인 사람들과 창의적이고 직관적인 사람들 사이에 가장 흔하게 충돌이 발생한다. 다른 경우는 변화와 빠른 대응을 선호하는 사람들과 장기적인 계획과 데드라인과 예산을 선호하는 사람들 사이의 충돌이다. 당신은 모든 사람의 다양한 스타일을 이해하고 신뢰하는 방법을 찾아야한다.

개발자들은 자신의 소통 방식을 다양한 분야의 동료들을 존중하며 소통하는방식으로 바꾸기 어려워한다. 왜 존중을 바탕으로 한 소통을 어려워하는 걸까? 아마도 자신이 이 방에서 가장 똑똑하다고 생각하는 분위기의 개발 문화가 가져다주는 부작용이라고 생각한다. 분석적인 사람이 아니라고 동료를 바보라고 할수 없다. 다른 한편으로는, 말하고자 하는 것을 비전공자 동료들이 이해할 수 있도록 설명하지 못했을 때 우리는 자신감이 떨어진다. 전문 용어가 익숙하지 않으며 익숙해질 필요도 없는 사람들에게 전문 용어를 남발하면 도리어 우리가 바보처럼 보일 뿐이다. 그래서 똑똑하지만 컴퓨터 공학을 전공하지 않은 동료들이우리의 업무 복잡도를 이해할 수 있도록 잘 전달하는 방법을 찾아야 한다.

신뢰와 존중 다음에 오는 마지막 요소는 '침묵'이다. 더 큰 팀에서는 일어나지않는 의견 충돌이 리더십 팀에서는 일어난다. 일단 결정되고 나면, 우리는 결정에 따르고 회사의 개발 팀 및 모든 사람들 앞에서 단결된 모습을 보여야 한다. 하지만 말처럼 쉽지는 않다. 동료들에게 내 의견이 다르다는 것을 숨기기 위해노력을 많이 했다. 특히 당신의 반대 의견이 반영되지 않은 채로 결정이 난 것같을 때 내려놓기가 더욱 힘들고 이런 일은 이따금씩 발생한다. 특히 이 직급에서는, 협조를 하든지 빠지든지를 꼭 결정해야 한다. 동료들에게 동의하지 않으면서 공개적으로 중간 입장을 취하는 것은 모든 사람에게 더욱 안 좋은 상황을초래할 뿐이다.

나를 팀에서 분리하기

조직에서 가장 높은 사람이 되면 평생 동안 받았던 관심보다 훨씬 큰 관심을 사람들에게 받게 된다. 당신의 존재만으로 사람들의 모든 관심이 당신에게 집중된다. 사람들은 당신의 승인을 구하려고 하고 당신의 비난을 피하려고 할 것이다. 당신 자신을 '팀원 중 한 명'에서 '담당 책임자'로 인식을 바꾸는 것은 이 직급의 많은 사람들이 어려워하는 부분이다. 당신이 그 팀에서 시작하고 성장했다면 더욱 어려울 것이다.

당신은 더 이상 팀원이 아니다. 당신의 최상위 팀은 리더십/임원진 동료로 구성되어 있고, 두 번째 팀은 당신의 보고 라인이다. 당신을 팀원 중 한 명에서 담당 책임자로 인식시키는 데 성공했다면, 아마도 조직 전반에서 사람들과 사회적으로 조금 떨어지기 시작할 것이다. 회식이 있을 때에는 술을 마시러 가되 팀이 서로 어울리도록 자리를 피해주어야 한다. 가게가 문을 닫을 때까지 함께 있게 되면 모두에게 좋지 않다. 그 어떤 정기 회식에서도 그러지 않기를 간절히 바란다. 근무시간 외에 팀과 깊이 친분을 쌓는 일은 옛날 일이다.

팀과 분리되어야 하는 이유는 여러 가지가 있다. 첫 번째 이유는 당신이 팀과 분리되지 않으면, 팀을 편애한다고 비난받을 수 있기 때문이다. 실제로 팀에서 당신에게 보고하는 사람들과 깊은 친분을 유지한다면 당신은 편애를 하게 될 것이다. 마음이 아프지만 사실이다. 아마 이런 점을 신경 쓰지 않는 사람도 일부 있겠지만, 사람들 사이에서 내가 어느 팀을 편애한다고 알려졌을 때 모든 팀이 실망했고 나는 일하기가 더욱 힘들어졌다.

두 번째 이유는 어떻게 하면 효과적으로 리드할 수 있는지 배워야 하기 때문이다. 효과적으로 리드한다는 것은 직원들이 당신 이야기를 진지하게 받아들인다는 의미다. 이 직급에서 리드할 때의 안 좋은 점은 당신이 툭 던지는 한마디에도 직원이 관점을 바꿀 수 있다는 점이다. 당신이 이 사실을 인지하지 못하거나 제대로 사용하지 않는다면, 좋지 않다. 당신이 '친구' 같은 이미지를 유지한다면, 친구가 생각나는 대로 말하는 부분과 상사가 어떤 것에 집중하라고 요청하는 부분이 뒤죽박죽 섞인 보고서를 보며 괴로울 것이다.

분리된다는 것은 시간을 어떻게 사용할지에 신중해진다는 의미이기도 하다. 시니어 리더가 되면 회의에서 종종 혼자만 말하고 있을 것이다. 당신이 회의에 참여하기만 해도 회의의 분위기나 형태가 바뀐다. 주의하지 않으면, 이번 한 번만 참여하기로 한 회의에서 브레인스토밍을 너무 많이 쏟아내 프로젝트의 방향이 바뀌어버리고 당신의 잔소리로 회의가 끝날 수 있다. 짜증 난다! 나도 안다! 더 이상 '팀원'처럼 아이디어를 자유롭게 제안하거나 아이디어를 거부당할 수 없다는 사실이 답답하지만, 당신은 이제 팀원이 아니다.

만약 스티브 잡스와 일한 사람과 일해본 적이 있다면, 스티브가 자신이 진행하고 있던 프로젝트에 어떤 영향을 미쳤는지, 스티브가 어떤 사람인지 이야기를 들어보았을 것이다. 애플 직원들은 결정을 두고 싸우고 반대해야 할 때, 조직이 어떻게 해야 하는지에 대한 도덕적 나침반으로 스티브가 세운 기준을 사용했다. 당신이 세우고 강화하려는 문화도 회사에 이런 영향을 미칠 수 있다. 사람들은 당신이 팀 앞에서 하는 행동을 그대로 배우고 모방할 것이다. 당신이 소리 지른다면, 직원들은 소리 질러도 괜찮다고 받아들인다. 당신이 공개적으로 실수를 하고 사과한다면, 실수를 해도 괜찮다고 받아들인다. 당신이 프로젝트에 대해 똑같은 질문을 반복한다면, 직원들은 자신 스스로에게 그 질문을 할 것이다. 당신이 특정 역할과 책임을 솔직하게 더 가치 있게 여긴다면, 야심이 있는 직원들은 그 가치를 찾아낼 것이다. 이 힘을 바람직하게 사용하자.

당신이 팀과 분리되어야 하는 또 다른 이유가 있다. 당신은 전체 비즈니스에 영향을 미치는 어려운 결정을 내려야 하는데 이 결정은 당신에게 엄청난 스트레스를 줄 수 있다. 회사 사람들과 이 결정에 대해 이야기 나누는 것은 적절하지 않다. 당신의 직위에서 겪는 어려움에 대해 당신에게 보고하는 팀원 중 친구라고 생각하는 사람들과 진지하게 의견을 나누고 싶은 충동을 느끼겠지만, 그렇게 하지 않는 편이 좋다. 그들의 리더이기 때문에, 직원들이 해결해줄 수 없는 걱정을 공유해서 공연히 직원들의 자신감만 떨어뜨리게 할 수 있다. 조금 더 낮은 직급의 매니저였다면 솔직해지는 게 문제가 없어 보이고 심지어 도움이 될 수도 있지만, 지금의 직급에서는 팀의 안정성을 크게 흔들 수 있다.

당신이 팀원 중 한 명은 아닐지도 모르지만, 팀원을 개인으로서 신경 쓰지 않아도 된다는 의미는 아니다. 사실 소소한 방법으로라도 팀원을 개개인으로서 더욱 신경 써야 한다. 최대한 많은 직원을 사람으로서 알아가기 위해 노력하면, 팀원들은 소속감을 느끼게 되고 회사가 자신을 아낀다고 느끼게 된다. 그러니 팀원의 가족에 대해서도 묻고, 취미와 흥미에 대해서도 물어보자.

당신이 팀에서 더 멀어지면, 직원들을 비인간적으로 대하기 쉽고 부품 취급을 하게 될 수 있다. 사람들은 리더가 언제 그렇게 행동하는지, 언제부터 직원들을 신경 쓰지 않기 시작했는지 알고 있다. 사람들은 아무도 자신을 개인적으로 신경 써주지 않는다고 느끼면, 최선을 다하지도 않고 위험을 감수하지 않으며 어려운 과정들을 겪지 않으려고 할 것이다. 비록 피상적인 수준일지라도 직원들과의 관계를 성장시키면, 현재 진행 중인 프로젝트와 결과에만 관심 두는 것이 아니라 직원들에게 관심을 가질 수 있고, 직원들을 일과 별개로 바라볼 수 있다. 개인들과 너무 깊이 친해지지 않으면서도 팀원을 챙길 수 있다. 임원으로서 당신은 어려운 결정을 해야겠지만, 그 결정을 하는 동안에도 팀원들에게 친절하게 대해야 한다. 팀원들은 당신의 친절을 받을 자격이 있다.

당신은 롤 모델이다. 어떤 리더가 되고 싶은가? 어떤 흔적을 남기고 싶은가?

두려움으로 지배하고, 신뢰로 이끌기

카밀은 스스로 좋은 리더라고 생각한다. 기술 전문성이 있고, 카리스마 있고, 결정할 수 있고, 일을 끝낼 수 있다. 때로 급한 성격 때문에 팀원들이 자기 기대에 미치지 못하거나 일이 잘못되면, 공개적으로 짜증내고 화내는 경우가 있다. 그렇지만 급하고 예민한 성격 때문에 사람들이 자신을 두려워하고 있다는 사실을 몰랐다. 사람들은 실패했거나 실수했을 때 공개적으로 비난받고 싶지 않는다. 그래서 위험을 덜 감수하고 실수를 감추었다. 카밀은 의도치 않게 무서운 분위기를 만들어버렸다.

마이클도 좋은 리더다. 기술 전문성이 있고, 카리스마 있고, 결정을 할 수 있고, 일을 완수할 수 있다. 그는 침착함을 잘 유지한다. 화내거나 흥분하는 대신 업무가 좀 잘못 진행되고 있다고 생각되면 궁금해한다. 마이클의 첫 번째 재능은 질문하는 것이고, 이 질문을 통해 팀원들은 스스로 무엇이 잘못되어가고 있는지 깨달을 수 있다.

방금 읽은 두 이야기가 실제 사례라는 것을 알면 놀랄지도 모른다. 시니어 리더가 된 뒤 의도치 않게 공포 분위기를 조성했던 건 내 경험담이다. 시니어 리더로 맨 처음 받은 고과 평가의 일부분을 발췌해본다.

당신이 좋아하는 팀원마저 당신을 두려워하고 당신의 비판을 두려워한다. 팀원들은 당신 앞에서 위험을 감수하려고 하지 않는다. 동료들 앞에서 공개적으로 질책당하는 것을 두려워하기 때문이다. 당신의 비난 때문에 팀원들이 당신과 가까워하기 두려워하고 질문하거나 피드백 받기를 꺼려하는 분위기가 조성된다. 이렇게 되면 당신이 팀원들을 신뢰하지 못하게 되고 팀원들은 또 실수를 하게 되는 악순환으로 이어진다.

여러분도 짐작했겠지만 이 고과 평가를 읽으며 상당히 놀랐고 불편한 기분이 들었다. 내가 몸 담았던 금융업계에서는 비판하는 문화가 일상이었기 때문에 직원들 모두 좀 더 강해져야 했다. 직원들은 여자 상사에게 비판받을 때 더 혹독하게 받아들였다. 이 피드백에 대해 수십 가지 변명을 해보았지만 이게 문제라는 점은 분명했다. 사람들은 위험을 감수하기 두려워했다. 직접 방향을 정하고 스스로 나아가는 독립적인 팀을 원한다면 팀원들이 위험을 감수할 수 있도록 해야 한다.

공포스러운 분위기를 조성하고 있는지는 어떻게 알 수 있을까? 일을 올바르게 진행하는 것에 가치를 두고, 규칙을 따르고, 위계에 기댄 리더십에 강한 애착을 가지면 공포스러운 분위기가 조성될 수 있다. 갈등이 공개적으로 용인되는 곳에서 나는 더 공포스러운 분위기를 만들게 된 것 같다. 개발 문화는 갈등을 공개적으로 해결하는 방법에 내성이 높아서, 개발 중심의 환경에 있다가 온 리더는 사람들과 이슈에 대해서 적극적으로 논쟁을 벌이는 것이 당연하다고 생각할 수 있다. 안타깝게도 당신이 리더가 되면 팀 내 역학은 변하고 당신이 직원이었을 때 함께 논쟁했던 사람들이 이제는 당신을 두려워할 것이다.

공포스러운 분위기를 바로잡기

관계를 연습하라. 공포스러운 문화를 알 수 있는 한 가지 지표는 사람들을 비인간적으로 대하는 경향이다. 관리 초창기 시절 나는 업무 효율성에만 너무 집중하는 습관이 있었다. 문제에 대해 깊이 파고들고 싶었고 지적인 토론을 하고 싶었고 상황 보고와 해결되어야 하는 문제를 들여다보고 싶었다. 팀원들을 알아가고 팀원들이 나와 인간적으로 가까워질 수 있는 잡담을 많이 하지 않았다. 자연히 팀원들과 개인적인 관계는 별로 없었다.

실수를 하더라도 위험을 감수하는 팀을 만들고 싶다면 챙겨야 할 핵심 요소는 '소속감'과 '안전성'이다. 당신이 잡담을 좀 해야 한다는 의미다. 팀원들에 관해 묻고 인간적으로 알아가며 사람들이 당신을 알아가도록 내버려두라. 대부분의 사람들은 실패하면 자신을 거부할 사람들 앞에서 위험을 감수하는 것을 두려워한다. 의도적이든 의도적이지 않든, 많은 팀원과 기본적인 인간관계조차 맺지 않아서 이들이 실수와 질문과 실패에 두려워하도록 만들었다.

사과하라. 당신이 엉망진창으로 만들었다면, 사과하라. 솔직하고 간단하게 사과하도록 연습하자.

> "소리 질러서 미안합니다. 변명의 여지가 없어요."
> "당신의 얘기를 듣지 않아 최악의 상황까지 오게 해서 미안해요."
> "죄송합니다. 밥(Bob)에 대해 말해주지 않은 것은 제 잘못이에요."

사과는 질질 끌 필요가 없다. 부정적인 상황을 만들었거나 다른 사람에게 상처를 주었다면 당신에게 책임이 있다. 필요한 것은 간단한 사과다. 너무 오래 사과를 못하면, 핑곗거리를 찾게 되고 생각이 많아진다. 사과의 목적은 당신의 행동이 다른 사람에게 영향을 미칠 수 있다는 것을 알고 있다고 사람들에게 말하는 것이고, 실수해도 괜찮지만 다른 사람에게 상처를 주었다면 사과를 해야 한다는 팀의 롤 모델이 되기도 한다. 사과한다고 해서 당신이 약해지지 않는다는 것을 팀에 보여주는 것이다. 이 방법은 팀원 개인뿐 아니라 팀 전체를 강하게 만든다.

궁금해하라. 동의하지 않는 무언가에 대해 이유를 그만 묻자. 동의하지 않는다고 당신의 권위가 떨어지지 않는다. 동의하지 않는 부분에 대해 정보를 많이 찾아보다가 잘 이해하지 못한 부분에 대해 내가 반응하고 있다는 걸 깨닫는다.

옳은 일을 해야 하고 최선의 결정을 내려야 하고 동의하지 않는 부분에는 논쟁해야 하는 것을 중요하게 생각하는 사람들은 상황을 악화시킨다. 우리가 공격하면, 많은 사람은 피하거나 입을 닫아버린다. 사람들은 정보를 숨겨 공격받거나 비난받지 않으려고 한다. 동의하지 않는 부분을 어떻게 질문으로 솔직하게 풀어낼 수 있는지 호기심을 가지고 배우려고 노력해야, 팀이 공유하는 이슈에 대해 다른 관점을 배울 수 있다. 이 방법이 최대한 많은 정보를 얻을 수 있고 많은 사람이 최선의 결정을 할 수 있도록 돕는 방법이다.

사람들을 기분 나쁘게 만들지 않으면서 책임지게 하는 방법을 익혀라. 리더가 되면 팀원들 각자가 일을 잘 해내었으면 하고 바라게 된다. 팀원 본인이 책임을 다하지 못하면, 당신이 그 책임을 물어야 하기 때문이다. 하지만 책임에서 시작해서 결과로 끝나지는 않는다. 과정에 다른 요소도 필요하니까 말이다. 어떻게 성공을 평가할 수 있는가? 팀이 성공할 수 있는 역량을 갖추고 있는가? 당신은 진행 과정에 피드백을 제공하고 있는가? 많은 리더들이 이런 요구사항을 잊은 채 목표를 명확히 세우기만 해도 성취하는 주니어 팀을 꾸리고 싶어하거나 경험이 많은 팀은 피드백이 필요없을 것이라고 생각한다. 사람들이 실패했을 때 그 사람이나 팀이 '잘못해서'라고 했던 당신의 경험을 돌이켜보자. 팀에 대한 책임을 직접 지고 성공을 위해 행동하고 있는가? 모든 것이 명확하고 당신이 최선을 다했다면, 책임은 인격에 대한 판단이 아니라는 사실을 깨달을 것이다. 왜냐하면 당신은 과정에서 무슨 일이 일어났는지 분명히 보았기 때문이다.

공포스러운 분위기는 개발 부서에서 상당히 흔한 문화이며, 일이 잘 진행되고 있을 때 그런 분위기가 만연하다. 당신의 나쁜 행동을 유발하는 외부 환경에 속으면 안 된다. 당신이 두려운 존재지만 존중받고 있고 회사는 성장하며 팀이 흥미로운 문제를 해결하고 있다면, 당분간은 잘 지낼 수 있다. 하지만 만약 이런 요소를 놓치고 계속 공포스러운 분위기를 조성하면, 다른 선택지가 있는 사람들은 회사를 그만두고 더 푸른 초원으로 떠날 것이다. 팀이 주변에서 일어나는 일로 좌절하고 있을 때, 팀이 당신을 두려워하지만 존중한다고 해서 문제가 해결되지 않는다는 것을 경험으로 알고 있을 것이다. 당신의 모난 부분을 둥글게 만들고 팀을 인간적으로 아끼고 궁금해해야 한다. 신뢰를 기반으로 한 문화를 만들어가는 것은 시간이 걸리지만, 결과는 그럴 만한 가치가 있다.

최고 책임자가 지켜야 할 업무 원칙

이따금씩 시니어 리더십의 핵심 역할이 간과된다. CTO가 기술 기준점을 세우고 CFO가 재무 기준점을 세우는 것처럼 각 전문 분야에서 시니어 리더의 역할은 각 분야에서 어떻게 일해야 탁월한지 측정하기 위한 기준점을 세우는 것이다. 나는 이것을 '진북(True North)'이라고 부른다.

진북은 각 분야 최고 책임자가 지켜야 할 핵심 업무 원칙이다. 제품 리더의 진북은 다른 무엇보다 사용자와 사용자의 요구를 고려하고 가능한 한 많이 측정하고 평가하여 팀 목표에 미치지 못하는 프로젝트는 다시 작업할 수 있도록 하는 것이다. CFO의 진북은 숫자와 작업 비용, 잠재 가치를 살펴보고 회사의 이익에 맞게 수정하고, 회사가 예상보다 예산을 초과 지출하지 않도록 하고, 예산을 초과할 경우 위험해질 수 있다는 것을 팀이 알 수 있도록 하는 것이다.

개발 리더의 진북은 제품 양산을 시작할 수 있도록 준비한다는 의미다. 풀어서 설명하자면 개발 시 리뷰와 운영 감독, 테스트에 대해서 공인된 정책을 준수했고, 사용자가 사용할 수 없는 준비되지 않은 부분은 제품 양산에 포함되지 않았으며, 당신이 자랑스러워할 수 있는 소프트웨어와 시스템을 만들고 있다는 의미다.

개발 리더는 조직의 다양한 유형의 프로젝트와 발표에 대해 진북 기준점을 세워야 한다. 진북 기준점을 세우는 또 다른 방법은 위험을 분석하는 관점으로 생각해보는 것이다. 위험 분석은 위험을 감수하지 않겠다는 의미가 아니다. 흔히 '나쁘다'라고 여겨지는 몇몇 위험은 어떤 상황에서 괜찮아질 수 있다. 예컨대 다음과 같은 경우가 그렇다.

- 단일 장애점이 발생했을 때
- 알려진 버그와 이슈가 있을 때
- 과부하를 감당하지 못할 때
- 데이터가 손실될 때
- 테스트가 되지 않은 코드를 제외할 때
- 성능이 저하될 때

상황과 회사에 따라 이 모든 위험은 제각기 감수할 수 있는 경우가 존재한다. 진북은 코딩한 것을 제품으로 만들어낼 때 이 모든 이슈를 신중하게 고려해야 한다는 것을 상기시킨다. 이 규칙에 예외가 있다는 의미가 우리가 진북의 존재를 잊었다는 의미는 아니다.

이 개념은 리더로서 팀 전체를 돕고 발전시키기 위해 오랫동안 노력하고 개발해온 '이끄는 재능'과 '근본적인 영향력'으로 이해되어야 하기 때문에 '진북'으로 부른다. 팀이 이 재능을 발전시키면, 많은 지시나 재촉 없이도 이 가이드라인을 독립적으로 따를 수 있게 된다.

전문 분야마다 진북은 조금씩 다르기 때문에 조직에는 자연스러운 긴장감이

맴돌 수 있다. 제품 매니저는 사용자 경험에 더 신경 쓰고 제품 지원 부담에는 신경을 덜 쓸 수 있다. 재무 팀은 전체 인프라 비용에 더 신경 쓰고 인프라의 유효성에 대한 위험은 신경을 덜 쓸 수 있다. 이런 긴장감은 정상이다. 특정 분야에서만 신경 쓰는 위험이 아닌 모든 위험을 고려해야 하기 때문이다.

리더 역할을 검토할 때, 당신이 진북을 설정하는 방법을 살펴보면 당신의 강점과 당신이 소유한 영역을 알 수 있게 된다. 당신 스스로를 개발 리더라고 생각한다면, 진북을 핵심 기술의 큰 측면이 되도록 세팅해야 한다. 전자상거래 회사에서 CTO로 일할 때 나는 제품 준비, 확장, 시스템 디자인, 아키텍처, 테스트, 언어 선택에 있어 가장 기본이 되는 기술 결정을 내리기 위해 진북을 설정했다. 이 모든 결정을 나 혼자 했다는 의미는 아니다. 하지만 이런 결정이 평가받을 수 있는 기준을 지도했다. 모바일과 UI에 특화된 개발 문제에 대해서는 진북을 위임했지만, 해당 분야의 시니어 기술 스태프가 진북의 기준점을 분명히 설명해 줄 것을 요구했다.

진북을 정하는 리더는 세부 사항을 모두 조사할 시간이 없이 빨리 결정해야 할 때, 자신이 오랜 시간 쌓아온 지혜에 의지해 결정을 내린다. 이런 유형의 리더가 되고 싶다면 커리어 초기에 이런 재능을 연마할 수 있도록 시간을 많이 할애해야, 빠른 결정을 안정적으로 내릴 수 있다. 기술 지식을 유지해야 한다는 의미이기도 하다. 기본적인 지식 그 이상을 배울 수 있도록 프로젝트, 프로그래밍 언어, 프레임워크를 충분히 오랫동안 따라가보며 노력해야 한다. 매일 코딩을 할 수 없더라도 새로운 것을 배우기 위해 노력해야 한다.

추천 도서

- 브레네 브라운, 최완규 옮김, 『대담하게 맞서기』(명진출판사, 2013)

- 아빈저 연구소, 이태복 옮김, 『상자 안에 있는 사람 상자 밖에 있는 사람』(물푸레, 2001)

- 앤디 그로브, 유정식 옮김, 『하이 아웃풋 매니지먼트』(청림출판, 2018)

- 피터 드러커, 이재규 옮김, 『피터드러커의 자기 경영 노트』(한국경제신문, 2003)

- Marshall Goldsmith and Mark Reiter, *What Got You Here Won't Get You There: How Successful People Become Even More Successful* (New York: Hyperion, 2007).

- L. David Marquet, *Turn the Ship Around! A True Story of Turning Followers into Leaders* (New York: Portfolio, 2012).

자신의 경험 평가하기

이 장에서 설명한 내용을 바탕으로 시니어 리더십에 유용한 질문을 정리했다. 살펴보고 자세히 답을 달아보자.

☐ 현재 직급에서는 코칭과 멘토링을 회사 외부 사람에게서 받을 가능성이 높다. 당신에게는 더 이상 매니저가 없고 상사만 있다. 회사에서 지원하거나 개인적으로 고용한 전문 코치가 있는가? 회사에서 지불해주지 않아도 개인적인 코치를 받는 것은 좋은 투자다. 코치는 당신에게 가이드와 직접적인 피드백을 해줄 수 있고, 친구와는 달리 급여를 받으며 당신의 이야기를 들어야 하기 때문이다.

☐ 코치를 넘어서 회사 외부의 동료 지원 네트워크는 어떠한가? 당신 분야에 있는 회사들의 다른 시니어 매니저를 알고 있는가? 동료 네트워크는 다른 회사에서 그 일이 어떻게 돌아가는지 볼 수 있도록 도와주고 당신이 경험을 공유하고 조언을 받을 수 있는 곳이 된다.

☐ 특별히 존경하는 개발 시니어 매니저가 있는가? 존경하는 이유는 무엇인가? 그 사람들처럼 되기 위해서는 무엇을 해야 하는가?

☐ 전체 팀 혹은 일부 팀을 위해 우선순위를 변경해야 했던 때를 떠올려보자. 어떻게 되었는가? 무엇이 잘 진행되었고, 무엇이 잘 진행되지 않았는가? 변경 사항에 대해 팀과 어떻게 소통했는가? 팀의 반응은 어떠했는가? 다시 한 번 그렇게 해야 한다면, 다르게 진행하고 싶은 한 가지는 무엇인가?

☐ 예측 가능한 미래에 당신의 비즈니스가 어디로 가야 하는지 얼마나 잘 이해하고 있는가? 목적지를 알기 위해 개발 전략을 이해하고 있는가? 회사의 목표를 달성하기 위해 발전되어야 하는 기능 속도, 성능, 기술 혁신, 채용 같은 항목에서 팀을 위해 어느 분야에 주력하는가? 비즈니스를 발전시킬 수 있는 기술 발전의 기회나 병목은 어디에 있는가?

☐ 회사 시니어 리더십 팀의 다른 멤버들과의 관계는 어떠한가? 어떤 관계가 좋고 어떤 관계가 나쁜가? 나쁜 관계를 개선하기 위해서 무엇을 할 수 있는가? 당신은 팀원의 우선순위를 얼마나 잘 이해하고 있는가? 그리고 팀원들은 당신의 우선순위를 얼마나 이해하고 있는가?

☐ 만약 내가 당신 팀원들에게 당신이 어떤 임원과 잘 지내고 어떤 임원을 싫어하고 있는지 물어본다면, 팀원들은 망설임 없이 내게 답할 수 있을까? CEO나 리더십 팀이 당신이 동의하지 않는 결정을 내릴 때, 회사 사람들 앞에서 본인의 반대 의견을 숨기고 회사의 결정을 지지할 수 있는가?

☐ 당신은 팀의 롤 모델인가? 사람들이 매일 당신의 행동을 모방하고 있다는 사실을 알게 되면 당신은 행복할까? 팀 미팅에 참여할 때, 당신은 대화를 주도하는 편인가, 경청하고 관찰하는 편인가?

☐ 주기적으로 이야기를 나누지 않는 직원에게 마지막으로 회사 밖 생활을 물어봤던 건 언제였는가? 어떤 직원이 아파서 병가를 내야 한다고 이메일을 보내왔을 때, 쾌차를 빌어주었는가?

☐ 시니어 개발자가 업무를 평가하고 결정을 내릴 때 고려했으면 하는 기본 원칙은 무엇인가? 당신이 기술보다 조직에 더 초점을 맞추고 있다면, 매니저들이 팀을 이끌 때 따라야 할 기본적인 관리 원칙은 무엇인가?

9장

문화 개선

문화를 만드는 것도 시니어 개발 리더의 역할이다. 초보 CTO가 저지르는 흔한 잘못으로 명확하고 신중한 개발 팀 문화의 중요성을 과소평가하는 것이 있다. 신규 팀을 키우든, 기존 팀을 개편하든 팀 문화를 무시하면 일하기가 더욱 어려워진다. 팀이 성장하고 발전함에 따라 다른 중요한 인프라에 신경을 쓰는 것만큼 팀 문화에도 신경을 써야 한다.

렌트더런웨이에서 직접 개발 팀 문화를 만들어볼 기회가 있었다. 처음 합류했을 때 이 회사는 전형적으로 체계가 없는 '어수선한 스타트업'이었기 때문에, 여러 문화 구조와 사례를 팀에 도입할 수 있었다. 그리고 이 과정을 통해 정말 많은 것을 배울 수 있었다.

스타트업 문화를 매력적으로 느끼는 많은 사람에게는 '조직 구조'와 '프로세스'가 무의미하고 최악의 경우에 오히려 방해가 된다고 여겨진다. 구조를 도입하려고 했으나 업무 속도가 느려졌다거나 기술 혁신이 무너졌다라는 스타트업 설문 조사 결과를 보았다. 응답자들은 대기업이 구조 때문에 느리게 움직이고, 사내정치가 팽배하고, 똑똑한 사람들이 일하기 지루한 곳이라고 답했다.

회의론자들과 조직 구조를 논의할 때는 논의 방법을 바꾸기도 한다. 조직 구조에 관해 논의하기보다는 학습에 관해 이야기한다. 과정 대신에 투명성을 이야기한다. 조직 구조와 프로세스에 가치가 있기 때문에 시스템을 만드는 것이 아니다. 성공과 실수를 통해 학습하고 실패로부터 학습한 교훈을 투명하게 공유하고 싶다면 시스템을 만들어야 한다. 이러한 학습과 공유는 시간이 갈수록 조직이 더 안정되고 성장하는 방법이다.

시스템과 절차를 만드는 것은 물론이고, 회사 문화에 대한 개인 철학을 세우는 것에도 도움이 되고 싶다. 건강한 팀을 만들기 위해서 어떤 부분이 회사와 팀에 중요한지 알아야 한다. 관심사 외에도, 회사와 팀이 성장하고 발전함에 따라 어떻게 지식과 노력도 효과적으로 확장시킬지 고민해야 한다. 시스템과 절차를 만들어보며 배울 수 있지만 테스트하기 위한 기본 이론이 없고 기본 이론이 있어도 이 이론을 증명하거나 반증해보지 않고서는 배우기가 어렵다. 과학적이고 논리적인 방법으로 접근하여 개발 문화를 만들어보자.

초기 스타트업은 업무가 자유로운 대신 위험과 불확실성을 감수할 수 있는 사람들에게 매력적이다. 스타트업 아이디어가 아주 훌륭해 보이더라도 회사가 성공한다거나 오래갈 것이라는 보장은 없다. 보통 시장은 불확실하다. 어떤 신호는 좋아 보이고 어떤 신호는 나빠 보인다. 크고 작은 다른 회사들과 치열하게 경쟁한다. 게다가 해야 하는 명확한 업무가 별로 없고, 코드도 없으며, 사업 정책도 없다. 몇 년 동안 성장해온 스타트업도 결정해야 할 것이 상당히 많다. 기술 프레임워크부터 사무실 장식까지 모든 결정을 해야 한다.

초기 결정 중에 많은 부분은 정착되기까지 여러 번 번복된다. 회사의 기술 요구에 맞게 잘 확장되지 않은 프레임워크를 바꾸는 것은 쉽게 고려할 수 있지만, 휴가 정책이나 업무 집중 시간과 같은 회사 가치 관련 부분은 스타트업이 설립되고 몇 년 동안 변화하고 발전한다.

초기에는 전략을 선택하고 실행하는 일이 리더에게 가장 중요한 일이다. 보통 창업자나 임원뿐 아니라 회사의 모든 사람이 리더에 해당한다. 수많은 선택에 직면해서 단호히 결정하는 법을 배운다. 문제가 있는가? 해결책을 찾아 고쳐라. 해결책이 효과가 없는가? 다른 방법으로 고쳐보라. 완벽한 해결책을 찾을 필요가 없다. 다음 릴리스거나 다음 급성장 지점 또는 다음 투자 시기든 다음 채용이든 헤쳐나가야 할 다음 목표를 찾으면 된다.

가끔 어떤 회사는 직함을 포기한다. 직함을 갖지 않는 것도 어떤 의미에서는 결정이다. 다른 의미로는 직원의 직함을 결정할 일이 없고, 새로운 직함으로 승진시켜야 하는 걱정이 없고, 직함을 결정하는 위원회도 필요 없다는 의미다. 지금 당장 결정하지 않기로 결정하는 것도 신생 회사가 흔히 취하는 선택이다. 사람이 몇 명 없을 때는 결정이 정말 중요하지 않기 때문이다.

미국의 정치학자이자 페미니스트인 조 프리먼(Jo Freeman)의 에세이 『무조직의 폭정(The Tyranny of Structurelessness)』은 조직 정치에 대해 잘 설명하는 좋은 글이다. 초기 페미니스트와 무정부주의자 공동체에 관한 글이지만, 프리먼의 통찰은 스타트업 문화에도 동일하게 적용된다. 구조에 결함이 있어 보이면 숨겨진 권력 구조가 만들어지는 경향이 있다. 이는 사람들의 소통하고자 하는 본성과 소통을 확장하려는 시도에서 기인한다. 재미있게도 프리먼은 구조화 되지 않은 조직이 실제 일할 수 있는 환경을 설명했다. 그 글을 들여다보자.

업무 중심적이다. 이런 조직의 기능은 컨퍼런스 개최나 신문 발행과 같이 매우 한정되고 구체적이다. 조직은 기본적으로 업무를 중심으로 구성된다. 업무 성격에 따라 무엇을 해야 하는지 언제까지 해야 하는지가 결정이 난다. 업무는 성과를 평가하고 향후 계획을 세울 수 있는 가이드라인이 된다.

비교적 작고 동질적이다. 팀원들이 '공통 관심사'를 가지려면 비슷해야 한다. 서로 배우려는 조직에서는 다양한 배경의 팀원들이 긍정적인 요인이지만, 업무 지향적인 조직에서는 다양한 배경의 팀원들이 서로 오해를 많이 한다. 배경이

제각각인 팀원들은 서로의 말과 행동을 다르게 해석한다. 서로의 행동에 다른 기대를 하고 결과를 다른 기준으로 판단한다. 다양한 배경에서 오는 미묘한 차이를 잘 이해할 수 있을 때에만 서로를 받아들인다. 예기치 못한 갈등을 바로잡으려면 많은 시간이 필요하고 혼란이 야기된다.

의사소통 수준이 높다. 정보를 모두와 공유하고, 모든 의견을 확인해야 하며, 업무를 나누어 진행하고, 관련 결정에 참여해야 한다. 이게 가능하려면 조직이 작고 팀원들이 가장 중요한 업무를 실제로 함께해야 한다. 모든 사람이 참여하기 위해 필요한 상호작용의 수는 참여자 증가에 따라 기하급수적으로 증가한다. 이런 이유에서 불가피하게 팀원을 5명 정도로 제한하거나 몇 명을 일부 결정에서 제외한다. 성공적인 스타트업은 10명에서 15명 정도이다. 하지만 특정 업무를 서로 백업하고 함께 진행하여 각자 무엇을 하는지 쉽게 공유할 수 있는 여러 작은 팀으로 구성되었을 때 성공이 가능하다.

기술 분화 수준이 낮다. 모두가 팀의 모든 일을 해 낼 수 있어야 하는 것은 아니지만 한 명 이상의 팀원에 의해 팀에 필요한 모든 일을 해낼 수 있어야 한다. 그래서 아무도 빠질 수가 없다. 이렇게 어느 정도 진행하다 보면, 팀원들이 서로 백업을 할 수 있는 시기가 온다.

프리먼은 다양한 초기 단계 스타트업에 맞는 일반적인 시나리오를 설명한다. 회사가 성장하여 작은 규모를 벗어나도 때로 개발 팀 스스로 체계가 없는 상황을 유지하려 한다. 예를들어, 팀의 인맥을 통해 '풀스택' 개발자를 채용하는 식이다. 이 경우, 팀의 개별 기술에 대한 전문성이 떨어지고 동질성은 높아진다. 팀을 모두 같은 구역에 배치해 소통 장벽을 줄일 수 있다. 아마도 가장 비판받을 수 있는 부분은, 개발 팀을 제품 팀이나 창업자의 단독 실행 부서로 두어 개발 팀 문화를 매우 업무 중심적으로 만든다는 점이다.

일반적인 스타트업 기술 조직에 대한 이러한 특성에 대해 격한 반응을 보일 사람들이 있다는 것을 알고 있다. 아마도 회사에서 연봉을 많이 받고 총애를 받는 개발 팀일 것이다. 어떻든 간에 믿고 싶지는 않겠지만 구조화되지 않은 조직은 구성원들의 생각과 달리 자발성을 떨어뜨리거나 숨겨진 위계 구조와 권력 역학으로 운영된다. 이 모두 어느 정도 사실이다.

기술적인 결정과 프로세스에서도 구조화 되지 않은 팀의 특성이 나타난다. 초기 스타트업에서 상당량의 스파게티 코드가 발견되곤 한다. 팀원이 수시로 바뀌는 팀에서 급한 문제를 해결하기 위한 코드는 충분히 고민한 코드가 아니라 잘라 붙여넣고 임시방편으로 수정한 코드라는 의미다. 그러니 확장성 있는 코드를 만들려고 할 때, 스파게티 코드를 리팩토링하는 것은 흔한 일이다. 보통 리팩토링을 통해 코드 가독성을 높이고 작업을 쉽게 만들기 위해 구조를 확인하고 명확하게 설계한다.

요컨대 이것이 조직 구조의 가치이다. 조직 구조란 어떻게 성장하고, 어떻게 다양화되고, 어떻게 복잡하고 장기적인 업무를 수행할지를 의미한다. 조직 구조는 소프트웨어와 팀 그리고 프로세스에 적용된다. 훌륭한 기술 시스템 설계자가 시스템 구조를 파악하고 만들 수 있는 것처럼, 훌륭한 리더는 팀 구조와 팀 내 역학 관계를 파악하여 팀 구조를 만들 수 있으며, 장기 목표에 도달하고, 각 팀원이 최선을 다할 수 있도록 준비한다.

경직된 계층 구조를 가진 소규모 팀처럼 말도 안되는 것도 없다. 5명짜리 팀에서 다섯 번째 사람이 네 번째 사람에게 보고하고, 네 번째 사람이 세 번째 사람에게, 세 번째 사람이 두 번째, 두 번째 사람이 첫 번째 사람에게 보고한다면 이보다 이상한 게 어디 있을까. 마찬가지로, 5명짜리 비즈니스 팀이 화장실 화장지를 어떤 걸로 할지에 회의 시간을 다 쓴다면, 우선순위가 잘못된 것이다.

조직 구조가 너무 일찍 자리 잡으면, 중요하지 않은 일에 시간을 빼앗겨 팀 업무 속도가 느려질 수 있다.

그러나 보통 작은 회사에서는 조직 구조가 너무 늦게 세워진다. 문제는 서서히 발생한다. 한 사람이 모든 결정을 하고 자주 결정을 바꾸는 것에 익숙해진다. 정말 몇 명 안되는 조직에서만 이 전략이 잘 동작한다. 하지만 10명, 20명, 50명으로 이루어진 팀에서는 이 전략이 많은 혼란을 불러오고 노력을 낭비하게 만든다. 결정권자의 마음을 바꾸는 데에도 점점 더 많은 비용이 든다.

스타트업 리더십에 관해 내가 들었던 최고의 비유는 여러 스타트업에서 개발 관리를 했던 친구에게 들었던 것이다. 가장 초창기 스타트업은 경주용 자동차를 운전하는 것으로 묘사할 수 있다. 땅 가까이에 붙어 달리며 모든 움직임을 느낄 수 있다. 제어할 수 있고, 빠르게 회전할 수 있고, 모든 것이 빠르게 움직이는 것처럼 느껴진다. 물론 언제든 사고가 날 위험이 있지만 사고가 나야만 경주용 차에서 내릴 수 있다. 회사가 성장하면 운전을 마치고 비행을 하게된다. 땅에서 좀 멀어지고 더 많은 사람의 안전을 책임져야 해서 더욱 조심히 움직여야 한다. 하지만 여전히 통제할 수 있다고 느끼고 비교적 빠른 비행도 가능하다. 끝으로 우주비행을 시작한다. 우주선은 빨리 움직일 수 없고 이미 프로세스도 정해져 있지만, 아주 멀리 갈 수 있고 많은 사람을 태울 수 있다.

회사 구조 파악하기

조종하고 있는 배의 크기를 파악하자. 회사 직원 수, 회사의 연혁, 기존 비즈니스 인프라(소프트웨어나 프로세스 등)의 크기, 위험을 감수하는 정도가 크기를 결정한다.

직원 수

직원이 늘어나면, 모두가 올바른 방향으로 나갈 수 있도록 신중하게 조직을 구성해야 한다. 조직을 더 강하게 통제하려는 리더는 자신의 바람대로 더 많은 구조를 만드는 경향이 있다. 요즘 회사는 모든 결정을 위에서 내리기보다, 목표 수립에 초점을 둔 조직을 만든다. 그러나 성공적으로 목표를 설정하고 소통하기 위해 필요한 구조를 과소평가하면 안된다.

회사 연혁

회사가 오래될수록 더 많은 관습이 확고하게 자리 잡는다. 한편으로는, 회사가 오래될수록 생존 가능성이 더 높아진다.

기존 인프라의 크기

확립된 비즈니스 정책(가격 결정 방법'과 같은 정책)이 많지 않고 코드나 물리적 인프라(상점이나 창고 혹은 재고 목록)의 양도 많지 않으면 구조가 그렇게 필요하지 않다. 반면, 기존 비즈니스 정책과 인프라가 많을수록 이런 정책을 처리하는 방법을 명확히해야 한다.

위험 허용성

규제가 심한 업종에서 일하고 있는가? 특정 실수를 하면 손실이 큰가? 아니면 규제가 없는 업종에서 일하고 있는가? 이런 부분들을 고려해서 구조와 절차에 적용해야 한다. 보통 사업이 커지고 더 많은 사람을 책임져야 할수록 규제 요건 없이 감수할 수 있는 위험은 줄어든다.

회사가 성장하고 해가 지날 때마다 구조도 발전한다. 사실 소아과 의사 출신의 저자 존 갤의 저서『Systemantics』(Fontana, 1975)에 이를 설명하는 법칙이 있다.[1]

> 단순하지만 작동하는 시스템만이 복잡계로 진화한다는 점에는 예외가 없다. 아무것도 없이 설계된 복잡계는 절대로 작동하지 않으며, 작동하도록 수정할 수도 없다. 반드시 동작하는 단순한 시스템에서 시작해야 한다.

당신 회사는 소수의 아주 단순한 시스템으로 시작했다. 사람들이 합류하고 정책과 인프라가 추가되면서 복잡한 시스템으로 발전했다. 팀 규모가 작고 잘 동작하고 있을 때, 조직 구조와 프로세스를 과도하게 설계하는 것은 큰 이점이 없다. 하지만 어느 시점이 되면 실패를 경험하게 되고, 실패가 발생했을 때가 조직 구조를 어떻게 바꿔야 할지 조사하고 파악하기 가장 좋은 시점이다. 경력 경로 제도를 만드는 예를 들어보면 직원 한명이 경력 제도가 없다는 이유로 회사를 그만둔다고 해서 제도를 만들 수는 없다. 하지만 여러 직원이 그만두게 되거나 새로운 직원을 받지 못한다면 경력 경로 제도를 다시 고려해야 한다. 계속 근무했으면 하는 직원들이 퇴사하는 것과 현재 구조를 그대로 유지할 때의 팀이 얻는 가치를 따져야 한다.

리더에게 주는 조언은 단순하다. 실패하면 실패를 초래하는 현실적인 모든 측면을 검토하라. 패턴을 발견하면 시스템을 개선시킬 수 있다. 시스템을 더 만들거나, 다르게 만들거나, 없애는 방법으로 발전시킬 수 있다. 실패가 얼마나 자주 발생하는지, 실패 비용은 얼마나 되는지, 수정해야 하는 부분은 무엇인지에 대해 최선의 판단을 내려라. 시스템을 발전시키는 용도로 실패를 사용하면,

---

1 역자주_ 이 책의 원서는 John Gall, 『Systemantics: How Systems Really Work and Especially How They Fail』(Quadrangle/The New York Times Book Co, 1975)이다.

올바른 시스템을 적용할 수 있다. 시스템의 한 부분에서만 실패가 발생하면(한 팀이라고 가정하면), 전체 체계를 수정하지 않고 팀 체계만 수정하면 된다. 성공을 가늠해보면 어떨까? 성공에서 교훈을 얻을 수 있지만 때로는 형편없는 교훈을 얻기도 한다. 아이러니하게도 성공과 실패 모두 운에 크게 좌우된다. 실패하면 운이 나빠서라고 생각하고 성공하면 우리가 잘해서라고 생각한다. 갤의 법칙에 따르면, 단순한 시스템은 복잡한 시스템으로 발전할 수 있지만, 복잡하고 성공적인 시스템에서 얻은 교훈을 적용하여 다른 상황에서도 성공할 수 있는 것은 아니다. 우리는 사람이기 때문에 실패를 초래한 우리의 잘못을 인정할 수밖에 없을 때까지 운이 나빴다고 둘러댈 수 있다. 그래서 실패에서 배운 교훈을 팀 시스템에 지나치게 적용하지는 않으려고 한다. 그 반면에 성공은 은빛 총알처럼 모든 것을 대단하게 만들어버리기 때문에 성공의 이유를 우리 자신에게서 찾게 만든다. 성공에서 얻은 교훈을 광범위하게 적용해보며 실제로 무엇이 개선되는지 파악하여 맥락을 이해해야만 성공을 반복할 수 있다.

회사의 연혁과 팀의 규모는 여기에 영향을 미친다. 지금까지 회사에 오래 다녔고 앞으로도 계속 다닐 거라면, 구현 전에 비용이 많이 들어도 효율성을 향상시키기 위해 체계를 적용(추가 혹은 삭제)하는 것은 아주 유용하다. 요령의 일부다. 교훈은 공짜가 거의 없다. 상황을 분석하고 좋은 교훈을 얻기까지는 시간이 걸린다. 미래의 가치가 현재의 가치보다 낮다면, 미래를 아끼는 것에 너무 고민하지 않을 것이다. 회사가 크고 오래되었으며 안정적이라는 의미가 원하는 만큼 견고하고 변하지 않는 체계를 가질 수 있다는 의미는 아니다. 위험에 대비하기 위해 천천히 수정 적용되는 것보다 앞서 발생했던 위험 때문에 기술이 수정되는 것이 더 안전하다. 소프트웨어 릴리스 빈도가 좋은 예다. 빈번한 소프트웨어 릴리스는 오랫동안 비용이 많이 들고 어려웠던 작업이었다. 주된 이유는 사용자에게 소프트웨어를 배송해야 했기 때문이었다. 현대 SaaS(Software as a

Service) 세계에서는, 버그를 쉽게 고칠 수 있고, 제품 경쟁을 하기 위해 버그가 존재하는 채로 출시하는 위험 부담이 기능을 확장하지 않아서 생기는 위험 부담보다 낮다. 기존 체계에 대한 집착 때문에, 새로 체계를 적용하는 것을 주저한다. 필요할 때 체계를 적용하지 않으면, 일이 잘못될 수도 있다.

채용 절차가 없어서 새로 채용할 때마다 진행이 느려지는 것은 조직 구조의 부재로 인한 실패다. 회사에서 승진이나 경력 성장을 기대할 수 없어서 직원들이 수시로 회사를 떠나는 것도 조직 구조의 부재로 인해 생기는 장애다. 누군가 데이터베이스에 직접 로그인해서 중요한 테이블을 실수로 삭제한 상황 역시 조직 구조의 부재로 인한 장애다. '조직 구조'보다는 '학습'과 '투명성'으로 이야기하는 것을 좋아한다고 전에 말한 적이 있다. 여기서 정말로 말하고자 하는 것은, 장애, 특히나 빈번히 발생하는 장애의 원인을 파악해서 문제를 해결하기 위해 무엇을 수정할 수 있는지 방법을 찾자는 것이다. 근본적으로 배움(학습)에 대한 이야기다.

문화 만들기

문화란 사람들이 일을 완성하려고 생각하지 않아도 일이 완성되도록 하는 방법이다.

— 프레데릭 라루(FREDERICK LALOUX), 『조직의 재창조』(생각사랑, 2016)[2]

---

2 역자주_ 이 책의 원서는 『Reinventing organizations: A Guide to Creating Organizations Inspired by the Next Stage of Human Consciousness』(Diateino, 2014)이다.

스타트업 창업 시기에는 문화에 대해 자주 논의한다. 회사의 핵심 가치는 무엇인가? 회사의 문화는 어떠한가? 새로 채용된 직원들은 '회사 문화에 적합'한가? '회사 문화에 적합'한 직원을 가리는 것이 차별적인 채용은 아닌가?

나는 문화가 정말 존재한다고 확실히 믿게 되었다. 아주 중요한 부분이지만 많은 사람들이 이해하지 못한다. 회사가 발전하면서 나타나는 자연스러운 현상이며, 문화가 존재한다고 믿지 못하면 빠르게 문제가 될 수 있다. 리더는 의식적으로 팀 문화를 이끌어야 하고, 잘 이끌기 위해서는 먼저 문화가 무엇을 의미하는지 이해해야 한다.

그렇다면 문화란 무엇인가? 문화는 일반적으로 사람들 사이에 존재하는 무언의 규칙이다. 예를 들어, 미국 문화에서는 인사할 때 악수를 하지만 다른 문화에서는 낯선 사람과 스킨쉽을 나누는 행위가 이상해 보인다. 서로 다른 입장의 사람들이나 서로 다른 관계의 사람들을 대하는 방법도 문화다. 문화는 모든 사람들이 완전히 똑같은 가치를 가진다는 의미가 아니다. 문화는 서로 다른 사람들의 사이에 일반적인 공통점을 가질 수 있다는 의미다. 당신이 그 문화에 깊이 빠져 있다면 큰 고민 없이도 많은 관계의 규칙이 만들어진다.

사람들은 문화적 가치가 아닌 다른 기준으로 결정을 하기도 한다. 예를 들어, 어떤 사람들은 계약서를 기준으로 삼는다. 어떤 사람들은 오롯이 데이터를 중심으로 판단한다. 하지만 개인의 요구보다 그룹의 요구를 더 우선시하는 복잡한 환경에서의 문화는 팀으로서 우리가 함께 일할 수 있도록 하는 접착제다. 그리고 불확실할 때마다 결정을 내릴 수 있도록 돕는다. 성공하는 회사가 되려면 문화를 파악하고 이끄는 것이 중요하다.

설령 새로운 회사를 설립하더라도 이상적인 문화를 만들기는 어렵다. 멋진 일터와 좋은 제품을 만들기 위해서 서로 잘 맞는 사람들로 조직을 구성하고 싶을 것이다. 하지만 현실은 훨씬 더 어수선하다. 현실은 살아남기 위한 경쟁에 가깝다. 문제가 발생하면 문화는 변명하고 책임을 떠넘기는 수단으로 전락한다. 초창기 직원들은 좋은 문화를 만들거나 나쁜 문화를 만들거나 이 두 가지를 섞은 문화를 만든다.

모든 사람이 모든 회사에 맞지는 않다. 이 사실을 빨리 깨달을수록 좋다. 가끔 핵심 가치가 차별을 만들 수 있다고 생각하기 때문에 핵심 가치를 가지기 두려워한다. 하지만 핵심 가치로 개발 회사에서 발생하는 표면적인 차별을 줄여야 한다고 생각한다. 그렇게 하면 핵심 가치를 이해하고 진심으로 소통할 줄 아는 직원들로 조직을 구성할 수 있다. 조직에 좀 더 다양한 사람들을 데려올 수 있는 문화를 만드는 것이 유리하다. 'MIT 출신 개발자'는 문화가 아니다. '기술 혁신, 노력, 지성, 과학적 사고, 데이터를 중요하게 생각하는 사람'이 문화일 수 있다. MIT를 졸업했다는 조건은 정말 좁은 범위의 사람만을 포함한다. 기술 혁신, 근면, 지성, 과학적 사고, 데이터를 중요하게 생각하기 등은 훨씬 넓은 범위의 사람을 포함할 수 있다.

만약 당신이 이미 정해진 핵심 가치가 있는 회사에 들어갔다고 치자. 아마도 창업자나 초창기 직원들이 그 핵심 가치를 만들었을 것이다. 그래서 핵심 가치에는 회사의 문화가 반영되어 있다. 당신은 이 가치를 기준으로 평가되기 때문에 먼저 이 가치를 이해하는 것이 중요하다. 직원들은 이 핵심 가치를 기준으로 인정받고 보상 받는다. 이렇듯 초창기 직원들이 정해놓은 핵심 가치는 점점 강화되는 경향이 있다. 내 경험에 비추어볼 때, 회사의 모든 핵심 가치를 진정으로 수용하고 보여주는 직원들은 평상시에도 잘한다. 가치에 맞추어 일하는 것이 이 직원들에게는 쉽다. 이 직원들은 너무 열심히 일하거나 스트레스를 받기도 하지만 사람들과 관계가 좋고 평상시 행복하다. 이 모든 가치들과 맞지 않는 직원에게는 힘든 시간이 될 것이다. 이 직원들이 실패한다는 의미는 아니다. 하지만 더 많은 충돌이 있을 것이고, 가치에 맞추고 문화에 받아들여지기 위해 더 신경 써야 할 것이다.

　당신에게 이 말들이 어떻게 와닿는가? 당신이 개발 임원, 창업자, CTO라면 깊이 와닿을 것이다. 내가 추구하는 가치와 아주 다른 가치를 가지는 회사에 합류하거나 회사를 설립하게 되면 갈등도 많고 삶이 힘들어질 것이다. 문화적 가치는 최고 임원으로서 당신이 협상과 협업, 다기능 팀의 팀워크를 이끌 때 모두 영향을 준다. 당신이 추구하는 가치와 회사의 가치가 다르다고 해서 성공하지 못한다는 의미는 아니다. 사실 회사 시니어 임원들이 추구하는 모든 가치와 완전하게 동의하기는 너무 어렵다. 가족과 친구들과도 서로 추구하는 가치가 모두 다르기 때문이다. 하지만 당신이 가장 중요하게 생각하는 가치가 회사가 추구하는 가치와 비슷하면 할수록 쉽게 적응할 수 있다.

핵심 가치 적용하기

당신이 창업자든 임원이든 상관없이, 리더라면 문화를 이해하고 만들어 나가야 한다. 다음은 문화를 만들 수 있는 몇 가지 방법이다.

　먼저, 문화를 정의해보자. 회사의 가치를 팀에 연결지어 보자. 특별한 가치를 팀에 추가해보거나 팀에 알맞은 가치로 수정해볼 수 있다. 예를 들어, 렌트더런웨이의 개발 팀에서는 다양성을 명확한 가치로 삼았다. 당신이 면접에서 특정 체크 목록에 부합하는지보다 무엇을 할 수 있고 당신의 잠재력이 무엇인지에 더 관심을 가지겠다는 의미다. 우리는 개발자로서 배우려는 마음가짐이 중요하다고 생각했기 때문에 회사의 가장 근본 가치를 학습 문화에 두었다. 근본 가치라고 설명한 이유는 부서를 구성하는 모든 작은 팀들은 근본 가치를 바탕으로 각자 조금씩 다른 문화를 가질 수 있기 때문이다. 이를테면 어떤 팀은 아주 전문적으로 일하고, 규칙적인 시간에 맞추어 사무실에서 일하고, 매우 엄격한 방식으로 일하는 것을 중요시한다. 다른 팀은 늦은 시간이나 이른 시간에 일을 해도 괜찮고, 격식을 덜 차리며, 동료들과 어울리거나 이야기 나눌 수 있는 문화를 더 선호한다.

둘째, 좋은 방향으로 회사의 가치를 살린 직원들을 보상하여 문화를 더 강화하자. 사람들이 전체 회의에서 핵심 가치에 대해 이야기 나눌 수 있다. 개발 부서 전체 회의를 할 때 이 가치가 얼마나 멋지고 지켜내야 하는 가치인지, 어떻게 끌고 나가야 하는지 서로 크게 이야기 나누도록 한다. 일부 직원들은 이런 연습을 불편해할 수 있다. 나 역시 불편하다. 사람들을 칭찬하거나 나의 기분을 말하는 것이 쑥스러운 나를 마주하자. 함께 일하는 사람들을 챙기고 싶은 나의 마음을 마주하자. 억지로 이야기하지 않아도 되고 꾸며내지 않아도 된다. 우리는 함께 이야기를 나누며 하나가 된다.

성과 평가를 통해 팀원이 추구하는 가치와 회사가 추구하는 가치가 얼마나 일치하는지 평가할 수 있다. 어떤 가치가 성과 평가 절차에서 고려되어야 하는지도 알 수 있다. 직원들이 언제 어떻게 팀의 핵심 가치를 드러내는지 모두가 알도록 이야기해보자. 이렇게 하면 핵심 가치를 드러내는 직원들의 행동이 긍정적인 방향으로 강화된다. 그리고 팀에서 누가 모든 가치를 따르는지 대부분의 가치를 따르는지 아예 따르지 않는지도 알 수 있다.

회사나 팀이 추구하는 가치와 잘 맞지 않는 사람을 알아볼 수 있어야 한다. 회사는 '소매를 걷어붙이고 참여하라'라는 가치를 추구하는데, 다른 사람에게 일을 떠넘기는 직원은 회사의 가치를 진정으로 따르지 않는 사람이다. 당신이 '행복과 긍정은 선택이다'라는 가치를 추구하는데, 모든 아이디어에 대해 콧방귀를 뀌거나 비난하는 직원은 적응하기 힘들다. '행복과 긍정은 선택이다'라는 가치는 실제 렌트더런웨이의 핵심 가치였다. 내가 행복한 사내 문화를 경험해보았다고 말하지는 않겠다. 사실 나는 전문성을 중요시하고 비판이 일반적인 분위기의 회사 문화를 경험했다. 하지만 어떻게 상황을 긍정적으로 바라볼 수 있는지에 대해 배웠다. 이 의미는 비판적 시각을 잃었다는 의미가 아니다. 이렇게 바라볼 수 있는 법을 완전하게 내 것으로 만들기는 너무 어려웠지만, 장애물이 되지는 않았다. 직원들을 코칭할 때 핵심 가치를 기준으로 삼으면 어떤 부분이 문제가 되는지 명확하게 전달할 수 있다.

마지막으로, 면접을 진행할 때 가치를 활용하자. 면접자가 팀이 추구하는 가치를 생각해볼 수 있도록 하고, 면접자가 이 가치에 부합하는지 충돌할지 면접에서 명확히 살펴보자. 대개 면접을 통해 문화가 잘 맞는지 보기 위해 "이 사람과 비행기에 함께 갇혀 있어도 괜찮겠는가"와 같은 질문을 하여 '동료애'를 확인한다. 팀에서 함께하고 싶지 않은 사람을 채용하고 싶지 않을 것이다. 하지만 문화적 적합성이란 친구를 채용한다는 의미가 아니다. 회사 밖에서 함께 있고 싶지 않은 사람과 훌륭한 업무 관계를 맺은 적이 있고, 비행기에 함께 갇혀도 좋은 사람과 끔찍한 업무 관계를 가진 적이 있다. 게다가 동료애 테스트로 문화적 적합성을 확인하는 것은 어떤 면에서는 차별이기도 하다. 인간은 학교, 반, 인종, 성별과 같이 비슷한 배경과 경험을 가진 사람들과 우정을 맺는다. 빨리 채용하기 위해 친구가 될 수 있는지 확인하여 채용하는 방법은 유능한 팀이 취할 가치는 아니다.

그렇기 때문에 적합성에 대해 논의할 때 애매하게 생각할 필요가 없다. 구체적으로 생각하자. 팀의 가치는 무엇인가? 어떤 부분에서 가치가 맞고 어떤 부분에서 맞지 않는가? 독립성이라는 가치를 추구하는 매우 똑똑한 개발자는 모든 프로젝트에 모든 직원들이 서로 협력해야 하는 팀 문화에는 맞지 않을 수 있다. 가장 분석적인 주장이 항상 옳다고 생각하는 직원은 분석 능력은 물론 공감과 직관도 중요시하는 회사에 맞지 않을 수 있다. 이 예시들에서 이야기하는 가치는 특정 상황에는 적합하고 다른 상황에는 적합하지 않다. 그렇기 때문에 강력한 척도로 사용될 수 있다. 회사가 추구하는 가치가 무엇인지 이해하고, 팀이 추구하는 가치가 무엇인지 이해하자. 개인이 추구하는 가치가 무엇인지도 생각해보자. 가치를 아직 정리해본 적이 없었다면 명확하게 적어보자. 면접자를 평가할 때, 팀원들을 칭찬할 때, 성과 보고 과정을 알릴 때, 이 목록을 사용해보자.

문화 정책 만들기

문화 정책 문서를 새롭게 만드는 것은 어렵다. 다행히도 커리어 패스, 연봉 체계, 위기관리 등의 정책과 프로세스를 많은 사람이 공개적으로 공유할수록, 어느 정도 참고해볼 수 있기 때문에 문화 정책 문서를 작성하는 게 수월해진다. 하지만 무엇을 작성할지 감을 잡았다고 해서 다른 문서를 똑같이 참고한다고 해서 완성될 수는 없다. 처음으로 경력 경로를 작성하며 아주 어렵게 배운 부분이다. 이번 장의 앞 부분에서 언급했듯이, 체계를 개선할 수 있는 시기가 온다. 보통 일이 실패할 때다. 인사 팀과 개발 팀의 연봉 리뷰를 진행할 때 연봉 협상이 잘 안 풀려서 실패했고, 이때 경력 경로를 만들게 되었다. 우리 회사에는 연봉 체계가 아예 없다는 것을 이때 깨달았다. 체계가 없었기 때문에 대부분의 직원들은 이전 직장에서 받던 연봉을 기준으로 협상하여 연봉을 책정하고 있었다. 게다가 우리 회사는 누구를 채용해야 할지도 파악하기 어려운 상황이었다. '시니어' 개발자만 채용했는가? 그 의미는 무엇일까? 매니저를 채용했는가? 다른 직원도 채용했는가?

인사 팀의 조언을 받아 경력 경로를 만들기 시작했다. 다른 스타트업을 꾸려보았던 친구들에게 물어가며 경력 경로를 만들었다. 한 친구가 경력 경로를 공유해주었다. 엔트리 레벨 개발자부터 임원까지 여덟 단계가 있고, 다음 네 가지 범주로 구분되어 있었다. 개발 능력, 업무 수행, 영향력, 의사소통과 리더십이다.

공유받은 경력 경로에 직급의 명칭을 변경하고 좀 더 자세히 추가했다. 임시로 만든 아주 기본적인 경력 경로였다. 각 직급과 능력마다 해당 직급의 직무를 한두 문장으로 적어보았다. 내 경험에 비추어 추가한 부분이 있음에도 각 범주별 특징은 겨우 4가지 정도로 정리되었다. 가장 정리하기 어려웠던 부분은 초기 직급이었다. 제공할 지침이 거의 없는 가장 기본적인 신입 개발자 직급이었기 때문이다. 나는 팀에 이렇게 정리된 새로운 경력 경로를 제공했다. 심지어 친구가 본인 팀에서 의사소통하기 위해 사용했던 방식을 그대로 따랐다. 팀원들에게 경력 경로란 복지를 공정하게 만들 수 있고 매니저와 본인의 직급과 앞으로의 성장을 위해서 논의를 나눌 수 있는 토대라고 이야기해주었다. 직원들에게 경력 경로는 거창한 게 아니며 직급에 집착할 필요도 없다고 이야기했다. 존 올스포의 블로그 포스팅 '시니어 개발자로 일하는 것(On Being a Senior Engineer)'에 대해 팀과 함께 이야기 나누어 스스로 업무를 진행할 수 있도록 했다.

간단히 이야기하면, 내가 만든 첫 번째 경력 경로는 실패작이었다. 친구 회사에서는 잘 작동했던 경력 경로가 왜 우리 회사에는 적합하지 않았을까? 추측만 할 뿐이지만, 회사 간의 차이가 컸다. 우리 회사는 출신 배경이 다양했다. 대부분의 직원들이 작은 회사와 스타트업 출신이었고, 나처럼 큰 금융 회사에서 일한 사람도 있었다. 그리고 큰 개발 회사에서 일했던 사람도 소수 있었다. 직원들의 배경이 다양하고 그 경험도 다양했기 때문에 서로 통하는 문화적 습관이 없었다. 반면 친구는, 같은 개발 분야 대기업 출신의 사람들을 핵심 인력으로 구성한 팀을 관리했다. 그 팀은 말로 표현하지 않아도 서로를 이해할 수 있는 부분이 훨씬 많았다.

이 이야기를 여러분에게 공유하는 아주 중요한 이유가 있다. 같은 경력 경로를 사용했지만, 친구는 성공하고 나는 실패했다. 이 교훈은 좋은 팀 문화를 만들고 싶어 하는 모든 사람에게 중요하다. 특정 제품을 생산한다거나 특정 분야의 산업 등 회사 간 유사한 점이 많더라도, 어떤 회사에서 잘 운영되던 부분이 다른 회사에서 잘 운영될 것이라는 보장은 없다. 친구와 나는 각자의 경력 경로로 스타트업을 운영하고 있었다. 팀의 규모는 비슷했지만 우리 팀이 성공하기 위해서는 특별히 다른 부분이 필요했다. 우리 팀은 경력 경로에서 더욱 세부적인 사항들을 원했기 때문에 첫 번째 경력 경로는 실패작이었다. 간단하게 만든 경력 경로의 목표는 팀이 승진과 직급에 집착하지 않도록 하는 것이었지만, 세부 사항이 부족했기 때문에 오히려 더 집착하게 만들었다. 세부 사항이 모호했기 때문에, 개발자들은 본인이 더 높은 직급에 있을 자격이 있다고 주장했다. 정말 오래도록 골치아픈 문제였다.

경력 경로 작성하기

조직 경력 경로를 작성할 때 무엇을 중요하게 고려해야 할까? 다음에 그런 사항을 정리했다.

팀의 참여를 요청하라. 더 좋은 경력 경로를 만들기 위해서 나는 접근 방법을 바꾸어야 했다. 맨 먼저, 나 혼자 경력 경로를 만드는 대신에 시니어 매니저와 개발자에게 피드백과 세부 사항 지원을 요청했다. 이해할 수 없는 부분을 확인해 달라고 했다. 개선이 필요한 부분을 다시 쓰고, 추가하고, 수정하고, 세부 사항을 제안해 달라고 부탁했다. 함께 의견을 나누었고, 각자가 가장 중요하게 생각하는 부분은 하위 그룹으로 나누어 작업했다. 예를 들어, 가장 시니어 직원은 각 직원 직급에 필요한 기술과 능력 기대치에 대해 작업했다.

예시를 찾아보라. 둘째, 다른 회사를 다니는 친구들에게 경력 경로 샘플을 받아 세부 사항에 추가할 수 있는 아이디어를 확보했다. 요즘에는 무언가 작성하고 싶을 때 손쉽게 좋은 샘플을 찾아볼 수 있다. 하지만 그 당시에는, 공유받고 싶은 부분을 출력해 달라고 부탁하거나 잘 정리해줄 수 있느냐고 부탁해야 했다. 더 큰 규모의 회사, 특히 기술 명성이 높은 회사에 다니는 친구들이 가장 좋은 샘플을 공유해주었다. 고위 시니어 개발 직급의 직무를 설명하는 것은 어렵다. 대기업의 샘플을 공유 받을 수 있다면 세부적으로 작성하는 데 큰 도움이 된다.

구체적으로 기술하라. 좋은 경력 경로를 작성하고자 할 때 어려운 점은 세부 사항을 상세히 기술해야 하는 부분이다. 영감을 줄 수 있어야 하고 잘 설명되어야 하지만 회사와도 잘 맞아야 한다. 스타트업에서 50명 규모의 개발 부서를 한 명의 디렉터가 관리하는 것은 무리지만, 다국적 대기업에서는 가능한 부분이다. 누군가를 어떤 직급에 채용하거나 승진시켜야 할 때 고려해야 하는 세부 분류에 대해 생각해보고, 경력 경로에 포함시켜보자.

장문의 설명과 요약을 모두 사용하라. 나는 경력 경로를 문서 두 개로 나누었다. 첫 번째 버전은 속기로 적은 스프레드시트 버전이었다. 다양한 직급의 특징을 나란히 볼 수 있고, 직급이 올라가며 특징이 어떻게 바뀌는지 볼 수 있었다. 한 직급에서 다음 직급으로 어떻게 쌓아왔는지 볼 수 있고, 직무가 업무 범위, 업무 능력, 업무 책임의 측면에서 확장되었는지 볼 수 있어 도움이 되었다. 두 번째 버전은 장문의 버전이었다. 장문으로 작성했던 부분은 내게 도움이 많이 되었다. 각 직급에 대해 완전하게 서술할 수 있었다. 직급을 능력과 특징으로만 보여주는 대신 장문으로 경력 경로를 작성하니, 각 직급 직원들이 어떻게 일을 잘했는지 고과 평가를 읽는 것 같았다. 각 직급에서 완전한 역할을 하기 위해 어떻게 능력을 발휘해야 하는지 볼 수 있었다. 경력 경로에는 직급이 몇 개 있는가? 여기에 답하기 위해 다음 두 가지 질문에 먼저 답해야 한다. 사람들은 어떻게 월급을 받고 있는가? 성과를 어떻게 파악하는가?

경력 경로가 급여와 어떻게 관련이 있는지 고려하라. 인사 팀은 급여 기대치를 설정할 때 경력 경로를 사용하고 싶어 할 것이다. 일반적으로 각 직급에는 급여 밴드가 있거나 각 직급의 사람이 받을 수 있는 최저 급여, 최고 급여의 범위가 정해져 있다. 직급이 많지 않다면 아주 광범위한 급여 밴드를 갖추어야 한다. 직급이 비슷한 두 직원의 성과가 크게 차이날 수 있고, 개발자는 급여 인상을 더 자주 기대하는 경향이 있기 때문이다. 개발을 시작한 지 얼마 안 된 개발자의 경우 더욱더 그렇다.

조기 승진 기회를 많이 제공하라. 일부 사람들은 개발을 막 시작한 개발자들이 빠른 승진과 급여 인상을 기대하므로 경력 경로 초기 단계에 여러 직급을 배치시키라고 조언한다. 커리어 처음 2년에서 3년동안은 매년 누군가를 승진시키고 싶을 것이다. 그렇다면 소프트웨어 개발자 역할을 포괄하는 여러 직급을 만들고 각 직급에 상대적으로 좁은 급여 밴드를 정해둬라.

초기 경력 단계에는 좁은 급여 밴드를 사용하라. 직급이 많고 급여 밴드가 좁다는 의미는 직원들을 빨리 승진시킬 수 있고 급여 인상을 정당화할 수 있으며 모든 직원들을 특정 직급 위주로 유지할 수 있다는 것을 의미한다. 급여 지급을 공정하게 하기 위한 방법을 고민하고 있고, 동일한 직급의 남자가 여자보다 더 많은 급여를 받는다는 편견을 피하기 위해서라면 좋은 방법이다. 하지만 작게 나뉜 직급들을 쉽게 구분하기 위해 세부 사항을 설정하는 일은 아주 어렵다.

직급이 많지 않을 때는 광범위한 급여 밴드를 사용하라. 직급이 많지 않고 급여 밴드가 광범위하면 각 직급에 필요한 능력을 구분하고 어떤 사람이 각 직급에 포함되는지 보기 쉽게 만들어야 한다. 직급 간 간격이 크다면, 급여 밴드가 광범위하고 각 직급 간 급여 밴드가 오버랩되기를 원한다. 소프트웨어 개발자의 급여 밴드는 5만 달러에서 10만 달러 정도이고, 시니어 소프트웨어 개발자 급여 밴드는 8만 달러에서 15만 달러 정도다. 두 급여 밴드에 겹치는 부분이 있다는 의미는 능력 있는 소프트웨어 개발자가 시니어 개발자보다 급여를 더 받을 수 있다는 것을 의미한다. 현재 직급에서 성과를 잘 내고 있지만 다음 직급에서 필요한 책임을 더 맡기에는 실력이 조금 부족한 인재를 유지하기 위해 자유재량권이 필요하다. 직급 구간의 경계에 있어서 빨리 승진되리라 기대하는 직원들을 채용하기 위해서도 자유재량권을 사용한다는 사실을 깨달을 것이다.

브레이크 포인트 직급을 고려하라. 회사에서 특정 직급이 되면 '승진하거나 떠나거나' 중 하나를 고려하는 것이 흔하다. 승진하지 못하면 회사에 남기에 성숙하지 않고 독립적이지 못하다고 비추어지는 직급이다. 브레이크 포인트 직급은 경력 경로에 암시적 혹은 명시적으로 적용될 수 있다. 당신의 회사에서 충분한 성과를 내면서도 승진없이 같은 직급에 계속 머무를 수 있는 가장 낮은 직급은 무엇인가? 이 직급이 바로 브레이크 포인트 직급이다. 많은 회사에서 브레이크 포인트 직급은 시니어 개발자 근처다. 지금까지 함께 해온 믿을 수 있는 직원이 스스로 승진하지 않고 이 직급에 영원히 머무르고 싶어 할 수 있다. 승진없이 영원히 머물러도 괜찮은 직급이라고 명확히 알려도 좋다. 이 지점을 그 이상 올라가기 힘든 직급으로 만들고 싶을 것이다. 대부분의 사람들이 이 직급 주변으로 모이고 그 위아래로는 사람들이 많지 않을 것이다.

성취를 알아주자. 일부 회사는 직급을 비밀로 유지하려 하지만 그렇게 하기는 거의 불가능하다. 직원들은 직급에 대해 이야기를 나눌 것이다. 다른 직급은 비밀로 유지하고 특정 직급을 강조하는 방법을 사용할 수도 있다. 일부 인사 팀은 직급을 비밀로 유지하기 위해 경력 경로와는 상관 없는 급여 레벨 번호를 가지고 있다. 이렇게 하자는 것은 아니다. 하지만 적어도 몇몇 핵심 직급은 공개하여 승진 시 축하받을 수 있도록 하기를 권장한다. 수석 개발자, 스태프 개발자의 승진처럼 시니어 개발자로 승진한다는 건 대단한 일이다. 관리 트랙에서 디렉터로 승진하는 것은 부사장으로 승진하는 것처럼 기념할 만하다. 적당한 간격의 핵심 직급을 갖추고 있으면, 직원들은 다음 급여 인상 이상으로 큰 성취감을 느낄 수 있고, 더 넓은 커리어적 관점에서 이 직급이 중요하다고 느낀다.

관리 트랙과 기술 트랙을 나누어라. 오늘날과 같은 시대에는 매니저와 개발자를 위한 트랙이 나뉘어야 한다. 모두가 매니저 역할에 적합하지는 않기 때문에, 매니저가 되는 길 외에도 승진할 수 있는 길이 있었으면 할 것이다. 매니저 직급과 개발자 직급을 지정하는 회사에서는 일반적으로 시니어 개발자 이상부터 나눈다. 그러나 시니어 개발자의 수와 시니어 매니저의 수가 같기를 기대하지 마라. 일반적으로 팀 규모에 따라 시니어 매니저가 필요하다. 팀원들을 관리하기 위해 충분히 많은 매니저가 필요할 것이다. 팀과 제품에 요구되는 복잡성과 기술 리더십에 따라 시니어 개발자가 필요하다. 시니어 개발자의 수가 적은 대규모 팀이 있을 수 있고, 시니어 개발자 수가 많고 매니저 수가 적은 소규모 팀을 있을 수 있다. 오히려 시니어 개발자의 수와 시니어 매니저의 수가 같은 경우는 드물다.

인력 관리 기술을 중간 매니저가 갖추어야 하는 요건으로 만들어라. 모든 직원이 트랙이 나뉘는 직급 이상으로 승진하기 전에 인력 관리나 멘토링을 경험해볼 수 있도록 권장하라. 대부분의 회사는, 사람을 관리하든 소프트웨어를 설계하든, 직원들이 리더십을 보여주기 시작할 때 트랙을 나누어야 한다. 소프트웨어를 설계할 때도 다른 사람들과 함께 일하고, 그들이 필요로 하는 부분을 고민해야 한다. 훌륭한 시니어 개발자는 프로젝트를 어떻게 관리하고 더 많은 주니어 팀원을 어떻게 멘토링해야 하는지 알고 있다. 시니어 개발자 직급으로 승진하려면 리더십 역할(보통 테크리드 역할)을 꼭 경험해보도록 요건으로 만들어야 한다.

다년간의 경력을 확인하라. 누구나 사람들 앞에 인위적인 장벽을 치고 싶어 하지 않는다. 특정 직급이 되기 위해 다년간의 경력을 요구하는 것은 인위적인 장벽을 느끼게 만든다. 그렇기는 하지만 이 문제는 현명하게 대처해야 한다. 나는 경력 경로에서 직원이 얼마나 성숙한지에 따라 핵심 직급을 구분한다. 성숙도는 업계에서 수년간 경험한 정도에 비례하는 경향이 있다. 예를 들면, 스태프 개발자는 대규모 프로젝트를 이끌기 위해 인간적으로 성숙한 사람 이어야 한다. 나는 성숙도가 스태프 개발자의 핵심 역량이라고 생각한다. 훌륭한 프로그래머만으로는 훌륭한 스태프 개발자가 되기에 충분하지 않다. 스태프 개발자가 되기 위해서는 장기간 프로젝트를 진행하여 완료하고 지원했다는 기록을 보여주어야 한다. 각 직급에 수년간의 경력이 필요하다고 엄격한 요구사항을 추가할 필요는 없지만, 처음으로 경력 경로를 만들어 직급을 넣을 때는 특히 경험에 근거할 수 있도록 하자.

시간이 지나면서 변화하는 것을 두려워하지 마라. 경력 경로를 이렇게 작성할 때에는 회사가 성장함에 따라 함께 개선될 수 있는 살아 있는 문서를 만들어야 한다. 몇 가지 세부 사항을 빠뜨리기 쉽상이다. 내가 만든 경력 경로는 인프라 개발에 초점이 맞추어져 있어서 프론트엔드 개발자가 이해하기는 어려웠을 것이다. 인프라 개발 세계에서 시니어 퍼포머가 된다는 것이 무엇을 의미하는지 잘 설명하기 위해 수정해야 했다.

좋은 경력 경로는 승진 프로세스에서는 물론 채용할 때나 성과를 평가할 때 사용되는 중요한 요소다. 경력 경로를 작성할 기회가 있다면, 그 작성 과정에 팀을 참여시키는 것을 두려워 말라. 가장 좋은 프로세스와 가장 좋은 문서는 지금 당신이 품은 선입견만 반영하는 것이 아니라 팀 전체를 반영한 문서다. 중소기업에서 경력 경로를 세우면 가장 좋은 점 중 하나는 많은 직원들을 사내 정치 없이 업무에 참여시킬 수 있다는 점이다.

다기능 팀의 장점

누구와 함께 일하는가? 누구에게 보고하는가? 누구와 협업을 하는가? 아주 작은 기업과 큰 기업 모두 답은 모두 명확하다. 작은 기업의 답은 '모두'이고, 큰 기업의 답은 '합류하기 전부터 꽤 명확한 체계가 있었다'이다. 성장하는 회사의 리더로서, 팀을 위해서 적어도 한 번, 아마도 여러 번 이런 질문에 답할 수 있어야 한다. 정답은 무엇일까?

렌트더런웨이에서 일할 때 가장 좋았던 경험을 소개하겠다. 제품 개발 조직이 발전한 경우다. 내가 합류했을 때, 개발 팀은 대략 두 그룹으로 나뉘어 있었다. 하나는 스토어프론트(storefront) 팀(고객이 방문하는 웹사이트의 모든 개발을 담당)이고, 다른 하나는 웨어하우스(warehouse) 팀(창고 운영 소프트웨어를 지원)이었다.

하나의 거대한 PHP 모노리스 코드에서 마이크로서비스 구조의 자바와 루비 코드로 재작업해서 스토어프론트 팀을 프론트엔드와 백엔드 팀으로 빠르게 발전시켰다.

나는 첫해가 끝나갈 무렵, 실험을 진행했다. 고객을 위해 고객 포토리뷰 기반 기능이 포함된 신제품을 출시했다. 고객이 본인에게 잘 맞는 원피스를 찾기 어려웠기 때문에, 다른 고객이 원피스를 입고 업로드한 사진을 사이즈, 키, 체중, 체형 등 고객 정보와 함께 보여주고 싶었다. 이 기능을 구현하기 위해서 다기능 팀을 구성했다. 프론트엔드 UX 개발에 전문성이 있는 개발자와 백엔드 서비스에 전문성이 있는 개발자가 포함되었다. 제품 매니저, 디자이너, 데이터 분석가, 고객 서비스 팀의 대표도 포함되었다. 기능을 설계하여 고객에게 전달하기 위해 다기능 팀은 하나의 팀으로 일했다.

이 프로젝트는 대성공이었다. 우리가 상당히 빠른 시간 안에 좋은 기능을 제공했고, 팀원들은 프로젝트 목표를 잘 이해하고 있었고, 다기능 팀이었기 때문에 더 좋은 성과를 낼 수 있었다. 이 프로젝트가 시작되기 전에 우리는 '우리 대 그들'이라는 적대적 패턴에 깊이 빠져 있었다. 개발, 제품, 분석, 마케팅 등 자신이 속한 특정 비즈니스 기능은 '우리'였고, 조직의 나머지 부분은 '그들'이었다. 협업 팀을 만든 덕분에 팀원들은 다기능 팀원 전체를 우리로 볼 수 있었다. 조직의 건강도 측면에서는 명백한 성공이었다. 그래서 모든 제품 개발이 이번처럼 다기능 팀에 의해 이루어질 수 있도록 조직 전체를 개선했다. 다기능 팀을 부르고 싶은 대로 부르자. 떼거리나 분대, 집단 등등 어떻게 불러도 좋다. 다기능 제품 개발 그룹은 좋은 이유로 인기 있는 체계다. 성공적인 프로젝트를 위해 필요한 모든 직원을 한 팀으로 묶으면, 프로젝트에 집중할 수 있도록 팀원들을 가까이서 도울 수 있고, 그룹 전체 소통을 더욱 효과적으로 진행할 수 있다.

이런 체계를 논의할 때 종종 멜빈 콘웨이의 법칙(Conway's Law)[3]이 인용되었다. "시스템을 설계하는 조직은 (중략) 이러한 조직의 소통 체계를 복사하여 설계할 수밖에 없다."

3　역자주_ 멜빈 콘웨이의 법칙 : 1968년 컴퓨터 프로그래머 멜빈 콘웨이가 소프트웨어 시스템 구조는 개발 조직의 커뮤니케이션 구조를 닮는다는 내용의 논문을 발표했다. 시스템이 제대로 작동하려면 조직 구성원이 서로 자주 대화하며 개발을 진행해야 한다는 의미이다.

다기능 팀을 구성할 때 가장 중요한 의사소통(무엇보다도 우리가 선호하는 의사소통)은 효과적으로 제품을 개발할 수 있고 앞으로도 계속해서 효과적으로 개발할 수 있도록 하는 의사소통이다. 하지만 이 체계가 가장 효율적인 기술을 만들어내는 것은 아니다! 사실 개발 중심의 팀 체계를 갖춘 회사와 비교할 때 약간 비효율적인 시스템을 만들어낼 수도 있다. 그래서 이 체계를 채택해야 한다면, 가장 효과적으로 제품을 생산하기 위해 어디까지 시스템 설계의 흠결을 감수할지 결정해야 한다.

다기능 팀을 조직하기

이런 다기능 팀 조직은 어떻게 작동하는 것일까? 긴장을 일으키곤 하는 것 중 하나는 누가 누구를 관리하는가이다. 이 팀 조직으로 옮겼을 때, 관리 체계는 바꾸지 않았다. 개발자는 개발 매니저가 관리했고 보고는 내게 했다. 제품 매니저는 제품 헤드에게 보고했다. 하지만 누가 무엇을 하고 무엇이 완료되었는지는 팀에서 자체적으로 확인한다. 이 의미는 기술 지침과 감독은 여전히 개발 매니저가 진행하지만, 업무 일과는 팀 로드맵에 따라 결정된다는 의미다.

물론, 각각의 기능 조직에는 각각의 중점 업무가 있다. 일반적으로 개발 조직 내 누군가는 중요한 핵심 시스템을 관리해야 하고, 핵심 웹 플랫폼, 모바일, 데이터 엔지니어링과 같은 분야의 전문가도 필요할 것이다. 나는 제품 개발에 참여하지 않는 작은 인프라 조직에서 이 기능을 유지했다. 전담 인프라 그룹이 있더라도, 제품 개발 다기능 팀에 소속된 개발자는 여전히 비상 대기, 면접, 엔지니어링(기술 부채) 유지와 같은 특정 개발 관련 업무를 책임져야 한다. 내 경험과 개발 관리를 담당했던 동료의 경험에 비추어볼 때, 이런 업무는 전체 개발 시간의 20퍼센트를 확보하여 진행하기를 권장한다.

작은 스타트업에서는 다기능 팀 구조가 특별한 건 아니다. 많은 대기업도 이런 방향으로 팀 구조를 꾸린다. 예를 들어 은행에는 사업의 특정 분야를 담당하는 개발 팀이 있는 경우가 많다. 개발자가 관리 체계를 세우지만, 사업 부서와 관련 개발 팀의 요구에 맞게 로드맵과 업무 일과가 공동으로 결정된다. 보통 중앙 인프라 팀이 대규모 프레임워크는 물론 사내 많은 팀이 사용하게 될 시스템과 기술을 지원한다. 비즈니스 전문가가 아닌 개발자 출신 제품 매니저 혹은 비즈니스 매니저가 '비즈니스 팀'을 이끄는 경우가 많지만, 많은 기술 회사도 이런 방향으로 체계화되어 있다.

다기능 팀 구조는 미묘한 영향을 미친다. 다기능 팀에 있는 팀원들의 가치는 바뀌기 시작한다. 개발자가 특히나 같은 '유형'의 개발자들하고만 작업하는 기술 중심 체계에서는, 기술 우수성의 척도가 최고의 개발자가 되는 것으로 맞추어진다. 복잡한 시스템을 설계하고 최신 iOS 세부 사항을 알고 있는 사람이 팀의 리더이고 롤 모델이 된다. 제품 중심 체계에서는 다른 리더십이 요구된다. 이제는 제품 센스가 뛰어난 개발자, 기능을 효율적으로 빨리 적용할 수 있는 개발자, 다른 업무를 하는 직원들과 의사소통을 제일 잘하는 개발자가 팀의 리더가 될 것이다.

가치 판단을 하자는 것은 아니지만, 제품과 사업이 집중하는 부분 대 기술이 집중하는 부분을 잘 이해하고 적절하게 잘 적용해야 한다. 회사나 조직의 성공을 위해 진정으로 중요한 것은 무엇인가? 여러 사업 분야가 합쳐진 기능의 제품 발전이 가장 중요하다면, 그러한 사업 감각이 살아 있는 리더를 원할 것이다. 반면, 기술이 견고해야 하거나 아주 혁신적이고 최첨단이어야 하는 분야에서, 복잡한 시스템을 설계할 수 있는 리더가 이끄는, 좀 더 개발 중심적인 팀을 원할 것이다. 어느 한 방향으로만 갈 필요는 없지만, 이 중 한 가지 방법이 회사 전체를 이끌 것이라는 것을 알아야 한다. 특히 시니어 매니저라면 회사가 가장 가치를 두는 부분에 당신의 능력을 집중시키고 다른 부분은 다른 사람을 채용하라.

개발 프로세스 적용하기

몇 년 동안 다양한 개발 프로세스를 다루어보았다. 체크인하기 전에 유닛 테스트를 해야 하는 코드 기반에서 처음 일했던 때가 생각난다. 체크인 전에 부지런히 유닛 테스트를 했는데, 누군가가 테스트를 하지 않고 체크인해서 빌드 에러가 날 때마다 너무 화가 났다. 처음으로 내가 싫어하던 개발 프로세스로 일해야 했던 때도 생각난다. 코드 리뷰, 티켓팅, 트래킹을 수년 동안 하지 않았었는데, 갑자기 상위 부서에서 표준 소프트웨어 개발 수명주기를 관리하기 위해 이 모든 프로세스를 한 번에 적용해야 한다고 했다. 이 결정은 너무 부담스러웠고 불필요하다고 느껴졌다. 아무도 왜 이렇게 해야 하는지 설명해주지 않았다.

조직 구조를 만들때 개발 프로세스 적용이 성패를 좌우한다. 잘못된 개발 프로세스로 인한 불안과 좌절에 비하면, 경력 경로, 가치, 팀 구조를 만드는 것은 쉽다고 할 수 있다. 개발 프로세스 없이는 팀이 성장할 수 없으며 잘못된 프로세스는 팀의 생산성을 저하시킨다. 적절한 소프트웨어 개발 및 운영 가이드라인을 제공하기 위해서는 현재 팀의 규모와 개발 프로세스 적용에 따른 위험 사이에서 균형을 맞춰야 한다.

한 번에 여러 프로세스를 도입해도 될까요?

저는 작지만 빠르게 성장하고 있는 스타트업의 개발 책임자입니다. 저희는 프로세스라고 할 게 별로 없어요. 코드 리뷰는 따로 안 하고, 업무관리에는 트렐로(Trello)를 사용하지만 모든 업무를 반영하고 있지는 않습니다. 그리고 현재 프로젝트를 진행하는 사람이 제 결제를 통해 아키텍처를 결정하고 있습니다.

최근에 일부 개발자들이 저한테 불평을 했습니다. 새로 합류한 직원들이 기존 시스템에 잘못된 코드를 추가하고 있다고요. 직원들은 앞으로의 모든 변경 사항에 대해 코드 리뷰 프로세스를 도입하기를 원했습니다. 또한, 모든 코드는 루비로 작성되어 있었는데, 누군가 새 시스템을 스칼라(Scala)로 작업하고 있는 것을 최근에야 발견했습니다. 팀에서 스칼라를 알고 있는 사람은 그 개발자뿐이고, 계속 지원을 하자니 걱정 되는데 이미 시스템이 많이 완성된 상태라 개발을 그만두라고 할 수도 없습니다.

어떻게 해야 할까요? 프로세스가 전혀 없는 상태에서, 한 번에 여러 프로세스를 도입한다는 게 걱정되지만, 무언가 변화가 필요합니다.

위험 관리 차원에서 프로세스를 생각해봅시다. 팀과 시스템이 성장하면 개발자 한 명이 머릿속에 전체 시스템을 담고 있기는 불가능에 가깝습니다. 많은 사람들이 서로 업무를 조정하기 때문에, 위험한 부분을 명확히 파악하기 위해 협업 프로세스를 발전시켜야 합니다.

　개발 프로세스를 어떤 일이 얼마나 어려운지 아니면 얼마나 드물게 일어나는지 나타내는 방법으로서 생각해볼 수 있습니다. 복잡한 프로세스는 당신이 생각하기에 드문 작업에서만 존재하거나 직원들이 명확하게 위험을 인지할 수 없는 업무에서만 존재합니다. 여기서 '복잡함'은 긴 프로세스만 의미하는 것은 아닙니다. 때로는 아주 바쁜 사람이나 미팅 중인 사람, 너무 높은 기준을 가진 사람에게 결재를 받아야 하는 것도 '복잡성'에 들어가기 때문입니다.

여기에는 두 가지 중요한 함의가 있습니다. 첫 번째, 직원들이 빨리 대응하기를 바라는 업무와 변경에 따른 위험이 적다고 생각되는 업무나 전체 팀이 명확하게 인지하는 위험이 있는 업무에 복잡한 프로세스를 적용하면 안 된다는 의미입니다. 모든 변경 사항을 코드 리뷰하고 싶겠지만, 코드 리뷰가 부담스러운 과정이 되어 작은 변경 사항에도 팀을 굉장히 느리게 만들어서는 안 되겠죠. 전체 그룹의 생산성에 영향을 미치기 때문입니다. 두 번째, 숨어 있는 위험을 찾아 공개해야 합니다. 정치에는 이런 말이 있습니다. "좋은 정치적 생각이란 섣부른 형태로 잘 동작하는 것이다." 이 말은 개발 프로세스에도 동일하게 적용됩니다. 프로세스는 완벽하게 동작하지 않아도 가치가 있어야 합니다. 그 가치는 대체로 변경 사항과 위험을 전체 팀에 공유하는 행위에서 발생해야 합니다.

의사결정을 객관적으로 하는 법

팀이 성장함에 따라 세 가지 주요 프로세스를 추가해야 한다. 기술적 세부 사항뿐 아니라 행동 기대치를 설정해둘 때 세 가지 프로세스가 모두 가장 잘 동작한다.

코드 리뷰

코드 리뷰는 좋든 나쁘든 최신 표준이다. 특정 인원으로 특정 크기의 팀이 꾸려지면, 코드 리뷰는 코드 안정성과 장기적인 코드 품질을 보장하는 유용한 도구가 된다. 하지만 업무를 완수하기 위해서는 프로세스가 간단하고 효율적이기를 바랄 것이다. 게다가 어떤 개발자는 코드 리뷰 과정에서 무례하게 행동하곤 한다 동료를 비판하거나 비현실적인 기준을 적용하려고 코드 리뷰를 한다. 코드 리뷰를 원활하게 진행하는 좋은 예시를 몇 가지 소개한다.

코드 리뷰 기대치를 명확하게 잡자. 대부분의 코드 리뷰는 버그를 잡지 못한다. 버그는 테스트로 잡는 것이다. 하지만 예외가 있다. 코드 리뷰를 통해 누락된 코드 주석이나 문서 업데이트를 확인하거나, 빠져 있는 기능을 확인할 수 있다. 가끔은 코드 리뷰어가 부적절한 테스트 방법을 지적해줄 수도 있다. 코드 리뷰는 크게 보면 공유 활동이고, 여러 팀의 팀원들은 변경된 코드가 있다는 사실을 알 수 있다.

스타일 문제는 린터(linter)를 사용하라. 스타일 특히 코드 포맷에 대한 질문으로 터무니없는 시간을 낭비할 수 있다. 이는 코드 리뷰에서 논할 문제가 아니다. 린터는 스타일을 결정하고 서식을 자동으로 잡아준다. 린터에 스타일을 적용하라. 코드 리뷰 때 스타일 이야기를 하게 되면, 비생산적인 사소한 말다툼과 비판이 발생하고, 최악의 경우에는 괴롭힘으로 이어진다.

리뷰 백로그를 주목하라. 어떤 회사는 한 사람에게 할당할 수 있는 미해결 리뷰 요청 개수를 제한한다. 한 직원이 너무 많은 요청을 처리하는 경우, 그 직원이 리뷰 요청을 받을 수 없도록 막는다. 이 요청들을 시스템을 통해 어떻게 처리할지, 어떻게 모두가 적당한 시간 동안 코드를 작성할 수 있을지 생각해보자.

장애 사후 분석(Postmortem)

장애 관리의 세세한 부분까지는 설명하지 않겠지만, '사후 분석' 과정은 좋은 개발을 위한 필수 요소다. 사실 최근에는 많은 사람들이 사후분석 대신에 '학습 검토(learning review)'라고 부르기 시작했다. 사후 분석을 하는 목적이 장애의 원인을 찾아 내기 위해서가 아니라 장애를 통해 배우기 위해서이기 때문이다. 이에 관한 많은 글이 있지만, 규모가 작은 팀에 중요한 부분 몇 가지만 강조해보겠다.

비난하거나 지적하고 싶은 충동을 억제하라. 모두에게 스트레스였던 장애가 처리되면, 왜 행동의 결과를 예측하지 못했는지 직원들에게 따지고 싶고 손가락질하고 싶은 충동이 엄청나게 일어난다. 직원들은 왜 그 장비에서 명령을 실행시켰을까? 왜 테스트를 하지 않았을까? 왜 경고를 무시했을까? 안타깝게도 이런 비난은 직원들이 실수를 두려워하게 만들 뿐이다.

사건의 상황을 살펴보고 맥락을 이해하라. 장애가 발생한 요인을 찾고 이해하고 싶을 것이다. 문제를 사전에 감지할 수 있었던 테스트나 장애 관리를 더 원활하게 진행할 수 있는 도구도 찾고 싶을 것이다. 장애요인 목록을 잘 정리해두면, 개선을 위한 패턴이나 개선이 필요한 부분을 알 수 있고 학습 검토에서 진짜 학습이 일어난다.

중요하게 가져가야 할 것과 그렇지 않은 것에 대해 현실적으로 접근하라. 팀원들의 업무 과정에서 발견된 모든 문제를 해결해야 한다는 인상을 주지 않도록 하라.

수많은 학습 검토는 길고 긴 긴 '개선 목록'을 정리하고서야 끝나지만 모든 것을 해낼 수는 없을 것이다. 사실, 모든 것을 다하려고 한다면 아무것도 끝내지 못할 것이다. 정말 위험한 문제와 향후에 상당히 문제가 될 수 있는 두 가지만 선택하라. 그리고 나머지는 내려놓아야 한다.

아키텍처 검토

팀이 만들고자 하는 모든 주요 시스템과 도구의 변화를 아키텍처 검토에 포함시킬 것이다. 아키텍처 검토의 목표는 팀이 겪게 될 변화를 공유하고 변화에 따르는 위험을 명확히 하기 위해서다. 미리 다음과 같은 질문을 공유하고, 참석자에게 답변을 준비해 오라고 요청할 수 있다.

- 얼마나 많은 팀원들이 새 시스템을 사용하고 새 언어로 작성하는 것을 편하게 느끼는가?
- 변화에 대한 적절한 프로덕션 표준이 있는가?
- 변화를 확산하기 위한 프로세스는 무엇이고 팀원들은 어떤 교육을 받아야 하는가?
- 이를 사용하기 위해 운영 시 추가로 고려할 사항이 있는가?

다음은 몇 가지 가이드라인이다.

아키텍처 검토가 필요한 변경 사항의 종류를 명시해둔다. 대개 아키텍처 검토에는 새로운 언어, 프레임워크, 스토리지 시스템과 개발 도구가 포함된다. 사람들은 종종 신규 기능을 부실하게 설계하지 않도록 아키텍처 검토를 한다. 하지만 작은 회사에서 신규 기능 설계의 오류를 초기 단계에서 발견하는 것은 쉽지 않으며 규모가 큰 회사에서도 마찬가지다. 또한, 아키텍처 검토로 인해 업무 속도도 많이 느려진다. 앞서 지적한 것처럼 기능 설계와 같은 일반적인 업무에 무거운 프로세스를 적용하고 싶지 않을 것이다.

아키텍처 검토의 가치는 검토 준비 과정에 있다. 팀원들에게 시스템의 큰 변경 사항이나 추가 사항에 대한 검토를 요청하면 변화가 필요한 이유에 대해 생각하게 될 것이다. 다시 강조하지만, 이런 과정을 통해 팀원들이 생각지 못한 위험을 인식하도록 하는 것이 중요하다. 우선 변경이 필요한 이유를 팀원들이 먼저 설명하게 해도 좋고 그렇지 않아도 괜찮다. 팀원들이 변경에 대한 요구사항을 정하는 데 참여하려 하고, 또 그럴 수 있다면, 변경이 필요한 이유는 명백히 드러난다.

검토 위원회를 현명하게 선택하라. 늘 선정되는 구루 그룹이 아닌 변경으로 인해에 가장 영향을 받는 사람들이 검토 위원회에 포함되는 것이 좋다. 모든 기술적 결정이 이루어지는 책임이 막중한 자리에서 당신이 빠지는 것도 목표 중 하나다. 또 다른 목표는 결정에 따른 결과를 처리해야 하는 사람들을 위원회에 포함하는 것이다. 가능한 많은 팀원들이 결정에 참여하고 그들이 결정된 것을 수용하도록 하는 것이 좋다. 회사 전체를 고려할 필요는 없다. 결정을 내리는 위원회는 가장 많은 영향을 받는 사람들로 구성되는 것이 좋다. 전혀 무관한 사람들이 프로젝트를 거부하는 것만큼 팀원들의 사기를 떨어뜨리는 일은 없다.

자신의 경험 **평가하기**

이 장에서 설명한 내용을 바탕으로 조직 문화 만들기에 유용한 질문을 정리했다. 자세히 답을 달아보자.

☐ 어떤 정책이 있는가? 무엇을 실천하는가? 정책을 문서화해두었는 가? 가장 최근에 다시 검토하는 것이 언제였는가?

☐ 회사 가치를 가지고 있는가? 회사 가치는 무엇인가? 팀에서 회사 가치를 어떻게 인식하는가?

☐ 경력 경로 제도가 있는가? 경력 경로가 현재의 팀을 정확하게 반영 한다고 느끼는가? 향후에 꾸리고 싶은 팀을 반영하는가? 그렇지 않 다면 어떻게 개선해야 할까?

☐ 팀과 관련된 가장 걱정스러운 위험 요소는 무엇인가? 회사에 관련 된 것은 어떤가? 불필요한 프로세스와 관료주의로 인한 부담을 주 지 않으면서 그 위험을 어떻게 완화할 수 있는가?

뉴비 프로젝트 매니저를 위한 이야기 한 조각

배상언

프로젝트를 효율적으로 잘 관리한다는 것은 험하고 먼 길을 걷는 것과 같습니다. 목적지에 가는 길이 여러 개가 있듯이 프로젝트 또한 다양한 방식으로 관리될 수 있습니다. 상황에 따라서는 효율성을 평가하는 기준도 달라질 수 있습니다. 예를 들어, 여러 팀이 공동 개발하는 프로젝트일 경우 팀들 간에 개발 진척 상황을 빠르고 명확하게 공유하는 것이 프로젝트 효율성에 중요한 역할을 할 수 있는 반면, 서비스 운영 프로젝트일 경우라면 해야 할 일의 우선순위를 확정하는 과정이 효율성에 중요한 역할을 할 수 있습니다.

다시 말해서 특정한 프로젝트 관리 방법이 모든 프로젝트에 효율적이라고 말할 수 없습니다. 프로젝트를 효율적으로 관리하기 위해서는 내가 속해 있는 환경과 프로젝트의 성격을 잘 이해하고, 그 속에서 가장 효율성을 높일 수 있는 프로세스를 만들어야 합니다. 그렇다고 해서 여지껏 본 적 없는 독창적인 프로세스를 만드는 것은 추천하지 않습니다. 관리 방법의 발전은 기술의 발전에 비해 비교할 수 없을 정도로 느립니다. 효율성을 높일 수 있도록 프로세스를 만든다는 것은 보편적으로 통용되는 관리 방법을 토대로 상황에 맞게 약간 변화를 주는 정도로 이해하면 좋을 것 같습니다.

프로젝트 관리를 험하고 먼 길을 걷는 것이라고 말한 이유는, 프로젝트란 사람들이 모여서 산출물을 만드는 과정이며 사람과의 관계에서 발생하는 문제 해결과, 끝없이 변하는 상황에 적합한 프로세스를 만들어가는 과정이기 때문입니다. 처음부터 프로젝트 관리를 잘하기 위한 정답을 찾기보단 최선의 선택을 위해 많은 경험을 쌓는 것이 더 중요하다고 말하고 싶습니다. 경험이 쌓이다 보면 언젠가는 최선의 선택이 그 상황에 꼭 맞는 정답이 될 수 있습니다.

지금부터 제가 중요하게 생각하는 프로젝트 관리 항목 중 하나를 설명하고 어떤 식으로 사용될 수 있는지 사례를 들어 설명하겠습니다. 바로 '공유의 힘'입니다. 성숙되지 않은 조직에서는 정보가 공유되지 않는 경우를 흔하게 볼 수 있습니다. 이런 조직에서는 다들 자기만의 노하우라 여기는 것들을 숨기고 그것이 자신의 가치로 평가되길 원합니다. 작업의 진척 상황을 알려주지 않는 경우도 있습니다. 계획된 작업이 완료되었다 하더라도 마지막 날이 되기 전까지 알려주지 않습니다. 왜 이런 일이 생길까요? 크게 두 가지 이유가 있습니다. 첫 번째 이유는 작업이 끝난 뒤 종료일까지 일하지 않기 위해서입니다. 정말 열심히 했든 일정 계산을 과하게 했든 상관없이 작업이 완료되었다는 것이 알려지면, 남은 일정과 상관없이 다른 작업을 할 가능성이 크기 때문입니다. 프로젝트를 진행할 때 대부분의 업무 담당자는 일정을 길게 잡는 경향이 있습니다. 그렇기 때문에 작업 담당자의 업무와 같은 일을 한 경험이 있는 프로젝트 매니저와의 일정 계산에서 충돌이 생기곤 합니다. 물론 업무의 어려움을 잘 이해하는 장점도 있습니다. 두 번째 이유는 본인의 업무를 좋아하는 담당자라면 스스로 만족할 때까지 노력하고 싶기 때문입니다. 첫 번째와 비교하면 바람직하다 할 수도 있지만 어쨌든 작업 진척도가 공유되지 않는 상황입니다.

공유하지 않는 것은 어떻게 보면 인간의 본능이란 생각도 듭니다. 내가 준비하고 있는 것을 남에게 알려주고 싶어하지 않는 겁니다. 사람들은 본인의 일이 공유되거나 또는 공개되는 순간 마음이 편하지 않습니다. 나만 알고 있던 것들을 남들도 알게 됨으로써 압박을 느끼고 긴장하게 됩니다. 반대로 생각해봅시다. 나만의 일을 공유했을 때 동료들의 칭찬, 격려 그리고 감사의 마음을 받게 되면 사람들은 쉽게 그리고 자주 공유하고자 할 것입니다. 공유가 편해지는 최소한의 조건은 팀 내에서 나의 안전입니다. 그렇다면 안전한 환경은 어떻게 만들 수 있을까요? 안전한 환경이란 솔직히 표현하자면 덜 위험한 환경입니다. 이것은 문화와 프로세스를 통해서 만들 수 있습니다. 예를 들어 해외 여행을 간다고 해봅시다. 어느 나라에 가면 어떤 것을 하지 말라거나 어떤 것을 하라는 등 문화적인 차이로 인해 조심해야 할 행동들이 있습니다. 우리가 수영복을 입고 거리를 돌아다닌다면 이상하게 보겠지만 수영장에서는 당연한 것이니까요. 다시 말하자면, 우리 모두가 동의하고 지켜야 하는 프로세스(또는 규범)를 따른다는 것은 또 다른 세계를 여행하는 것이라 생각하면 됩니다.

아마도 많은 분들이 애자일이나 스크럼 방식에 대해서 들어봤을 겁니다. 이제는 너무 흔하게 사용되기에 자세하게 설명하지 않겠습니다. 앞에서 설명한 내용을 바탕으로 애자일 방식을 바라보면 뭔가 느낌이 올 것입니다. 스프린트 미팅에 모두 모여 각자의 업무를 리뷰해야 하고, 스토리를 만들어 미리 공유해야 하고, 매일 모여서 서로 업데이트해야 합니다. 이런 몇 가지 규칙을 정해서 '공유'하는 여러 가지 상황을 익숙하게 만들고 이것을 우리의 프로세스와 문화로 정착시킵니다. 어떤 행위를 문화라고 인식하는 순간 사람들은 왜 그렇게 해야 하는지 생각하기보단 어떻게 해야 잘 따라갈 수 있는지를 먼저 생각합니다. 애자일 방식은 이런 일련의 행위를 통해 내 업무와 진척 과정이 '공유'되는 것이 당연하다는 문화를 형성하는 것입니다. 이런 공유를 통해 다른 사람들의 피드백을 받아 나의 결과물을 더 좋게 만들 수 있고, 관련자들은 나의 업무를 참조해 그들의 업무에 참조하게 됩니다.

이번에는 공유가 압박이 되는 실제 사례를 들어보겠습니다. 일반적으로 개발 조직이라고 할 때 그곳에는 개발자만 있는 것은 아닙니다. 기획자, 디자이너, 프로젝트 매니저, 일반 매니저 등 조직의 목표 달성을 위한 다양한 직군들이 존재합니다. 보통은 개발 팀이라고 부른다 생각하면 됩니다.

이야기할 에피소드는 다들 알고 있는 유명한 제품/서비스 출시 준비가 한창일 때였습니다. 경험한 분은 이미 알겠지만, 많은 사람의 관심이 집중되어 있는 제품 출시가 가까워지면 담당자들뿐만 아니라 회사 전체에서 발생하는 스트레스가 엄청납니다. 야근과 때론 주말 근무도 해야 하는 상황이 계속되면 별것 아닌 이유로도 담당자들 사이에서 쉽게 충돌이 발생할 수 있습니다. 제품 개발 막바지 단계에서는 주로 버그 수정에 가장 많은 시간과 노력을 들입니다. 며칠 뒤가 출시일인데 제품 테스트도 아닌 특정 기능을 개발하고 있으면 이상하겠죠? 많이들 지쳐 있는 번아웃 상태지만 이런 시기에는 다들 정말 열심히 버그를 수정합니다. 버그 수정은 항상 우선순위와 심각도(Severity 또는 Urgency)에 따라서 어떤 버그가 먼저 고쳐질지 결정됩니다. 보통 버그는 우선순위를 1~5 범위의 숫자를 가지고 있습니다. 1은 무조건 수정해야 한다는 의미이며 5는 수정하지 않아도 큰 영향이 없다는 의미입니다. 출시일과 먼 시점에 있을수록 우선순위가 낮은 버그까지 수정하는 반면, 출시일과 가까워질수록 우선순위가 높은 버그 수정에 집중하게 됩니다. 그렇다 보니 중간 또는 그 이하의 우선순위를 가진 버그들이 너무 많이 남아 있었습니다. 여기서 잘못된 프로세스는 없습니다. 모든 담당자들이 최선을 다하고 있었습니다. 프로젝트 관리의 3요소(리소스, 범위, 일정)를 생각해보면 일정 변경이 안 되니 리소스를 더 투입하거나 우선순위가 낮은 버그를 고치지 않는 것이 맞습니다. 여기서 리소스 투입을 막바지에 하는 것은 큰 의미가 없기에, 이미 할 수 있는 모든 것을 하고 있다고 봐야 합니다. 무엇을 더 할 수 있을까요?

가끔은 나는 나무만 보고 싶은데 현자들은 나무를 보지 말고 숲을 보라고 합니다. 전문가 집단에는 이렇게 나무만 보고 싶어하는 분들이 적지 않습니다. 내 일에만 관심이 있지 남의 일이나 전체 일까지 신경 쓰고 싶지 않다는 것입니다. 이런 분들이 대단한 일을 할 가능성이 높은 건 사실인 것 같습니다. 하지만 가끔은 먼저 숲을 보고 나면 나무가 더 잘 보일 때가 있습니다.

모두 최선을 다하는 상황이었지만, 전체적인 출시 준비가 어떤 상황에 놓여 있는지 쉽게 볼 수 있는 통계 자료를 만들어 모든 관련자에게 매일 리포트를 보냈습니다. 통계 자료의 종류는 아주 간단합니다. 얼마나 많은 버그가 있는지, 그 버그들이 가지고 있는 우선순위는 어느 정도인지, 매일 발생하고 수정되는 버그는 얼마나 되는지, 출시 시점에 우리는 어느 정도의 버그를 가지게 될지 등 누구나 궁금해하고 쉽게 생각해볼 수 있는 정도의 데이터를 포함하고 있었습니다. 하지만 단 한 가지 항목이 없었더라면 어쩌면 정성스럽게 만든 통계 데이터와 리포트를 받긴 해도 읽어보지는 않는 사람들도 많았을 겁니다. 그 한 가지가 무엇일까요?

그것은 담당자별로 가지고 있는 버그의 개수입니다. 처음부터 리포트에 포함된 것은 아니었습니다. 리포트를 보내기 시작한 날부터 얼마 지나지도 않았지만 매니저를 제외한 실무자들은 통계 자료에 흥미를 잃었습니다. 실무자가 보지 않는 리포트는 생산력과 품질에 아무런 영향을 주지 못합니다. 그래서 담당자별 버그 현황을 추가한 것입니다. 사실 저는 이미 이전 회사에서 경험한 상황이라 어떤 결과가 발생될지 예상하고 있었습니다. 예상대로 반응은 폭발적이었습니다. 네, 부정적으로 폭발적이었습니다. 엄청난 항의가 들어오기 시작했습니다. 예를 들면, 수정되었지만 버그 티켓을 종료 처리하지 않았다, 다른 담당자의 버그가 나에게 잘못 할당되었다, 이것은 버그가 아니다 등 다양한 항의가 접수되었습니다. 티켓을 올바르게 업데이트하고, 담당자를 찾아서 다시 넘겨주고, 버그가 아닌지 확인하는 과정은 오래 걸리지 않았습니다. 모두 각자 처리하기 때문에 아주 빠른 시간 내에 정리되었습니다. 그러고 나서 통계 데이터를 보니 놀랄 만큼의 버그가 사라졌습니다. 그뿐만이 아닙니다. 정리되고 남아 있는 버그들이 처리되는 속도의 차이는 담당자별 버그 개수를 공개하기 전과 후를 기점으로 완전히 달라졌습니다. 대신 저와 담당자들의 관계는 제가 준 스트레스만큼 나빠졌습니다. 제품의 품질과 약간의 인간관계를 맞바꾼 결정이었습니다.

이 사례도 정답은 아닙니다. 단지 그 상황에서 품질 향상을 위해 선택한 방법이었을 뿐 다른 상황과 조직에서 통용될 수 있다는 것은 아닙니다. 그렇기 때문에 효율적인 프로젝트 관리는 여러 가지 요소들을 종합적으로 생각해보고 결정해야 합니다. 저는 단지 두 가지 경우를 사례로 들었지만 더 많은 사례가 있을 수 있습니다. 경험이 쌓일수록 더 세분화되고 더 효율적인 방법을 찾아낼 수 있습니다.

간단한 사례를 통해 '공유'하기의 현실적인 의미를 이야기하고자 했습니다. 회사를 다니면서 그리고 많은 프로젝트를 진행해보면서 이것만은 올바르다고 생각하게 되는 것이 있습니다. 어떤 것과도 타협하기 싫은 것이 있습니다. 그중 하나가 공유입니다. 투명하고 솔직하게 공유되는 정보는, 그 정보가 나쁜 내용을 가지고 있더라도 비판해서는 안 된다고 강조하고 싶습니다. 투명하게 모든 사람에게 공유한다는 것이 누구에게는 용기를 낸 행동일 수도 있습니다. 우리는 그러한 용기에 감사해야 합니다. 그리고 그런 문화를 만들어야 합니다.

기고자 소개_배상언

삼성에서 근무할 때 미국 회사인 인터그라프, 유럽 및 일본 회사들과 함께 선박/플랜트용 3D CAD 개발에 개발자로 참여했습니다. 그 후 한국 Microsoft 소프트웨어 연구소에서 개발자 및 윈도즈 팀 프로그램 매니저로, Microsoft 본사에서 인터내셔널 프로젝트 매니저로 일했습니다. 한국으로 돌아와 네이버 PMO 조직의 프로젝트 매니저로 일하다 다시 캘리포니아 어바인에 있는 글로벌 게임 회사인 Blizzard에서 프로듀서로 일했습니다. 그리고 다시 Blizzard 한국 지사의 개발 팀을 총괄했습니다. 현재는 카카오 자회사이며 블록체인 기술 회사인 GroundX에서 프로덕트 총괄직을 수행하고 있습니다.

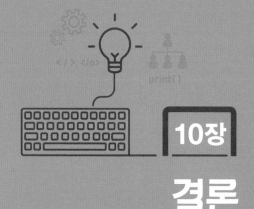

10장

결론

멘토에서 매니저로, 시니어 리더로 나아가는 길을 나와 함께 걸어 보았다. 나와 함께하면서 요령도 좀 익히고, 조심해야 하는 부분도 알게 되고, 현재 직급에서 마주하는 어려움도 이겨낼 수 있는 영감을 받았기를 바란다.

나 자신부터 관리하기

내가 배운 가장 중요한 교훈은, 다른 사람들을 잘 관리하기 위해서는 나 자신을 관리할 수 있어야 한다는 점이다. 자기 자신, 자신이 반응하는 방법, 자신에게 영감을 주는 일, 자신을 미치게 만드는 일에 대해 이해하기 위한 시간을 가질수록, 더 나아질 것이다.

훌륭한 매니저는 갈등을 해결하는 전문가다. 갈등을 잘 해결한다는 의미는 대화할 때 자존심을 잘 분리한다는 의미이다. 복잡한 상황을 명확히 보려면, 내가 상황을 어떻게 합리화했는지 잘 인지하고 있어야 한다. 직원에게 하기 힘든 이야기를 전해야 할 때, 직원이 그 이야기를 들어주기를 바란다면, 사실을 당신 입장에서 꾸며서 이야기하면 안 된다. 매니저가 되고 싶어 하는 사람은 상황이 어떻게 돌아가야 하는지에 대해 단호한 의견을 가지고 있다. 자기 객관성을 유지할 때 단호함은 좋은 자질이다. 하지만 그러지 못할 때는 상황을 잘못 해석하게 만들 수 있다. 주관적인 해석은 그저 해석일 뿐이다.

명상을 하면 내면의 목소리를 들을 수 있다. 이 책의 초고에는 각 직급에서 할 수 있는 명상을 포함했다. 명상 연습이 내게는 자기 관리와 자기 객관화를 위해 꼭 필요했기 때문이다. 명상이 만병통치약은 아니지만, 자신의 반응을 자각하는 연습을 할 수 있다. 관심이 있다면 잠시 명상을 해보기를 권한다. 내가 즐겨 찾는 명상 자료는 타라 브랙 팟캐스트(tarabrach.com)와 페마 초드론(Pema Chödrön)의 글이다.

자존심에서 벗어나기 위해 사용했던 또 다른 방법은 호기심을 일으키는 방법이었다. 하루를 준비하고 마음을 가다듬기 위해, 매일 아침 한 장 내지는 두 장 정도의 분량으로 의식이 흘러가는 대로 생각을 적어보았다. 나는 항상 "호기심을 품자"라는 말로 끝을 맺었다. 훌륭한 지도자가 되는 과정에서 나는 수도 없이 어려움을 마주했고, 실수했고, 어렵게 교훈을 얻어야 했다. 하나도 쉬운 일이 없었고, 대인 관계에 좌절했다. 역시나 코치에게 이 상황에 대해 조언을 구했을 때, 코치는 상황을 다른 사람의 시각으로 살펴보는 게 좋겠다고 조언했다. 사람들은 무엇을 하려는 것일까? 사람들은 무엇을 중요시할까? 사람들은 무엇을 원할까? 코치는 언제나 호기심을 일으키라고 조언했다.

그래서 그 조언을 나누고자 한다. 상황의 다른 측면을 살펴보자. 다른 사람들의 관점에서 생각해보자. 당신의 감정적인 반응을 살피고, 그 감정적인 반응 때문에 현재 무슨 상황이 벌어지고 있는지 뭐라고 말해야 하는지 알기가 어려울 때를 인지하고 관찰해보자. 사람들에 호기심을 가져라. 프로세스에 호기심을 가져라. 기술과 전략과 비즈니스에 호기심을 가져라. 질문하고, 자기 생각이 틀렸다는 것을 기꺼이 증명해보자.

항상 호기심을 품자. 당신의 앞날에 행운을 빈다!